CHRISTINE BRAND

Wahre Verbrechen

CHRISTINE BRAND

WAHRE VERBRECHEN

Die dramatischsten Fälle einer Gerichtsreporterin

blanvalet

Die in diesem Buch beschriebenen Fälle haben sich wie beschrieben ereignet. Die Erzählungen beruhen auf Aussagen bei öffentlichen Gerichtsverhandlungen, Notizen und Aufzeichnungen der Autorin, öffentlich zugänglichen Akten sowie Medienberichten. Aus Gründen des Persönlichkeitsschutzes wurden die Namen und andere persönliche Details mehrerer Protagonisten geändert.

Zudem wurde in der Geschichte »Das Böse wohnt gleich nebenan« aus dem Buch »für immer – Die unfassbare Tat von Rupperswil«, erschienen im Wörterseh Verlag, zitiert.

FSC www.fsc.org MIX Papier | Fördert gute Waldnutzung FSC® C083411

Penguin Random House Verlagsgruppe FSC® N001967

5. Auflage

in der Penguin Random House Verlagsgruppe GmbH,
Neumarkter Straße 28, 81673 München
produktsicherheit@penguinrandomhouse.de
(Vorstehende Angaben sind zugleich
Pflichtinformationen nach GPSR.)

Redaktion: René Stein
Umschlaggestaltung: www.buerosued.de
Umschlagmotiv: plainpicture/Millennium/Lee Avison
JB · Herstellung: sam
Satz: GGP Media GmbH, Pößneck
Druck und Bindung: CPI books GmbH
Printed in the EU
ISBN 978-3-7645-0784-8

www.blanvalet.de

Inhalt

Vorwort

Ich war zwanzig Jahre alt, als ich zum ersten Mal in einem Gerichtssaal saß und einen Mordprozess mitverfolgte. Der Fall war aufsehenerregend, die Berichterstattung seitenfüllend, die öffentliche Meinung gespalten: Die einen glaubten an die Schuld des Angeklagten, die anderen waren von seiner Unschuld überzeugt. Der Mann hatte seine Frau als vermisst gemeldet – Tage später hat der Schwiegervater seine Tochter in deren Haus in der Tiefkühltruhe gefunden. Sie war erschlagen worden.

Der Fall hat mich, so glaube ich heute, »kriminalisiert«. Ich schwänzte die Schule, um die Verhandlung im Gerichtssaal mitzuerleben, und war fasziniert von dem Geschehen vor Gericht – ich bin es auch heute noch, selbst wenn ich die Totschläger und Mörder, denen ich in den Gerichtssälen begegnet bin, kaum mehr zählen kann.

Im Gerichtssaal prallen Welten aufeinander. Hier kreuzen sich die Lebenswege unterschiedlichster Menschen. Im Publikum sitzen Angehörige von Opfern neben Angehörigen von Tätern. Vorne nehmen die Angeklagten Platz, schräg hinter ihnen sitzen ihre Opfer, falls sie überlebt haben, oder die Hinterbliebenen mit ihren Anwälten. Täter, Opfer, Angehörige – Menschen in Ausnahmesituationen. Schwere Delikte, tragische Schicksale haben sie in diesem Moment an diesem Ort zusammengeführt, um das Geschehene zu rekapitulieren und das Unfassbare zumindest juristisch fassbar zu machen. Verteidiger und Staatsanwälte werfen sich Paragrafen um die Ohren, sie schildern das Delikt mal aus der einen, mal aus der anderen Perspektive, wobei sich die Geschichten selten gleichen. Es ist die Aufgabe des Richters, nach der Wahrheit zu suchen – obwohl es in den meisten Fällen die eine absolute Wahrheit gar nicht gibt.

Fast dreißig Jahre lang saß ich als Journalistin in Gerichtssälen, um über Recht und Unrecht, über Schuld und Unschuld zu berichten. Dabei ging es mir immer um mehr als die juristische Beurteilung eines Deliktes – es ging mir um die Geschichten hinter den Menschen, die sie hier und jetzt in diesem Saal vor dem Richter zusammengeführt haben.

Sechs Fälle habe ich für dieses Buch neu und umfassend aufgearbeitet und niedergeschrieben. Alle Erzählungen basieren auf Aussagen von Tätern, Opfern, Zeugen, Anwälten, Staatsanwälten und Richtern, sowie auf Gesprächen mit mittelbar und unmittelbar Betroffenen. Sechs Fälle, die alle etwas gemeinsam haben: Die Täter sind keine Fremden, keine Psychopathen, die wahllos morden, keine radikalisierten Terroristen, die um sich schießen. Das Böse ist viel näher, als man denkt, manchmal wohnt es gleich nebenan; der Täter ist der nette Mann aus der Nachbarschaft, der jeden Tag am Haus der Opfer vorbeispaziert, oder das

Pärchen mit den kleinen Kindern, das immer freundlich grüßt; es ist der Pfleger, der einem das Leben retten und nicht nehmen soll, der Musiklehrer, von dem die Schüler begeistert sind, oder der Freund, mit dem man einst studiert hat und mit dem man nur ein bisschen feiern wollte.

Es sind dramatische, tragische, schockierende Geschichten – Geschichten über Taten und Untaten, über Hass und Liebe, über Triebe und Habgier, über Sterben und Tod. Geschichten mitten aus dem Leben.

Verbrechen unserer Zeit halten uns einen Spiegel vor und offenbaren schonungslos die Schattenseiten unserer Gesellschaft. Es stellt sich die Frage: Was machen die Menschen aus dem, was die Gesellschaft aus ihnen macht?

Sitze ich als Journalistin im Gerichtssaal, übernimmt mein Schreibblock oder mein Laptop die Aufgabe eines professionellen Schutzwalls, der verhindert, dass mir das Verbrechen zu nahe geht. Ich nehme als neutrale Beobachterin an dem Verfahren teil, um darüber zu berichten, das ist mein Job, ich bin hochkonzentriert und ganz Journalistin.

Jetzt aber, da ich mich ein zweites Mal und noch intensiver mit den sechs vorliegenden Fällen beschäftigt habe, da ich mich durch all meine Notizen, Artikel und Unterlagen gearbeitet habe, hat dieser Schutzmechanismus nicht mehr funktioniert. Die Geschichten und die Schicksale berühren mich und machen mich betroffen.

Ich wünschte, ich könnte schreiben, es sei tröstlich,

dass in weiten Teilen unserer westlichen Welt das Justizsystem funktioniert und Täter zur Rechenschaft gezogen werden. Zwar sind Gerichtsverfahren tatsächlich auch kollektive Verarbeitungsprozesse. Sie sind ein Versuch, das Unverständliche zu verstehen, eine Art Schlussstrich zu ziehen und die gesellschaftliche Ordnung wiederherzustellen, die aus dem Lot geraten ist. Doch Wiedergutmachung bringen sie nicht. Es ist ein Irrtum zu glauben, dass es im Strafprozess um Rache oder Vergeltung geht, die der Staat für den Einzelnen ausübt. Ein Strafverfahren wird nicht geführt, um dem Opfer Genugtuung zu verschaffen, sondern weil der Täter Gesetze gebrochen hat.

Ein Gericht kann zwar Recht sprechen, Gerechtigkeit herstellen kann es nicht. Straftaten sind nur selten wiedergutzumachen, Tötungsdelikte allerdings niemals. Kein Urteil bringt Menschenleben zurück.

Christine Brand

Das Böse wohnt gleich nebenan

Dies ist eine Geschichte, von der ich wünschte, dass ich sie nie hätte schreiben müssen. Sie dreht sich um eine Tat, die in ihrer Abscheulichkeit kaum zu überbieten ist. Um eine Familie, die auf einen Schlag ausgelöscht wurde und mit der ich mich verbunden fühlte, obwohl ich sie nie gekannt habe. Um monatelange Ermittlungen, die viele Beteiligte an ihre Grenzen brachten. Und um einen Täter, mit dem niemand gerechnet hatte. Es ist die Geschichte über jenes Verbrechen, das mich als Gerichtsreporterin am längsten beschäftigte und das mir persönlich am meisten naheging. Das mich noch immer berührt. Vielleicht, weil das Böse nicht nur mitten in eine heile Welt eingedrungen ist – sondern auch aus ebendieser kam.

Die heile Welt heißt Rupperswil, ein Dorf im Schweizer Mittelland, 5500 Einwohner. Das einstige Bauerndorf hat sich im letzten Jahrzehnt zum Vorort gewandelt, hierher ziehen Familien, die sich den Traum vom Häuschen mit Garten erfüllen wollen, die Autobahn in die Stadt liegt gleich nebenan. Drei Begriffe gingen mir durch den Kopf, als ich das erste Mal in Rupperswil aus dem Zug stieg: Durchschnitt, Mittelstand, Beschaulichkeit. Und dann war da noch ein weiterer

Gedanke: In einem Dorf wie Rupperswil wohnen jene, die in Ruhe und Frieden leben wollen.

Vor dem Dorfladen halten die Einwohner einen Schwatz, mitten im Ort liegen Bauernhöfe, Pferde weiden neben der Straße, in einigen Gärten picken Hühner Körner. Die Menschen grüßen sich freundlich, wenn sie sich auf dem Gehsteig begegnen, auch mich, obwohl ich eine Fremde bin. Es gibt hier einen Kaninchen- und Geflügelzüchterverein, einen Landfrauenverein, einen Fußball- und einen Petanqueclub. Und die Freiwillige Feuerwehr.

*

Der Feueralarm geht um 11.20 Uhr ein. Nichts Alltägliches, aber auch nichts Außergewöhnliches in Rupperswil. Der Feuerwehrkommandant denkt im ersten Moment an eine Bratpfanne, die in Flammen aufgegangen ist, oder an eine vergessene Kerze. Es ist der Morgen des 21. Dezembers 2015, kurz vor Weihnachten. »Nr. 54 – 11:20 Brand/Mittel, in Rupperswil, Lenzhardstraße«, wird später im Protokoll der Freiwilligen Feuerwehr stehen. Die Nachbarin der Familie S. hat das Feuer gemeldet, im ersten Stock des Doppelhauses würde Rauch aus dem Fenster dringen.

Zur gleichen Zeit, als sie Alarm schlägt, fahren die Eltern von Carla S. auf den Vorplatz des Hauses und stellen ihren Wagen ab. Sie bringen alles für das Weihnachtsessen vorbei, am nächsten Tag wollen sie gemeinsam mit der Tochter und den Enkeln feiern. Carlas Vater stürzt sofort ins Haus, als er den Qualm aus dem Fenster dringen sieht, die Nachbarin folgt ihm. Wie meistens ist die Tür nicht abgeschlossen, weil in einem beschaulichen Dorf wie diesem kaum einer die Haustür abschließt. Carlas Vater ruft laut nach seiner Tochter, brüllt ihren Namen, ruft nach Dion und nach Davin, seinen Enkeln, er will die Treppe hoch in den ersten Stock, wo das Feuer lodert, doch er kommt nicht durch, da ist zu viel Rauch.

Das Warten auf die Feuerwehr ist unerträglich. Qualvolle Minuten scheinen sich zu Stunden zu dehnen. Noch klammern sich die Eltern und die Nachbarin an die Hoffnung, dass niemand zu Hause ist.

Doch es ist jemand im Haus. Und es ist alles noch viel schlimmer, als man es sich in diesem Moment vorstellen kann.

Die Feuerwehr ist nach wenigen Minuten mit einem vierzigköpfigen Trupp vor Ort. Acht Männer der Atemschutzgruppe dringen als Erste ins Haus ein, um das Feuer zu löschen. Durch den dichten Qualm steigen sie die Treppe hoch in den ersten Stock.

Was sie dort finden, schockiert sie zutiefst. Die Feuerwehrmänner werden mit Bildern konfrontiert, die sie nie mehr aus ihren Köpfen kriegen werden.

Im Elternschlafzimmer im ersten Stock liegt Carla S. auf dem Doppelbett. Ihren jüngsten Sohn Davin finden sie in seinem Zimmer, ebenfalls auf dem Bett, er ist zwischen Kuscheltiere gebettet. Im Dachgeschoss, wo der Qualm am schlimmsten ist und die Flammen am stärksten wüten, stoßen die Männer des Atemschutztrupps auf den ältesten Sohn Dion und dessen Freundin Simona, auch sie liegen reglos auf dem Bett. Carla,

Davin, Dion und Simona sind tot. Carla wurde achtundvierzig Jahre alt, Davin war erst dreizehn, Dions Leben endete mit neunzehn, Simonas mit einundzwanzig Jahren.

Nicht das Feuer hat sie umgebracht, auch nicht der Rauch. Sie sind mit Kabelbinder und Klebeband gefesselt und geknebelt, ihre Kehlen durchgeschnitten.

*

Am gleichen Tag, fünf Stunden früher, als die Welt in Rupperswil noch eine andere ist. Draußen hat sich die Nacht noch nicht vertreiben lassen, das Quartier mit dem lieblichen Namen Spitzbirrli liegt im Dunkeln. Es ist ein kalter Montagmorgen, hier und da gehen die ersten Lichter an. Das Haus der Familie S. ist weihnachtlich geschmückt. In der Küche brennt schon Licht, als ein Spaziergänger mit seinen beiden Hunden daran vorbei Richtung Felder und Wald geht. Georg M. ist bereits aufgestanden, er ist Filialleiter einer lokalen Bank und muss zur Arbeit. Doch bevor er aufbricht, bereitet er Kaffee zu, steigt die Treppe hoch und bringt Carla S. eine Tasse ans Bett.

Georg kennt Carla seit der Schulzeit, seit sechs Jahren sind sie ein Paar. Seine Söhne sind im gleichen Alter wie Carlas Söhne Davin und Dion, sie sind längst Freunde geworden. Am Abend zuvor hat die Patchwork-Familie gemeinsam gegessen – Raclette, geschmolzener Käse mit Kartoffeln –, es war ein gemütlicher, fröhlicher Abend voller unbeschwerter Ahnungslosigkeit.

Es ist gleich sieben Uhr früh, als Georg Carla den heißen Kaffee reicht. Carlas Söhne schlafen noch. Davin, der jüngste, im Kinderzimmer nebenan.

Davin, der jede Kinderrolle in einem Film erhalten würde, mit seinem blonden Haarschopf, den aufgeweckten blauen Augen, mit seiner offenen, quirligen Art. Doch der Dreizehnjährige hat einen anderen Traum: Davin will Fußballprofi werden und hat das Talent dazu; er spielt für die U14-Mannschaft des FC Aarau, einem mehrfachen Schweizer Meister. Er trainiert sechs bis sieben Mal pro Woche, und seit dem Sommer besucht er die Sportschule im nächstgrößeren Ort.

Auch sein Bruder Dion schläft noch, eine Etage über ihm, im ausgebauten Dachstock. Dion hat ausnahmsweise frei, weil er tags zuvor im Sonntagsverkauf gearbeitet hat. Er ist Verkäufer bei derselben Modekette, bei der seine Mutter als Filialleiterin angestellt ist. Sein blondes Haar trägt er auf der Seite kurz, oben etwas länger, trendig hochgekämmt.

Dion ist nicht allein, am Abend ist Simona vorbeigekommen, sie schläft bei ihm, wie so oft, sie fühlt sich wohl in seiner Familie, sie passt so gut dazu. Simona arbeitet bei der Bergsportkette *Mammut,* trägt am liebsten Sneaker und engagiert sich als Leiterin des christlichen Jugendvereins Jungschar. Für die Waldweihnacht haben die Jugendlichen ein Krippenspiel einstudiert. Vor drei Tagen haben sie es aufgeführt, Simona mimte die Maria. Doch ihre Leidenschaft ist das Tanzen. Sie ist angemeldet für eine Tanzausbildung in

New York, Dion will sie dort besuchen. Simona und Dion sind ein schönes Paar, seit einem Jahr schon. Sie haben sich gefunden.

Als Carla ihren Kaffee trinkt und zum Handy greift, zeigt ihr Facebook an, dass sie an diesem Tag seit exakt fünf Jahren mit ihrem Sohn Dion auf der Social-Media-Plattform befreundet ist. Es ist 7.01 Uhr. Carla teilt die Erinnerung an den Jahrestag, kommentiert sie mit »My Family« und einem Smiley-Herz-Kuss.

Vierundzwanzig Minuten nach ihrem letzten Facebook-Eintrag verlässt Carlas Freund Georg das Haus. Als er Carla küsst, weiß er nicht, dass es ein Abschied für immer ist. Er tritt aus der Tür, der Eingang ist mit Windlichtern und Laternen geschmückt, steigt in seinen Wagen und fährt weg. Noch im Quartier kommt ihm ein Spaziergänger entgegen, dem er keine Beachtung schenkt.

Wenig später schrillt bei der Familie S. die Klingel. Carla öffnet dem Bösen mit dem freundlichen Gesicht die Tür.

*

Ich befinde mich auf der anderen Seite der Welt im Schreiburlaub, als die Tat geschieht und die ersten Meldungen über das Feuer in Rupperswil in den Medien erscheinen.

»Grausiger Fund nach einem Brand in einem Doppeleinfamilienhaus am Montag in Rupperswil im Aargau: Nachdem die Feuerwehr die Flammen gelöscht hatte, stieß ein Atemschutztrupp im Inneren des Gebäudes auf vier Tote«, schreibt die *Neue Zürcher Zeitung*. »Die Identität der Opfer war am Abend laut der Kantonspolizei Aargau noch nicht bekannt. Brandursache und Verlauf waren gleichfalls noch nicht geklärt«, heißt es weiter. Und am Schluss der kurzen Meldung: »Die Polizei schließt ein Verbrechen nicht aus. Laut verschiedenen News-Plattformen soll in dem betroffenen Hausteil eine von ihrem Mann getrenntlebende Frau mit ihren zwei Söhnen gewohnt haben.«

Schnell wird im Dorf wie auch in den Medien über ein Familiendrama spekuliert.

»War es ein erweiterter Suizid? Drehte der Lebenspartner durch? Die Frau? Einer der Söhne? Oder doch der Exmann?«, fragt die Boulevard-Zeitung *Blick* am gleichen Tag.

Noch schenke ich den Meldungen keine große Aufmerksamkeit. Auch ich denke aufgrund der ersten Informationen zunächst an ein Beziehungsdelikt. Das erscheint mir naheliegend; bei den allermeisten Tötungsdelikten hat das Opfer den Täter gekannt. In der Schweiz ereignen sich zwei Drittel aller Tötungsdelikte im Rahmen von häuslicher Gewalt. Alle vier Wochen wird hierzulande eine Frau von ihrem Partner oder Expartner getötet. Manchmal zählen auch Kinder zu den Opfern.

Doch schon am nächsten Tag zeichnet sich ab, dass im Fall Rupperswil die Umstände anders liegen dürften. Das Ausmaß des Schreckens sickert tröpfchenweise in das Bewusstsein der Öffentlichkeit und wird von Stunde zu Stunde unfassbarer. Obwohl die Leichen teilweise verbrannt sind, hat die Rechtsmedizin die Todesursache feststellen können. Als die Polizei bekannt gibt, dass die vier Opfer mit einem Messer umgebracht worden sind, dass ihnen die Kehle durchgeschnitten wurde, beginne ich an der These des Beziehungsdelikts zu zweifeln; das spricht nicht für eine Verzweiflungstat aus dem Affekt, das ist ein sadistisches, intimes, unmittelbares Töten. Man kommt dem Opfer dabei sehr nahe, was für eine besondere Skrupellosigkeit spricht. So tötet niemand, der keine Erfahrung darin hat, denke ich. So mordet jemand, der die totale Kontrolle über Leben und Tod spüren will.

Spätestens als die ermittelnde Staatsanwaltschaft am Abend des 22. Dezembers vor die Medien tritt, bin ich überzeugt, dass es hierbei um ein überaus außerordentliches Verbrechen geht. Die Staatsanwaltschaft veröffentlicht zwei Bilder, die sich in das kollektive Gedächtnis des Landes einprägen.

Die erste Fotografie wurde von der Kamera eines Geldautomaten aufgenommen. Sie zeigt Carla S. in einem schwarzen Wollkragenpullover, die langen, blonden Haare streng zu einem Pferdeschwanz zurückgebunden, ihr Gesichtsausdruck lässt sie gestresst und gehetzt wirken. Die Aufnahme stammt vom 21. Dezember, dem Tag der Tat, um 9.50 Uhr. Carla versucht am Geldautomaten an der Poststrasse in Rupperswil Schweizer Franken abzuheben, aber es sind nur Euro erhältlich, also entscheidet sie sich für 1 000 Euro.

Die zweite Aufnahme stammt von einer Überwachungskamera, gleicher Tag, 10.10 Uhr. Sie zeigt Carla S., wie sie an einem Schalter der Aargauischen

Kantonalbank Wildegg die seltsam ungerade Summe von 9850 Franken abhebt. Auch hier wirkt Carla angespannt, den Blick hat sie nach unten gerichtet. Es ist das letzte Bild von Carla. Obwohl sie die Person am Schalter kannte, schlug sie nicht Alarm.

Die Aufnahmen nähren einen schrecklichen Verdacht: Carla wurde gezwungen, das Geld zu holen. Sie tut, was man ihr aufgetragen hat, weil sie hofft, dass das Geld ihre Kinder retten wird, die im Haus als Geiseln festgehalten werden. Doch das tut es nicht.

*

Als es am 21. Dezember kurz nach halb acht bei der Familie S. klingelt, öffnet Carla einem fremden Mann die Tür. Er ist großgewachsen, um die dreißig, dichtes schwarzes Haar, gepflegtes Auftreten, wahrscheinlich kommt er ihr bekannt vor, sie hat ihn bestimmt schon mal gesehen, aber kennen tut sie ihn nicht.

Der Mann reicht Carla seine Visitenkarte, auf der ein Name steht, der nicht der seine ist, und ein Beruf, den er nicht ausübt: »Dr. Sebastian Meier, Schulpsychologe«. Er sagt Carla, er arbeite an der Schule, die ihr jüngster Sohn Davin besucht, und er müsse ihr schreckliche Nachrichten überbringen. Der falsche Herr Meier händigt Carla ein Schreiben der Kreisschule Buchs-Rohr aus, das – obwohl mit dem original Briefkopf versehen – eine Fälschung ist. Darin steht, dass sich ein Mädchen an der Schule nach Mobbing-Vorfällen das Leben genommen hat. Ein tragischer Vorfall, der nun aufgeklärt werden soll. Der Mann sagt, das Mädchen sei mit Davin in dieselbe Klasse gegangen. Es bestehe der Verdacht, dass Davin am Mobbing beteiligt gewesen sein könnte, er müsse darum mit ihm sprechen.

Carla ist fassungslos. Sie bittet den Mann herein und bietet ihm Kaffee an. Der falsche Schulpsychologe setzt sich mit ihr in die Küche. In seinem Rucksack befinden sich sechs Flaschen Fackelöl, Kabelbinder, ein Messer, ein elektrischer Anzünder, Klebeband, Handschuhe, ein Mundschutz und Sexspielzeug.

Er ist ein extremer Perfektionist. Alles ist genau durchdacht. So viel Raffinesse, so viel Hinterhältigkeit und Verschlagenheit.

Er will zuerst mit ihr, dann mit Davin, und anschließend mit beiden zusammen reden. Zwanzig Minuten lang unterhält er sich mit Carla über den erfundenen Vorfall an Davins Schule. So zumindest beschreibt später die Anklageschrift die letzten Stunden vor dem Tod der ganzen Familie, sie stützt sich auf die Aussagen des einzigen Überlebenden – des Täters.

Nach dem Gespräch mit Carla fragt er nach dem Jungen, er will sich mit ihm unterhalten, allein. Carla steigt in den ersten Stock hoch, weckt Davin und bringt ihn in die Küche. Sie selbst begibt sich wieder nach oben, um sich zurechtzumachen.

Während der Fremde mit Davin spricht, greift er zum Rucksack, der am Boden steht, nimmt das Messer heraus, ohne dass der Junge etwas merkt, und hält es ihm blitzschnell an die Kehle. Er befiehlt ihm, keinen Mucks zu machen, und fesselt seine Hände mit einem Kabelbindern auf den Rücken. Bereits zu Hause hat er dafür zwei Kabelbinder mit einem dritten zu Handschellen zusammengebunden.

Er fragt Davin, wo die Mutter und der Bruder sind. Dann treibt er den Jungen vor sich her hinauf in den ersten Stock – mit der rechten Hand hält er das Messer auf Davins Brust.

*

Wenige Stunden nach dem schrecklichen Verbrechen setzt sich die Ermittlungsmaschinerie in Gang. Das Team der Spurensicherung findet in dem ausgebrannten Haus eine heiße Spur, die vom Feuer hätte vernichtet werden sollen: Die Kriminalisten können Fremd-DNA und fremde Fingerabdrücke sichern. Doch die Freude über den Erfolg währt nur kurz: Weder die Fingerabdrücke noch das DNA-Profil sind in einer Datenbank verzeichnet. Die Person, die sie hinterlassen hat, ist bis zu diesem Zeitpunkt nicht registriert und wurde demnach noch nicht erkennungsdienstlich behandelt.

Die vierzigköpfige Sonderkommission arbeitet rund um die Uhr, fast das ganze Korps wird zur Unterstützung beigezogen. Polizisten verteilen Flugblätter, die Carla am Bankschalter zeigen. Sie hoffen, dass jemand etwas weiß, das sie auf die richtige Spur bringt. Die Ermittler befragen in den kommenden Tagen und Wochen mehr als dreihundertfünfzig Personen, darunter auch die Angehörigen, die unter Polizeischutz gestellt werden, weil man nicht weiß, ob der Täter nicht doch jemand anderen im Visier hatte, vielleicht Georg M., der eine Bankfiliale leitet. Die Ermittler sichten Dutzende Aufnahmen von Überwachungskameras, hundert Polizisten durchsuchen an Heiligabend den gesamten Müll von Rupperswil, Profiler aus dem In- und Ausland werden hinzugezogen. Die Exfrau von Carlas Lebenspartner wie auch Carlas Exmann werden festgenommen und wieder laufen gelassen. Über drei Dutzend Frauen und Männer melden sich bei der Polizei und behaupten, über übersinnliche Kräfte zu verfügen. Doch letztlich gibt es keine Spur, keinen Treffer. Nichts. Niemand weiß, was genau passiert ist im Haus der Familie S. Niemand ahnt, warum Carla, Davin, Dion und Simona sterben mussten. Und wie sehr sie vorher gelitten haben.

Fast drei Wochen sind seit der Tat vergangen. Es regnet, es ist kalt, das neue Jahr ist gerade erst ein paar Tage alt, als Rupperswil Abschied nimmt. Die Feuerwehrleute, die den schrecklichen Fund in dem brennenden Haus gemacht haben und die aus ermittlungstaktischen Gründen noch immer nicht über das Erlebte und Gesehene sprechen dürfen, weisen die vielen Autos ein. Die Straße vor der reformierten Kirche Rupperswil ist nicht groß genug für all die Wagen. Siebenhundert Menschen wollen an der Trauerfeier für Carla und ihre Söhne Davin und Dion teilnehmen, noch einmal fast ebenso viele werden es am nächsten Tag sein, wenn Simona im Nachbarort Hunzenschwil beerdigt wird.

In Rupperswil ist die Kirche schon eine halbe Stunde vor Beginn voll besetzt. Die Feier wird ins Kirchgemeindehaus nebenan übertragen. Viele Trauergäste finden keinen Sitzplatz, stehen links und rechts an den Wänden, einige gar draußen in der Kälte. Im Chor der Kirche sitzen die Kameraden von Davin, dem Dreizehnjährigen, der Fußballer werden wollte. Sie tragen rote Shirts mit seinem Namen.

»Und jetzt sind wir hier, weil wir traurig sind, weil wir erschüttert sind, weil wir nicht wissen, wohin mit unserem Schmerz«, sagt der Dorfpfarrer Christian Bühler, der eine seiner schwierigsten Predigten hält, der um Worte ringt, die Trost spenden sollen, obwohl er weiß, dass es Trost kaum geben kann. Glauben und Vertrauen sind erschüttert. Die Tat kann nicht verstanden werden und lässt einen fassungslos zurück.

Und zutiefst traurig. In der Kirche weinen viele, halten sich gegenseitig fest.

Davins Lehrerin sagt: »Nach den Ferien ist in unserem Klassenzimmer ein Platz leer geblieben. Und doch ist es manchmal so, als würden wir Davins Lachen hören.«

Die Schüler legen herzförmige Steine nieder. Auch die Politik ist vertreten. Ein Regierungsrat ist da, alle Gemeinderäte des Dorfes.

Gemeindeammann Ruedi Hediger sagt: »Schreckliches ist passiert. Unglaubliches ist passiert. Wir alle sind erschüttert über die Gräueltat.«

Als Carlas Lieblingslied gespielt wird – *Hello* der britischen Sängerin Adele –, fließen die Tränen. Carla hatte Tickets für sich und ihre Söhne und ihren Freund gekauft, sie wollten Adele im Mai live im Hallenstadion in Zürich sehen.

Pfarrer Bühler sagt: »Am Ende des Gebets kommt von Gott keine Antwort, sondern eine Umarmung.«

Zuvorderst in der Kirche bleibt während der Trauerfeier ein Stuhl leer, symbolisch für die engsten Angehörigen der Opfer. Sie haben sich die öffentliche Feier nicht zumuten wollen und im engsten Familienkreis Abschied genommen. Dafür ist die Polizei vor Ort, nicht nur, um Sicherheit zu gewährleisten. Sie beobachtet die Menschen. Sie sucht noch immer nach dem Täter, der den Opfern das Leben genommen hat.

*

Es ist kurz nach neun Uhr früh am 21. Dezember. Der Mann, der nicht Sebastian Meier heißt und der nicht der Psychologe an Davins Schule ist, hält den Jungen mit dem Messer in Schach und befiehlt Carla, auch ihren älteren Sohn und dessen Freundin im Dachstock zu wecken. Sie muss ihnen die Hände mit den Kabelbindern auf den Rücken fesseln und die Beine mit Klebeband zusammenkleben. Am Schluss befiehlt ihr der Mann, Dion und Simona auch den Mund zuzukleben. Er lässt die beiden gefesselt und geknebelt auf dem Bett liegen.

Es gehe ihm, sagt der Fremde zu Carla, einzig um Geld. Wenn sie kooperiere, werde er sie alle gehen lassen. Er zwingt sie, die Mobiltelefone einzusammeln und ihm ihre Bankunterlagen zu zeigen. Um 9.22 Uhr loggt sich Carla über den Onlinebanking-Zugang bei ihrer Bank ein, damit der Mann ihren Kontostand prüfen kann. Er verlangt 9500 Franken. Doch das ist ihm nicht genug.

Erneut steigt er mit Carla in den Dachstock hoch, sie löst die Klebebänder, damit Simona und Dion ihr die Pincodes von ihren Bankkarten geben können. Carla notiert sich die Zahlencodes und klaubt Dions und Simonas Karten aus den Brieftaschen, dann verklebt sie ihnen wieder den Mund. Der Fremde fordert Carla auf, sie müsse zur Bank fahren und das Geld beschaffen, sie solle sich bereit machen.

In dem Moment klingelt es unten an der Tür.

Carla weiß, wer es ist, ihre Freundin kommt vorbei, um Chilli abzuholen, Carlas weiße Malteser-Hündin, auf die sie heute aufpassen wird. Unten öffnet sich die Tür, die Freundin kommt wie üblich unaufgefordert herein.

Der Fremde presst das Messer an Davins Hals und warnt Carla eindringlich, sie dürfe nichts verraten. Sie steigt die Treppe hinab, übergibt ihrer Freundin den Hund und – schweigt.

Kein Wort über die Gefahr, das Drama bleibt verborgen.

Carla tut alles, was der Mann ihr sagt. Sie will ihre Kinder auf keinen Fall gefährden. Darum lässt sie sich nichts anmerken, als sich die erste von zwei Gelegenheiten ergibt, bei denen sie Alarm schlagen könnte. Das Messer an der Kehle ihres jüngsten Sohnes macht es ihr unmöglich.

Der Freundin fällt zwar auf, dass Carla ungeschminkt ist, kurz angebunden. Aber sie merkt nicht, dass etwas nicht stimmt. Sie schließt die Tür hinter sich und geht mit dem kleinen Hund davon.

Und der Täter setzt sein makabres Spiel kaltblütig

fort. Er sagt Carla, sie solle durchatmen, sich beruhigen. Um 9.34 Uhr macht er mit seinem Handy ein Bild von ihr, gibt vor, dieses an einen Komplizen zu schicken, der sie auf dem Weg zur Bank beobachten werde.

Tatsächlich gibt es keinen Komplizen.

Statt das Bild zu versenden, löscht der Täter es wieder, tut aber so, als schriebe er dem Komplizen eine Nachricht mit dem Namen der Bank. Nach fünf Minuten schickt er Carla los. Wenn sie mit dem Geld zurückkehre, werde sie zu Hause einen Zettel vorfinden, auf welchem der Übergabeort notiert sei. Dort werde er mit Davin auf sie warten.

Carla fährt los. Erst zum Geldautomaten, wo sie mit Simonas Karte 1 000 Euro abhebt. Mit der Karte von Dion erhält sie kein Geld, wahrscheinlich ist der Saldo zu klein. Dann steigt sie erneut in den Wagen, fährt zur Bank, sie schlägt nicht Alarm, sie lässt sich nichts anmerken, obwohl sie den Mann am Schalter kennt, sie tut genau, was ihr befohlen wurde. Zu groß die Angst um ihre Kinder – oder groß genug die Hoffnung, dass gleich alles vorbei sein wird.

Während Carla unter größter psychischer Anspannung das Geld beschafft, sitzt der Fremde mit ihrem jüngsten Sohn Davin auf dem Bett und unterhält sich mit ihm über Fußball. Er fragt auch den Dreizehnjährigen nach Geld. Davin steht auf, holt sein Sparschwein und gibt es dem Mann.

Nach knapp einer halben Stunde ist Carla zurück. Sie hofft, dass der Albtraum gleich zu Ende ist. Doch sie findet zu Hause nicht wie angekündigt einen Zettel vor. Der Mann ist noch da, er hat Davin in seiner Gewalt. Carla übergibt ihm die 1 000 Euro und die 9850 Franken.

Er bricht sein Versprechen.

Er geht nicht.

Stattdessen fesselt er Carla erneut.

*

Es ist Tag zweiundvierzig nach der Tat, als ich ein weiteres Mal nach Rupperswil fahre. Die Tage werden wieder länger. Der Frühling lässt sich bereits erahnen. Noch immer laufen die Ermittlungen der Polizei auf Hochtouren, noch immer haben sie nicht zum Täter geführt, noch immer weiß niemand, wer er ist.

Darum bin ich hier.

Meine Redaktion hat mich mit einer Reportage beauftragt, ein Portrait über jenes Dorf, in dessen Mitte vor sechs Wochen vier ungeklärte Morde begangen wurden.

Als ich in Rupperswil aus dem Zug steige, gehen mir die vielen Fragen durch den Kopf, die sich auch hier alle stellen. Wurden Carla, Davin, Dion und Simona zufällige Opfer einer Einbrecherbande? War die Tötung der Geiseln im Voraus geplant, oder geriet die Situation außer Kontrolle? Ist es Zufall, dass Carlas Freund eine Bank leitet, oder wurde die Familie deshalb zum Ziel? Ging es womöglich gar nicht um Geld, sondern allein um die Tötung der Opfer? Kannten sich Opfer und Täter? Und was macht ein solches Verbrechen mit einem Dorf wie Rupperswil?

Die Angehörigen der Opfer haben von der Polizei ein Redeverbot erhalten, sie dürfen mit niemandem über die Tat sprechen, aus ermittlungstaktischen Gründen, was es für sie nicht einfacher macht. Überhaupt halten sich Staatsanwaltschaft und Polizei in diesen Wochen nach der Tat mit Informationen zurück. Es ist daher ruhiger geworden im Dorf – Ruhe eingekehrt ist dennoch nicht.

»Viele Menschen hier sind verunsichert«, sagt mir der Dorfpfarrer Christian Bühler. »Wenn man gar nichts weiß und keine Idee davon hat, in welchem Zusammenhang diese Tat steht, ist das nicht einfach auszuhalten.«

Die Haustüren werden neuerdings abgeschlossen in Rupperswil, immer. Die Angst, dass das Böse zurückkehren könnte, sie ist unterschwellig spürbar. Ruedi Hediger, der Gemeindeammann, räumt indes ein, dass trotz allem die Normalität langsam wieder Einzug halte.

»Die Leute beginnen, auch wieder über andere Themen zu reden«, erzählt er mir bei meinem Besuch.

Im Spitzbirrli-Quartier ist die Tat sechs Wochen nach dem verhängnisvollen 21. Dezember noch immer präsent. Das Haus der Familie S. an der Lenzhardstrasse ist versiegelt und wird es noch eine Zeitlang bleiben, die Spurensicherung war mehrmals da. Die Nachbarn wollen ihre Liegenschaft verkaufen und wegziehen. Zu schlimm die Erinnerungen, zu traurig der Ort. Vor dem Haus, das zu einem makabren Grab geworden ist, erinnern Kerzen, Fotos und Engelsfiguren an die Opfer.

Ich stehe davor und frage mich erneut: Warum sie? Warum Carla, Davin, Dion und Simona? Warum dieses Haus? Es steht am äußeren Rand des Dorfes, dahinter liegen Wiesen, die in einen Wald übergehen. Die Straße ist eine Sackgasse, der Eingang zur Wohnung ist nicht einfach zugänglich; man muss um die angebaute Haushälfte herumgehen, die Tür der Nachbarn liegt gleich gegenüber. Wer hier eindringt, geht ein großes Risiko ein, gesehen zu werden. Niemand im Quartier versteht, warum es ausgerechnet hier geschah, warum keiner etwas gemerkt hat.

Die Staatsanwaltschaft lanciert erneut einen Zeugenaufruf, er wird in viele verschiedene Sprachen übersetzt, und jetzt wird eine Belohnung ausgeschrieben: Wer den entscheidenden Hinweis liefert, erhält 100 000 Franken. Es ist die höchste Summe, die in der Schweiz je zur Aufklärung eines Verbrechens ausgesetzt worden ist.

»Der Betrag entspricht unseres Erachtens der Bedeutung dieses Verbrechens«, sagt Oberstaatsanwalt Philipp Umbricht. Jeder Hinweis könne ein entscheidender Puzzle-Teil für die Lösung des Falles sein. »Wir sind sicher, dass irgendwo, irgendwann irgendjemand die Beobachtung gemacht hat, die uns entscheidend weiterbringen wird.«

Auch der Aargauer Regierungsrat Urs Hofmann verbreitet Optimismus: »Ich bin überzeugt, dass die gute Arbeit, die unsere Kantonspolizei und Staatsanwaltschaft leisten, am Schluss zum Erfolg führen wird.«

Ein heikles Versprechen. Zumal die Ermittler nach über vierzig Tagen rein gar nichts haben, das sie dem Täter näherbringt.

»Wir schließen zurzeit keine Option aus, auch nicht, dass Personen aus dem Umfeld der Opfer an der Tat beteiligt waren, beispielsweise als Anstifter«, sagt Umbricht. »Die Wahrscheinlichkeit, dass diese Personen in die eigentliche Tatbegehung involviert waren, ist allerdings gering.«

Trotzdem und vielleicht auch mangels anderer Spuren eröffnet die Staatsanwaltschaft gegen Carlas Lebenspartner Georg M. ein Strafverfahren wegen mehrfacher vorsätzlicher Tötung, und das, obwohl er für den Tatzeitpunkt ein Alibi hat. Georg M. wird erst Monate nach der Tat herausfinden, dass er im Fokus der Ermittler stand und was das für ihn und sein Umfeld bedeutete.

»Ich erfahre, dass man mich monatelang observiert hat«, schreibt Georg Metger später in seinem Buch »für immer – Die unfassbare Tat von Rupperswil« über seinen Verlust. »Schwarz auf weiß steht da, was ich nicht 1 Sekunde lang geahnt habe.«

Seine Handy-, Mail- und Internetdaten sowie sein Festnetzanschluss werden nach der Tat rund um die Uhr überwacht, SMS und Mails gelesen – auch rückwirkend, bis sechs Monate vor der Tat. Telefongespräche werden ausnahmslos abgehört und transkribiert. Die Polizei versieht sein Auto mit einem Peilsender und weiß immer, wo er ist. Dasselbe tun sie bei seinem ältesten Sohn, bei dem er seit dem Verbrechen wohnt. Mittels eines sogenannten IMSI-Catchers peilt die Polizei Georg M. an, um herauszufinden, ob er über mehr als ein Mobiltelefon verfügt. Der Leiter der Rechtsabteilung und ein IT-Mann seines Arbeitsgebers, der Bank, werden von der Polizei als Gehilfen eingesetzt, ohne dass sie ein Wort darüber sagen dürfen. Insbesondere Georgs Geldtransaktionen interessieren die Polizei. Der Verdacht: Er könnte den Mord an seiner Partnerin und ihren Kindern in Auftrag gegeben haben. Die Ermittler scheuen keinen Aufwand, die Überwachung ist lückenlos, das Ergebnis füllt am Schluss vier Bundesordner. Nähere und fernere Bekannte von Georg M. werden zu seiner Person befragt, sogar sein einstiger Segellehrer muss Auskunft geben. Die Begründung all der Überwachungsmaßnahmen: »Dringender Tatverdacht in Sachen Vierfachmord.«

Polizeiarbeit, die wohl getan werden muss. Auch wenn sich schließlich herausstellt, dass die Spur ins Nichts führt. In diesem Mordfall geht es nicht um häusliche Gewalt oder um ein Familiendrama. Wer hier getötet hat, hatte ein ganz anderes Motiv.

*

Es gibt Verbrechen, die sind so schlimm, dass die Details der Öffentlichkeit nicht zugemutet werden können. Weil sie die Grenzen des Vorstellbaren sprengen.

Was genau im Haus der Familie S. passiert, nachdem der Fremde das Geld entgegengenommen und Carla erneut gefesselt hat, steht über ein Jahr nach der Tat in der Anklageschrift. Sie ist inklusive Anhang achtundzwanzig Seiten lang und liest sich wie ein Protokoll des Schreckens.

Es ist meine Aufgabe, als Journalistin über die Tat zu berichten – zu erzählen, was passiert ist, aufzuzeigen, wie die Justiz mit einem Fall wie diesem umgeht, und schließlich auch, wie das Gericht versucht, das Strafmaß für eine unfassbare Tat zu finden und ein Stückchen Gerechtigkeit wiederherzustellen. Nur: Wie groß ist der Anspruch der Öffentlichkeit auf Information? Wie detailliert muss das Grauen wiedergegeben werden? Und inwieweit ist es meine Aufgabe, die Öffentlichkeit vor den schrecklichen Details zu bewahren, weil sie kaum zu ertragen sind? Wie viel Zurückhaltung ist Pflicht? Wie viel Wahrheit ist zumutbar? Für die Leser, aber vor allem auch für die Angehörigen der Opfer, deren privatestes Leid erneut an die Öffentlichkeit gezerrt wird?

»Aus Gründen des Schutzes der Beteiligten und der übrigen Angehörigen sowie auch unter dem Aspekt der Würde der verstorbenen Personen ersuchen wir Sie um ganz besondere Zurückhaltung in der Wiedergabe der Anklage sowie der näheren Tatumstände, wie sie sich auch in der Verhandlung ergeben werden«, schreibt das Gericht in der Begleitmail zur Anklageschrift. »Bei den Angehörigen handelt es sich um Trauernde, die sich in einer äußerst schwierigen Situation befinden und durch die Schilderung der Details zusätzlich aufs Schwerste belastet werden.«

Es ist ein Appell des Gerichts, gleichzeitig eine Bitte. Aber es bleibt im Ermessen von uns Journalisten, wie detailgetreu, wie vorsichtig, wie zurückhaltend oder wie sensationslüstern wir in unserer Berichterstattung sein werden. Wir müssen abwägen, wie weit es dabei um die Informationspflicht geht und ab wann es nur noch darum geht, die Sensationslust zu stillen.

Darum lasse ich auch hier die genauen Details aus. Dennoch erzähle ich in groben Zügen, was passiert, als Carla zurück im Haus ist. Denn mit seinem Handeln verrät der Täter sein wahres Motiv.

*

Davin ist ihm schon früher aufgefallen. Davin ist außerordentlich hübsch. Der Fremde fühlte sich von ihm angezogen, er verspürte stets einen »Kick« und erlebte ein »Glücksgefühl«, wenn er ihm im Dorf begegnet ist. In seiner Fantasie begann er, sich auszumalen, wie es wäre, wenn … Zuerst dachte er an eine Entführung. Dann kam ihm die Idee mit der Geiselnahme. Er war auch knapp bei Kasse, konnte Geld grad gut gebrauchen. Immer wieder ging er seinen Plan im Kopf durch – bis er beschloss, ihn umzusetzen.

Jetzt, wo alles so weit ist, wo alles so gut aufgegangen ist, genau nach Plan, jetzt, wo er das Geld eingesteckt hat – jetzt setzt er um, wovon er monatelang geträumt hat. Carla, Dion und Simona sind außer Gefecht gesetzt, sie liegen gefesselt und geknebelt auf ihren Betten. Der Fremde begibt sich mit Davin in dessen Zimmer. Er fesselt auch ihn, dann zieht er ihn aus, packt das mitgebrachte Sexspielzeug aus und macht zahlreiche Aufnahmen mit seinem Handy, Fotografien, Videos – von seiner Lust und von Davins Qual. Anschließend zieht er Davin das Fußballtrikot und die Stutzen an, bevor er sich erneut sexuell an dem dreizehnjährigen Buben vergeht. Fast eine halbe Stunde lang dauert der schreckliche Missbrauch. Der Fremde hält alles in Bildern und auf Videos fest, die er in den nächsten Wochen wieder und wieder anschauen will. Acht Videos und neunundvierzig Fotos.

In der Anklageschrift steht: »All die vorgenannten Handlungen ließ Davin angesichts der Bedrohung durch den Beschuldigten über sich ergehen, beziehungsweise er leistete den Anweisungen des Beschuldigten Folge, wobei offensichtlich war, dass er mit den Handlungen nicht einverstanden war und nur wegen der im Raum stehenden Gewaltanwendung durch den Beschuldigten mitmachte (der Beschuldigte war nicht nur deutlich älter, größer und kräftiger als Davin, sondern war überdies mit einem Messer bewaffnet und hatte sowohl Carla als auch Dion und Simona in seiner Gewalt, was Davin wusste).«

Als der Mann fertig ist, geht er nicht einfach weg. Er vollendet seinen Plan. Er fesselt Davin erneut, packt seinen Rucksack, bis auf das Messer, das braucht er noch. Er steigt hinauf in den Dachstock, wo ihm Dion entgegenkommt, der sich befreien konnte, aber in der Auseinandersetzung mit dem Bewaffneten unterliegt. Der Mann befiehlt Dion, sich erneut bäuchlings auf das Bett zu legen. Er tritt ebenfalls zum Bett, drückt sein rechtes Knie auf Dions Rücken – und schneidet ihm die Kehle durch.

Simona muss den Mord mitansehen, es ist das reine

Entsetzen, bevor der Fremde auch sie auf dieselbe Weise tötet. Dion und Simona liegen nebeneinander auf dem Bett, als sie gemeinsam sterben. Das jugendliche Paar verblutet.

Der Fremde steigt wieder hinunter, begibt sich in Carlas Zimmer und bringt auch sie um. Am Schluss schneidet er dem Jüngsten, Davin, die Kehle durch.

Danach begibt sich der Fremde ins Badezimmer, reinigt das Messer mit Wasser und trocknet es mit einem hellgrünen Frottiertuch ab. Auch seine graue Strickjacke, die Plastikverpackung des Messers, seine Schuhe und der Rucksack haben Blutspritzer abbekommen. Die Flecken von Davins Blut auf seinem Rucksack wird er später mit schwarzem Filzstift übermalen.

Aus diesem Rucksack nimmt er nun das mitgebrachte Fackelöl. Er steigt erneut hoch in den Dachstock, gießt das Öl über das Sofa, reißt Kleider aus dem Schrank und legt sie über Dion und Simona, übergießt auch die. In Carlas Zimmer wiederholt er die Prozedur, er legt Kleider über ihren Körper, schüttet das Fackelöl über alles, was ihm brennbar erscheint. In Davins Zimmer übergießt er zudem den Schreibtisch und den Teppich, im Erdgeschoss schüttet er das Öl auf Sofa, Salontisch, Esstisch und Fußboden, auch die Küchenkombination und die Wände werden vollgespritzt. Dann packt er seinen Rucksack, geht ein letztes Mal hinauf in den Dachstock, steckt mit dem Stabfeuerzeug das Sofa und das Bett in Brand, auf dem die Leichen von Simona und Dion liegen; im ersten Stock zündet er die Möbel und die Kleider an, die er auf die Leichen seiner Opfer gelegt hat, im Erdgeschoss die Polstergruppe und die Lampe.

Das Haus soll brennen.

Der Mann will keine Spuren hinterlassen.

Doch das Fackelöl war nicht seine beste Wahl. Das Feuer breitet sich nicht so gut aus wie mit anderen Brandbeschleunigern. Sein akribisch ausgearbeiteter Plan geht ganz am Schluss doch nicht auf, denn es werden nicht alle seine Spuren vernichtet. Das ist das einzige Glück in diesem schrecklichen Drama. Hätte das Feuer ganze Arbeit geleistet, wären wohl noch mehr Menschen gestorben.

*

Es wird Februar, März, April. Die Ermittler sind dem Täter kein bisschen nähergekommen. Und doch tragen sie langsam Stück für Stück des Puzzlespiels zusammen, von dem sie hoffen, dass daraus ein Gesamtbild entstehen wird, das ihnen zeigt, was passiert ist an jenem 21. Dezember im Haus der Familie S. an der Lenzhardstrasse in Rupperswil.

Die Zeit arbeitet gegen die Polizei – je mehr Tage, Wochen, Monate verstreichen, desto kleiner die Wahrscheinlichkeit, dass der Täter doch noch gefasst werden kann. Doch die Ermittlungen brauchen Zeit, in diesem Fall erinnern sie an eine Sisyphusarbeit.

Die Staatsanwaltschaft hat beim Dienst Überwachung Post- und Fernmeldeverkehr des Eidgenössischen Justiz- und Polizeidepartements die Daten aller

Handynutzer beantragt, die am 21. Dezember von den Antennen in der Nähe des Tatorts erfasst worden sind. Das sind etliche, denn die stark befahrene Bahnlinie Zürich-Bern und die Autobahn liegen im selben Bereich. Die verschiedenen Mobilfunk-Anbieter liefern die Daten von dreißigtausend Nutzern in unterschiedlichen Formaten. Diese auszuwerten ist zeitraubend und personalintensiv. Nummern von Personen, die sich nur kurz im Bereich des Tatorts aufhielten, müssen aussortiert werden: Zugpendler, Autofahrer, Passanten. Zudem ist unklar, ob sich der Aufwand lohnen wird: Womöglich hatte der Täter sein Mobiltelefon ausgeschaltet, dann wäre er nicht erfasst worden.

Seit dem Zeugenaufruf mit der Belohnung gingen bei der Polizei gegen sechshundertfünfzig Hinweise aus der Bevölkerung ein. Sie alle müssen geprüft werden. Ebenso die über fünf Terabyte Videodateien, die der Polizei zugestellt worden sind, Aufzeichnungen von Autofahrern, die am Tag der Tat in der Gegend unterwegs waren, Bilder von Tankstellenshops, Überwachungskameras, Verkehrskameras. Fünf Terabyte entsprechen einer Million heruntergeladener Songs.

Die seit Monaten andauernde Ermittlung, die noch immer keinen Erfolg gebracht hat, lässt vielen Theorien, Mutmaßungen und falschen Verdächtigungen Raum. Fast alle – auch die meisten Experten – sprechen von mehreren Tätern, weil es kaum möglich erscheint, dass einer alleine die vier Menschen in Schach gehalten hat. Kriminalisten wie auch forensische Psychiater sind sich sicher, dass hier jemand am Werk war, der sich mit dem Töten auskannte. Ein Wiederholungstäter. In einem Punkt sind sie sich einig: Sie alle sprechen von einer »extremen Ausnahmetat«.

Etliche vermuten hinter den Morden ausländische Profis, die sich über die Grenze abgesetzt haben und darum nicht gefasst werden können. Das ist auch die Theorie der Bewohner von Rupperswil: Fremde müssen das Böse ins Dorf gebracht haben. Jemand von hier würde so etwas nicht tun. Undenkbar.

Ich führe in der Zeit der Ratlosigkeit und der vagen Vermutungen ein Interview mit Frank Urbaniok, er ist der bekannteste forensische Psychiater der Schweiz. »Auffallend ist«, sagt er mir, »dass die Täter nicht mit Schusswaffen töteten.« Er hat dazu zwei Thesen: Entweder hatten sie keinen Zugang zu Schusswaffen, was eher für jüngere Täter sprechen würde – oder sie wollten geräuschlos töten. Auch Frank Urbaniok glaubt aufgrund des äußerst brutalen Vorgehens, dass die Täter von Rupperswil schon früher in irgendeiner Weise auffällig geworden sind. »Es ist unwahrscheinlich, dass jemand, der so kaltblütig tötet, keine kriminelle Vorgeschichte hat.«

Auf der Suche nach Antworten auf die vielen Fragen unterhalte ich mich auch mit der Rechtsanwältin und Kriminologin Nora Markwalder, die für ihre Doktorarbeit Raubmorde analysiert hat. Zwar werden die meisten Tötungsdelikte mit Schneid- oder Stichwaffen verübt. Bei Raubmorden aber sieht es anders aus: »Hier sind in den meisten Fällen Schusswaffen im Spiel«, erzählt Nora Markwalder. Auch sie geht davon aus, dass mindestens zwei Täter an der Tat beteiligt waren. Raubmorde seien ein typisches Gruppendelikt mit mehreren Tätern. Als ungewöhnlich nennt sie die hohe Zahl der Toten: »In der Regel gibt es ein, höchstens zwei Opfer bei Raubüberfällen.«

*

Doch dieser Fall steht jenseits jeder Regel. Nichts ist gewöhnlich an diesem Verbrechen. Auch nicht das Verhalten des Fremden, nachdem er Carla, Dion, Davin und Simona umgebracht und das Haus angezündet hat.

Das Feuer brennt, er hört die Flammen lodern. Es ist etwa elf Uhr, als er die Tür hinter sich schließt. Er scheint es nicht eilig zu haben. Der Fremde macht sich auf den Nachhauseweg und stellt sich danach erst mal unter die Dusche, während die Feuerwehr ausrückt, während der Atemschutztrupp gegen die Flammen kämpft und die Männer den schrecklichen Fund machen. Etwas später, im Laufe des Nachmittags, geht er gemeinsam mit seiner Mutter mit seinen zwei Hunden spazieren. Zwei Huskys. Als wäre nichts gewesen. Als wäre er nicht innerhalb von vier Stunden vom unbescholtenen Bürger zum kaltblütigen Mörder geworden.

Niemand merkt ihm etwas an.

Auch am Abend nicht. Nachdem er die Film- und Fotoaufnahmen des sexuellen Missbrauchs an Davin von seinem Telefon auf den Laptop hochgeladen hat, geht er mit Freunden aus. Er fährt mit seinen Kollegen vom Fußballclub nach Zürich, um gemeinsam im

Grillrestaurant beim Casino ein Steak zu essen und anschließend eine Runde spielen zu gehen. Sein Abendessen kostet um die hundert Franken – bezahlen wird er mit dem Geld, das er von Carla erpresst hat. Etwa ebenso viel setzt er anschließend im Casino ein, gegen 22 Uhr wird dort seine Ankunft im Kundensystem registriert, sein Name und sein Geburtsdatum werden erfasst.

Wie makaber das im Nachhinein erscheint – er geht ins Casino und verspielt das geraubte Geld, als gäbe es für ihn etwas zu feiern. Keiner seiner Kollegen ahnt, dass er mit dem gefürchteten Vierfachmörder unterwegs ist. Auch nicht jener Freund, der die Runde vorzeitig verlässt und weinend nach Hause fährt, weil er von Simonas Tod erfährt, die er gut gekannt hat.

Der Täter hält auch nach dem unfassbaren Delikt die perfekte falsche Fassade aufrecht. Vorgeben, jemand zu sein, der er nicht ist – darin ist er gut. Darin ist er geübt.

Auch den Rest des erpressten Geldes verprasst der Mann in den nächsten Tagen. Er kauft sich davon seine Lebensmittel, bezahlt die Tierarztrechnungen für seine Hunde, die Krankenkassenprämien, die Handyrechnung, er kauft damit Tierfutter und teure Markenkleidung. Gutes Aussehen und elegantes Auftreten sind ihm wichtig. Er bezahlt mit dem Geld, das nicht ihm gehört, sondern den Menschen, die er getötet hat, auch seine Lebensversicherung. Und er schenkt seiner Mutter eine Reise zum 60. Geburtstag, einen Trip nach Paris. Mit den erbeuteten 1 000 Euro geht er im Januar in

Nauders Ski fahren Sein Leben geht weiter wie vor der Tat. Niemand ahnt etwas. Er muss sich sehr sicher wähnen.

Doch wirklich zufrieden ist er nicht.

Sein Gedankenkarussell beginnt sich wieder zu drehen. Er hält Ausschau nach Jungen, die Davin ähnlichsehen.

*

In jedem Kriminalfall gibt es einen Schlüsselmoment. Eine Erkenntnis, die auf direktem oder indirektem Weg zur Lösung führt. Manchmal ist der entscheidende Moment erst im Nachhinein als solcher erkennbar. In diesem Fall aber ist der Polizei sofort klar, dass sie dem Täter wahrscheinlich einen großen Schritt nähergekommen ist.

Es ist eine digitale Ermittlung, die den wichtigen Hinweis liefert, der zusammen mit weiteren Indizien auf die richtige Spur führen wird. Zwar schweigen sich die Behörden darüber aus, wie sie genau vorgegangen sind; doch mehrere Quellen bestätigen, dass die entscheidende Information vom Internetgiganten Google stammt.

Die Staatsanwaltschaft hat offenbar mit einem richterlichen Beschluss bei Google einen Antrag gestellt: Sie wollte wissen, ob und von welchen IP-Adressen aus vor der Tat nach den Mitgliedern der Familie S. gegoogelt worden ist. Und tatsächlich: Sie erhält die IP-Adresse eines Computers, mit dem die Opfer vor der Tat intensiv ausgekundschaftet wurden – der

Mann, der im Internet nach Davin, Dion und Carla S. suchte, hinterließ eine Datenspur.

Das ist zwar noch lange kein Beweis, aber immerhin: Endlich haben die Ermittler einen Namen. Sie konzentrieren sich fortan auf die Person, die nach den Familienmitgliedern gegoogelt hat.

Jetzt zahlt sich auch die Sisyphusarbeit aus, die die Polizisten mit der Auswertung der Daten der Mobilfunkanbieter geleistet haben. Der Verdächtige fällt auf. Und zwar nicht etwa, weil sein Handy sich während der Tatzeit bei einer Mobilfunkantenne in der Nähe des Tatorts angemeldet hat – sondern weil es das eben gerade nicht tat. Denn als die Polizei das Bewegungsmuster des Verdächtigen studiert, zeigt sich: Er geht jeden Tag mehr oder weniger zur selben Zeit mit seinen Hunden spazieren. Dabei kommt er meistens am Haus der Familie S. vorbei. Doch ausgerechnet am 21. Dezember, dem Tag der Tat, verbindet sich sein Handy nicht mit den üblichen Sendemasten.

Noch ist es nur eine Vermutung: Er könnte das Telefon ausgeschaltet oder den Flugmodus eingestellt haben, weil er seine Spur verwischen wollte. Das am Tattag veränderte Bewegungsmuster des Mannes, der mit seinem Computer nach der Familie S. gegoogelt hat, kommt den Ermittlern höchst verdächtig vor. Ein weiteres Puzzlestück. Das Bild wird klarer.

Aber es ist nicht genug. Es sind nur Indizien, ein Verdacht. Um an einen Beweis zu gelangen, muss sich die Polizei etwas einfallen lassen.

*

Es hat bereits kurz nach der Tat wieder »zu rattern« begonnen in seinem Kopf. Die Gedanken werden drängender. Die Lust größer. Da ist dieser Drang.

Der Fremde sucht im Internet nach Jungen, die ihn an Davin erinnern, blonde Jungen, gleiches Alter, er stöbert auf den Seiten von Fußballclubs, klickt sich durch die Portraits der Juniorenmannschaften. Und er wird fündig.

Er weiß jetzt, wie es geht. Er kauft Anzündwürfel und Seile, die er als Fesseln vorbereitet. Er packt sie mit den Kabelbindern, dem Klebeband, mit sechs Flaschen Fackelöl, dem Stabfeuerzeug, den Handschuhen und dem Sexspielzeug in den Rucksack. Die Flecken von Davins Blut darauf hat er schon übermalt. Dieses Mal steckt er zudem eine alte Armee-Pistole ein, dann stellt er den Rucksack gepackt in sein Zimmer. Er ist bereit, es kann jederzeit wieder losgehen.

Doch bevor es so weit ist, bereitet er sich wie beim ersten Mal akribisch vor. Die Bilder der Jungen, die ihm gefallen, druckt er aus und klebt sie in sein schwarz-weißes Notizbuch. Elf sind es an der Zahl. Sie sind alle zwischen elf und fünfzehn Jahre alt. Neben die Bilder schreibt er feinsäuberlich auf, wie die Jungen heißen, wo sie wohnen, welche Schule sie besuchen. Zwei sind seine Favoriten. Der eine lebt im Kanton Bern, der andere im Kanton Solothurn.

Der Junge aus dem Kanton Bern ist ihm schon am Nachmittag des 27. Dezembers aufgefallen, als er im Internet recherchierte. Nur sechs Tage nach dem Vierfachmord. Blondes Haar, blaue Augen. Wie Davin. Am 5. Januar hat er das Foto des Jungen auf seinen

Computer gespeichert und in seinem Notizbuch einen Eintrag über ihn verfasst. Ab sofort stehen der Junge und seine Familie unter seiner Beobachtung. Allein im Januar fährt der Fremde fünf Mal zu dessen Haus und versteckt sich in der Nähe. Er beobachtet es, um den Tagesablauf der Familie zu studieren. Eine Mutter, ein Vater, zwei Kinder. Zwei Mal ruft er auf der Festnetznummer an – jedes Mal, um gleich wieder aufzulegen.

Auch die Familie K. des Jungen aus dem Kanton Solothurn spioniert der Täter aus. Auch dessen Bild hat er im Computer gespeichert, der Eintrag im Notizbuch wird länger und länger. Er trägt all seine Beobachtungen ein, ihn interessiert jedes Detail, das er in Erfahrung bringen kann. Er weiß, wann sie aufstehen, wann sie aus dem Haus gehen, wer die Kinder zur Schule bringt. Selbst den Schulplan des Jungen findet er heraus. Am 27. Januar schleicht er erneut ums Haus der Familie, die nicht ahnt, dass sie ins Visier eines pädophilen Vierfachmörders geraten ist, und schreibt in sein Buch: »Di, 7.40 Uhr, alle zu Hause, wach.« Am gleichen Tag, um 13.39 Uhr, ruft er die Familie an, doch die Verbindung kommt nicht zustande. Um 15.44 Uhr versucht er es erneut. Dieses Mal geht jemand ran. Er sagt, er habe sich verwählt und hängt auf.

Der Mann, der sich gegenüber Carla S. als Sebastian Meier ausgegeben hat, der Schulpsychiater, der keiner ist, bastelt sich erneut die gleiche Legende. Er verfasst auf seinem Computer einen Brief, der angeblich von der Schuldirektorin und von der Schulleiterin der betreffenden Schule im Kanton Solothurn stammt. Das Papier enthält eine täuschend echte Kopie des Originalbriefkopfs der Schule, überdies versieht der Fremde das Schreiben mit zwei Fantasieunterschriften der beiden Frauen, die ja tatsächlich existieren. Im Brief steht, dass es an der Schule zu Mobbingvorfällen gekommen sei, ein Mädchen habe versucht, sich deswegen umzubringen. Die Eltern werden um Mithilfe gebeten, sobald sich jemand vom Schulpsychologischen Dienst bei ihnen meldet. Die gefälschten Visitenkarten hat der Täter bereits drucken lassen.

Er wird unruhiger. Er will es wieder tun. In seinem Kopf spielt er die nächste Tat minutiös durch. Immer von Neuem.

*

Zur gleichen Zeit ist in die Ermittlungen Bewegung gekommen. Es gibt einen Verdächtigen. Endlich. Nicht eine Bande, wie viele vermutet haben, sondern eine Einzelperson. Ein Mann, der vor der Tat im Internet ausführlich nach Informationen über Davin, über dessen Mutter Carla, über dessen Bruder Dion recherchiert hat. Einer, der jeden Tag zur gleichen Uhrzeit in Rupperswil mit seinen Hunden Gassi geht – und es ausgerechnet am Tag der Tat nicht tat. Einer, von dem die Polizei wissen will, ob seine DNA und seine Fingerabdrücke zu den Spuren passen, die am Tatort hinterlassen wurden. Nur: Wie soll sie es – auf legalem Wege – anstellen, an seine Fingerabdrücke und an sein DNA-Profil zu kommen?

Einer der Ermittler, vielleicht aber auch die Staatsanwältin, die den Fall leitet, oder aber einer der hinzugezogenen Experten – irgendjemand hat eine Idee. Ganz bestimmt sorgt sie für Diskussionen. Denn es ist ein Vorgehen, das die Kantonspolizei Aargau noch nie angewendet hat. Sie will, so berichten es später mehrere Quellen, dem Verdächtigen eine Falle stellen.

Es wirkt zufällig, als die Polizei Anfang Mai 2016 auf dem Weg zwischen Aarau und Rupperswil eine groß angelegte, reguläre Verkehrskontrolle durchführt. Doch ein Zufall ist es gemäß Quellen nicht. Die Ermittler scheinen genau zu wissen, wen sie kontrollieren wollen und wer zu dieser Zeit auf der Strecke unterwegs ist: Der Mann, den sie verdächtigen, vier Menschen ermordet zu haben. Er wird, wie viele weitere auch, auf der Fahrt angehalten, er muss einen Alkoholtest machen, er muss dafür ins Röhrchen blasen. So erhalten die Ermittler, was sie brauchen: seine DNA.

Das ist der Durchbruch.

Trotzdem darf nun nichts überstürzt werden. Jetzt bloß nicht überhastet einen Fehler machen. Die bevorstehende Verhaftung ist eine polizeiliche Großaktion und muss gut vorbereitet sein. Zweiundsiebzig Stunden lang plant und organisiert die Polizei den Zugriff.

*

Die Zeit wird knapp.

Es ist der 11. Mai 2016. Am Abend zuvor hat der Fremde die Öffnungszeiten der Banken studiert, die am nächsten beim Wohnort der Familie K. liegen. Jetzt ist er im Wagen seiner Mutter unterwegs zum Haus der

Familie im Kanton Solothurn. Den gepackten Rucksack hat er dabei, ebenso das gefälschte Schreiben der Solothurner Schule und seine Visitenkarten mit dem falschen Namen und dem angeblichen Beruf: Erneut will er den Schulpsychologen geben. Warum die Geschichte ändern, die beim letzten Mal so gut funktioniert hat? Überhaupt ist sein zweiter Mordplan eine exakte Kopie des ersten. Er will die gesamte Familie als Geisel nehmen, Geld erpressen, den Jungen sexuell missbrauchen, alle töten und am Schluss das Haus anzünden. So hat er es schon einmal gemacht. So geht er es erneut wieder und wieder im Kopf durch.

Am Nachmittag spaziert er mit dem Rucksack durch das Wohnquartier der Familie. Um 14.07 Uhr wählt er ihre Nummer. Doch keiner geht ran. Beim zweiten Versuch, um 15.36 Uhr, ist jemand zu Hause. Er gibt vor, sich verwählt zu haben, und hängt auf.

Doch dann ändert er seinen Plan. Nicht jetzt und nicht heute. Er nimmt seinen Rucksack und fährt wieder nach Hause.

Mit großer Wahrscheinlichkeit wird der Verdächtige von der Polizei observiert an diesem Tag. Vielleicht merkt oder spürt er etwas, vielleicht ist das der Grund, warum er zwar loszieht, um seinen neuen Mordplan umzusetzen, es dann aber doch bleiben lässt.

Der nächste Morgen. Wie fast jeden Tag sitzt der Verdächtige in Aarau in einer Ecke des Starbucks, trinkt seinen Kaffee und tippt auf seinem iPad herum. Die Türen öffnen sich. Auf einmal geht alles ganz schnell. Mehrere bewaffnete Polizisten dringen durch den Vorder- und durch den Hintereingang in das Lokal ein. Innerhalb von Sekunden liegt der Verdächtige auf dem Boden, ein Polizist drückt ihm das Knie ins Kreuz, ein anderer durchsucht ihn. Dann ziehen sie ihm ein schwarzes Tuch über den Kopf, durchsichtige Handschuhe über seine Hände, fragen ihn, ob er genug Luft kriegt.

Einen Moment lang spielt er den Ahnungslosen und beteuert, er wisse überhaupt nicht, was los sei. Das gehe allen manchmal so, meint ein Polizist lapidar. Danach lässt sich der Fremde ohne Widerstand festnehmen.

Es ist der 12. Mai 2016, kurz vor neun Uhr. Hundertsechsundvierzig Tage nachdem Carla, Davin, Dion und Simona ermordet worden sind.

*

Die Aufregung ist spürbar, als hätte sich die Luft im Saal mit Spannung aufgeladen. Auch ich kann mich ihr nicht entziehen. Ich sitze zwischen Dutzenden anderer Journalisten und bin aufgeregt, nervös, ungeduldig. Es ist Freitag, der 13. Mai, die Staatsanwaltschaft und die Polizei haben sehr kurzfristig zu einer Pressekonferenz eingeladen. Allen ist klar, was das bedeuten könnte, und doch wagt man es nach der langen Zeit kaum zu hoffen: Haben sie den Täter nach all den Monaten endlich gefasst?

Der Saal der Einsatzzentrale der Mobilen Polizei des Kantons Aargau ist voll besetzt. Die Rednertische sind übersät mit Mikrofonen, zahlreiche TV- und Radiostationen sind angereist und werden live berichten. Es ist das Medienereignis des Jahres.

Vorne im Saal sitzt der Kripochef und Leiter der Sonderkommission Markus Gisin, neben ihm eine blonde Frau, sie wirkt ruhig und sehr ernst: Barbara Loppacher, die federführende Staatsanwältin, die in den letzten viereinhalb Monaten nur ein Ziel hatte: den Täter zu kriegen. Sie ist einundvierzig, das hier ist ihr erster großer Fall als leitende Staatsanwältin und wird, hoffentlich, ihr größter bleiben, so etwas soll sich nie wiederholen.

Schon bevor die Referenten das Wort ergreifen, macht das Gerücht die Runde, dass der Täter gefasst sei. Oder die Täter, so genau weiß man es nicht. Die Minuten dehnen sich und wollen einfach nicht vergehen, bis die Pressekonferenz endlich beginnt.

Als Barbara Loppacher ihr Mikrofon einschaltet, ist es totenstill im Saal.

»Die Kantonspolizei Aargau und die Staatsanwaltschaft haben nach längerer und akribischer Vorbereitungsarbeit gestern eine großangelegte und gezielte Aktion durchgeführt. Dabei wurden verschiedene Personen in Gewahrsam genommen und Hausdurchsuchungen durchgeführt, die schließlich auch zur Verhaftung des Täters führten«, erzählt sie mit unaufgeregter Stimme. »Zum Täter kann ich Ihnen Folgendes sagen: Es handelt sich um einen dreiunddreißigjährigen Schweizer, der in Rupperswil wohnhaft ist. Er ist ledig, er weist keine Vorstrafen auf und war den Strafverfolgungsbehörden bislang nicht aufgefallen. Der Täter hat keinen Bezug zu den Opfern, das heißt, Täter und Opfer kannten sich nach aktuellem Kenntnisstand nicht. Der Täter hat gestern in den Einvernahmen ein vollständiges Geständnis abgelegt. Aufgrund der aktuellen Ermittlungsergebnisse und gestützt auf seine Aussagen, gehen wir davon aus, dass er mit großer Wahrscheinlichkeit als Einzeltäter gehandelt hat. Zum Motiv: Gestützt auf die bisherigen Erkenntnisse gehen wir davon aus, dass der Täter einerseits ein finanzielles Motiv hatte, das heißt, er verfolgte das konkrete Ziel, Geld zu erbeuten. Die Tat war aber auch sexuell motiviert, und es kam zu sexuellen Übergriffen. Die Tötung aller anwesenden Personen war vom Täter von Anfang an so geplant. Ebenso war von Anfang an geplant gewesen, das Haus in Brand zu stecken, um allfällige Spuren beseitigen zu können.«

Es kommt selten vor, dass ich bei einer Pressekonferenz emotional reagiere. Habe ich den Schreibblock oder den Laptop vor mir, befinde ich mich hinter einem professionellen Schutzwall, der dafür sorgt, dass mir das, worüber ich zu berichten habe, persönlich nicht zu nahekommt – oder eher, nicht zu nahegeht. Doch das hier ist ein Gänsehaut-Moment. In diesem Fall, über den ich so viel geschrieben habe, zu dem ich immer wieder die gleichen Fragen gestellt habe, bei dem ich während des Schreibens der Artikel stets ein Bild der Opfer neben mir auf dem Schreibtisch liegen hatte, um trotz aufgebautem Schutzwall die Schicksale dahinter nicht aus den Augen zu verlieren – in diesem Fall durchfährt die Erleichterung meinen ganzen Körper: Er ist gefasst! Sie haben ihn! Er ist nicht damit davongekommen. Im nächsten Moment lösen Überraschung und auch Entsetzen die Erleichterung ab.

Überraschung, weil der Täter ein Mann aus dem Dorf ist, ein »unbeschriebenes Blatt«, wie die Staatsanwältin ihn nennt. Niemand hätte mit einem Täter wie diesem gerechnet.

Entsetzen, weil erst nach seiner Verhaftung und seinem Geständnis klar ist und erst mit dieser Pressekonferenz öffentlich wird, dass es ihm nicht nur ums Geld ging. Dass er, bevor er zum Mörder wurde, den jüngsten Sohn Davin sexuell missbraucht hat. Als Markus Gisin, der Leiter der Sonderkommission, vor den versammelten Medienvertretern den Tathergang beschreibt, wird mir beinahe übel. Die Vorstellung, dass der Täter bereits weitere, gleichgelagerte Taten geplant und vorbereitet hatte, ist zu gewaltig, um sie erfassen zu können.

Ich habe in meinen über zwanzig Jahren als Gerichtsreporterin oft in Abgründe geblickt – doch keiner erscheint mir so tief und düster wie dieser. Das Verbrechen konnte zwar gelöst werden – verstehen aber kann man es nicht.

Auf einmal habe ich nur noch eine Frage in meinem Kopf: Wer ist der Mann?

*

Er ist kein Fremder. Die Nachricht, dass der Vierfachmörder aus dem eigenen Dorf stammt, ist für die Einwohner ein weiterer Schlag.

»Es ist ein Schock«, sagt Gemeindeammann Ruedi Hediger nach der Pressekonferenz. »Wir haben immer gehofft, dass es nicht jemand aus dem eigenen Dorf ist. Das Böse wohnte mitten unter uns und wir merkten nichts. Das macht vielen Angst, auch mir.«

Der Rupperswiler Bernhard Trösch schreibt in einem Leserbrief: »Ich bin mir nicht sicher, welches der größere Schock war – die Tat oder die Erkenntnis: Es ist einer von uns.«

Für viele wäre es einfacher zu akzeptieren, wenn er ein Fremder wäre, einer von außerhalb, wie man hier sagt. Doch das ist er nicht.

Manchmal lebt das Böse Tür an Tür, gleich nebenan.

Thomas N. wohnte nur sechs Gehminuten von der Familie S. entfernt, am Distelweg, eine Distanz von knapp fünfhundert Metern. Beinahe täglich ist er mit seinen beiden Huskys Lumi und Baghira am Haus der Familie vorbeispaziert, meist frühmorgens um sechs, bestückt mit Mütze und Kopfhörern – vor der Tat und auch in den Monaten danach. Als hätte er nichts getan.

Er ist dreiunddreißig Jahre alt, in Rupperswil aufgewachsen und zur Schule gegangen; er wohnt noch immer in seinem Elternhaus, alleine mit seiner sechzigjährigen Mutter. Auch seine Mutter wird kurzzeitig von der Polizei abgeführt, in Handschellen, sie ruft um Hilfe, erzählen die Nachbarn. Wenig später kommt sie wieder frei. Sie wusste nicht, was ihr Sohn getan hat und wer er wirklich war. Ihr Haus wird Wochen später auf den Immobilienportalen zum Verkauf ausgeschrieben: Hundertfünfundsiebzig Quadratmeter für 715 000 Franken. Die Innenaufnahmen zeigen karg eingerichtete Räume, die Außenansicht ein Einfamilienhaus wie viele andere, von einer ausgeprägten Schweizer Durchschnittlichkeit. Nichts Auffälliges. Genau wie Thomas N.

Sein älterer Bruder ist vor ein paar Jahren ausgezogen. Er hat eine eigene Familie und wird seinen Namen ändern, nachdem der Nachname von Thomas N. durch eine Boulevardzeitung publik gemacht wird. Die Mutter arbeitet im Spital, der Vater, ein ehemaliger Kantonsangestellter, ist vor vier Jahren überraschend an einem Herzinfarkt gestorben.

Die Eckdaten des Lebenslaufs des Vierfachmörders von Rupperswil sind auf den ersten Blick ebenfalls unaufgeregt. Grundschule, Besuch der Kantonsschule in Aarau, wo er die Hauptfächer Geistes- und Sozialwissenschaften belegt und eine Maturaarbeit über Osama bin Ladens Motive für seine Terroranschläge verfasst. Abgebrochenes Jura-Studium. Später schreibt er sich für Medizin ein, besteht sogar den Eignungstest, tritt das Studium aber nie an. Was er aber niemandem sagt.

Beim genaueren Hinschauen wird deutlich, dass sein Leben bereits vor der Tat ein Konstrukt aus geschickt verwobenen Lügen ist. Wie er sich sein Geld verdient ist unklar, er macht Schulden und lässt sich von der Mutter aushalten, die meint, dass er noch immer studiert, die nicht weiß, dass er tagsüber im Starbucks statt in der Uni sitzt. Schließlich hat er ihr hin und wieder Diplome vorgelegt, die sie nicht als Fälschungen erkannt hat. Auch gegenüber seinen Kollegen vom Fußballclub gibt er vor, Medizin zu studieren.

Hier, bei der Seetal Selection, einem Zusammenschluss der beiden Vereine SV Seengen und FC Sarmenstorf, arbeitet er ehrenamtlich als Juniorentrainer und Administrator – er, der seit seiner Jugend weiß, dass er pädophil veranlagt ist. Für die Trainer und die Junioren kommt seine Verhaftung einem Erdbeben gleich. Noch am Tag zuvor coachte er aushilfsweise ein Team bei einem Juniorenspiel und diskutierte danach am Spielfeldrand mit Kollegen über den Mordfall.

»Ich kann es nicht begreifen«, sagt der Pressesprecher der Seetal Selection nach der Verhaftung von Thomas N. »Sechs Jahre lang war Thomas Trainer unserer Fußball-Junioren. Er war beliebt, es gab nie eine Beschwerde. Doch nun wissen wir, dass er einen Buben geschändet hat, dass er ein Mörder ist.«

Der Medienverantwortliche ist selbst ein Kollege von Thomas N., zwei Juniorenlager haben sie zusammen geleitet. Er beschreibt ihn als ruhigen, eher introvertierten Menschen, kein Partymacher.

»Ich habe ihn nie lachen gesehen.«

Aber bei den Spielen habe er immer mitgemacht, und am Abend habe man zusammen ein Bier getrunken. Andere, die ihn zu kennen glaubten, beschreiben Thomas N. als freundlich, aber verschlossen. Nie habe er einem in die Augen geschaut, meint jemand.

Auch im Fußballclub glaubte man ihm, dass er in Zürich Medizin studierte. Keiner hegte Zweifel. Thomas N. wirkte blitzgescheit, jeder traute ihm das Studium zu, und warum hätte er lügen sollen? Wer ihn beim Umsteigen am Bahnhof Aarau traf, dachte, er sei auf dem Weg zur Uni. Nur wenige fragten sich, wie er neben dem Studium so viel Zeit für den Club aufbringen konnte. Doch keiner hat die Fragen laut gestellt. Thomas N. wird geschätzt, Vereinskameraden beschreiben ihn als ausgezeichneten Fußballfachmann und begabten Trainer. Umso mehr sind seine Kollegen erschüttert, als sie erfahren, dass er jemand ganz anderes ist, als er vorgab zu sein.

»Ich hatte vollstes Vertrauen in Thomas«, sagt der Pressesprecher. »Wie konnte ich mich so täuschen?«

Nach der Verhaftung von Thomas N. sind alle höchst alarmiert: Ein pädophiler Mörder, der die Junioren trainiert hat – sofort steht die Vermutung im Raum, dass sich Thomas N. schon früher an Jugendlichen vergangen haben könnte. Die Trainer und Eltern suchen das Gespräch mit den Jungen, auch die Polizei ermittelt.

Am Pfingstmontag meldet die Oberstaatsanwaltschaft: »Es gibt keine Hinweise auf weitere sexuelle Übergriffe auf Kinder oder Jugendliche.«

Zumindest nicht auf persönliche Übergriffe. Doch im Computer von Thomas N. werden die Ermittler fündig. Zwischen 2011 bis zu seiner Verhaftung hat Thomas N. im Internet nach Bildern und Videos gesucht, die den sexuellen Missbrauch von Kindern, hauptsächlich Jungen, durch erwachsene Männer zeigen. Auch Bilder von nackten Jungen hat er gesammelt. Die Ermittler finden auf seinem Computer und auf externen Festplatten 10 489 kinderpornografische Fotos sowie 1004 heruntergeladene Videos voller schrecklicher Missbrauchsszenen an Jungen.

Die digitalen Spuren des Thomas N. machen auch seinen Mangel an Empathie und seine Pietätlosigkeit deutlich: Auf seinem Facebook-Profil hat er nur zwei Tage nach dem Vierfachmord fröhliche Weihnachtswünsche gepostet. Über diesen Kanal ist er vor allem mit anderen Husky-Liebhabern verbunden.

»Wir wünschen euch allen ein besinnliches Weihnachtsfest und hoffen, die Wirbelwinde lassen bei allen die Weihnachtsbäume stehen.« Zeilen, die im Nachhinein wie ein Hohn anmuten. Der Täter fügt sie mehreren Bildern von sich und seinen Hunden bei. Ein Foto zeigt Thomas N. auf einem schwarzen Ledersofa liegend, ein Hund halb neben, halb auf ihm, der andere am Boden, er krault ihn am Bauch. Die zweite Aufnahme: Einer seiner Huskys trägt die Mütze eines Weihnachtsmanns auf dem Kopf.

Es sind diese Fotografien von Thomas N. mit seinen Hunden, die mir besonders im Gedächtnis haften bleiben. Weil sie verstörend normal wirken und es scheint, als habe er mit Hunden das gekonnt, was er bei Menschen nicht geschafft hat: Gefühle zu zeigen, Mitgefühl zu empfinden.

Dieses vage Bild des Menschen, der Carla, Davin, Dion und Simona ermordet hat, lässt sich mithilfe von Recherchen und Gesprächen nachzeichnen. Trotzdem bleibe ich ratlos zurück. Dass jemand, der eine solch brutale Tat begeht, vorher noch nie aufgefallen ist, ist in der jüngeren Schweizer Kriminalgeschichte einmalig. Viele Fragen sind noch offen. Ich hoffe, dass der Gerichtsprozess einige Antworten liefern wird.

*

Es wird ein Monsterprozess. Statt im Gerichtssaal findet er in der Halle der mobilen Polizei des Kantons Aargau statt. Der Zufall will es, dass sie nicht weit vom Tatort entfernt liegt, ich habe das Gefühl, dass ich über die Felder fast bis zum Haus der Familie S. hinüberblicken kann.

Achtundachtzig Bundesordner füllen die Akten zum Vierfachmord von Rupperswil. Zwei psychiatrische Gutachten wurden über den Täter erstellt. Vier Tage sollen die Einvernahmen und die Plädoyers dauern, bevor sich das Gericht zur Urteilsberatung zurückziehen wird. Es wird darüber befinden, ob sich Thomas N. des mehrfachen Mordes, der mehrfachen, räuberischen Erpressung, der mehrfachen Freiheitsberaubung, der mehrfachen Geiselnahme, der mehrfachen sexuellen Handlungen mit einem Kind, der mehrfachen sexuellen Nötigung, der mehrfachen Pornografie, der Brandstiftung, der Urkundenfälschung, der mehrfachen strafbaren Vorbereitungshandlungen schuldig gemacht hat. So lautet die Anklage der Staatsanwältin.

Es ist der 13. März 2018, als der Prozess beginnt, mehr als zwei Jahre sind seit der Tat vergangen. Ich kämpfe mich mit dem Fahrrad durch eisigen Graupelschauer, als ich vom Hotel zum abgelegenen Polizeistützpunkt fahre. Nass und kalt und grau der Tag. Das Areal ist abgesperrt und von der Polizei gesichert, nur mit Zugangskarte und Presseausweis oder Besucherpass kommt man rein. Der Medien- und Zuschauerandrang war so groß, dass man sich im Vorfeld um einen Platz bewerben musste.

Draußen vor dem Eingang ist ein Zeltdach aufgebaut, das Schweizer Fernsehen wird hier seine Interviews führen. Vor der gläsernen Eingangstür, die mit Papier abgeklebt und hinter der ein Metalldetektor aufgebaut worden ist, warten die Kameraleute und die Fotografen, für die es in der Schweiz zum Gerichtssaal keinen Zutritt gibt. Einige von ihnen haben sich hinter dem Gebäude in Stellung gebracht, weil der Täter oft durch den Hintereingang reingeschleust wird. Sie lauern auf ein Bild von ihm wie ein Rudel Katzen am Hafen auf einen weggeworfenen Fischkadaver.

»Aufgrund von dem, was man gelesen und gehört hat, muss das ein Monster sein. So schätze ich es ein.« Ein älterer Mann spricht frühmorgens, kurz bevor es losgeht, draußen im Regen in die Kamera eines TV-Senders. Er ist einer der wenigen Besucher, die einen Platz im Saal erhalten haben: Zweihundertsiebzig Zuschauer hatten sich angemeldet, fünfunddreißig wurden nebst den fünfundsechzig Journalisten zugelassen. Der Mann spricht aus, was viele denken: Wer so eine Tat begeht, kann kein Mensch sein. Auch etliche Medien haben dieses Urteil dem Prozess vorweggenommen: Schon kurz nach der Verhaftung hängten sie dem Beschuldigten Thomas N. Bezeichnungen wie »das Gesicht des Bösen« oder »die Bestie von Rupperswil« an.

Heute ist die Stimmung in der zum Gerichtssaal umfunktionierten Halle ruhig und gefasst. Und gespannt. Denn alles, was bis dahin über den Täter in Erfahrung zu bringen war, stammte aus Akten oder setzte sich aus Angaben aus seinem Umfeld zusammen. Jetzt aber, an Tag eins des Prozesses, erhält der Beschuldigte ein Gesicht.

Es stellt sich heraus: Obwohl er etwas Ungeheuerliches, etwas Böses und Abscheuliches getan hat – vor Gericht steht keine Bestie, kein Monster, sondern ein Mensch. Einer von uns. Einer, mit dem auch wir zur Schule gegangen sein könnten. Der unser Fußballkumpel gewesen sein könnte. Oder gar unser Bruder, unser Sohn. Es wäre einfacher, mit so einer Tat umzugehen, wenn sie von einem Monster verübt worden wäre. Weil man das Unfassbare dann weiter von sich wegschieben könnte. Und weil es dann nicht so schwierig wäre zu verstehen, warum nur und wie er so etwas tun konnte: Eine Familie in seine Gewalt zu bringen, die Mutter zu erpressen, den jüngsten Sohn zu missbrauchen und schließlich alle vier auf brutale Art und Weise zu ermorden. Doch den Gefallen tut Thomas N. uns nicht. Mein spontaner Gedanke, als ich ihn zum ersten Mal sehe, als er wenige Meter von mir entfernt den Saal betritt: Er wirkt irritierenderweise schrecklich normal. Als sich Thomas N. auf den Stuhl des Angeklagten setzt, richtet er sich sorgfältig den Hemdkragen gerade.

*

»Herr N., Sie wissen, warum Sie hier sind, was Ihnen vorgeworfen wird?«, fragt der Gerichtspräsident Daniel Aeschbach.

»Ja.«

»Sie haben das Recht, Ihre Aussage zu verweigern. Wenn Sie mitwirken, können die Handlungen und Aussagen als Beweismittel gegen Sie verwendet werden. Haben Sie das verstanden?«

»Ja.«

Thomas N. ist bereit zu reden. Es macht den Anschein, als könne auch er die Tat und irgendwie sich selbst nicht verstehen. Er ist schlank, groß gewachsen und gutaussehend. Schwarz und dicht sein Haar, gepflegter Dreitagebart. Graues Hemd, schwarze Jeans, hellbrauner Gürtel, Lackschuhe. Würde man ihm unter anderen Umständen begegnen, könnte man denken, er hätte ein freundliches Gesicht. Nie würde man erahnen, dass er vier Menschen getötet hat.

Man sieht einem Mörder niemals an, dass er ein Mörder ist. Oder dass er gefährlich ist.

Thomas N. war nicht immer gefährlich. Lange war er der unauffällige Junge von nebenan. Seine Biografie liest sich so ganz anders als jene vieler Krimineller, vieler Mörder, deren Lebensläufe oft vollgepackt sind mit Brüchen und kleineren oder größeren Katastrophen.

»Ich hatte ein liebevolles Elternhaus und eine behütete Jugend«, sagt Thomas N. dem Richter.

Keine frühkindlichen Entwicklungsstörungen, keine Hinweise darauf, dass er aus einem problematischen

Umfeld stammt, keine Gewalterfahrung in der Familie, keine Außenseiterrolle in der Schule, keine Mobbingerfahrung, keine ersichtlichen Schwierigkeiten, eine wohlbehütete Kindheit.

Thomas N. ist seinem älteren Bruder intellektuell überlegen, er ist der Vernünftigere der beiden, jener Sohn, in den die Eltern große Hoffnungen setzen. Er hat die besten Startbedingungen ins Leben und will seine Eltern nicht enttäuschen, um keinen Preis.

Doch etwas stimmt nicht mit ihm.

Er realisiert früh, schon in der Schulzeit, dass er anders tickt. Dass er so ist, wie man nicht sein darf.

In der ersten Einvernahme bei der Polizei sagt Thomas N.: »Ich weiß es schon lange. An Mädchen hatte ich kein Interesse. Am Anfang hatte man Interesse an gleichaltrigen Jungs, mit der Zeit wurde man älter, aber die Interessen blieben. Ich merkte dann: Scheiße, du bist pädophil.«

Spricht Thomas N. über sich, braucht er oft das Wort »man« statt »ich«. Was nicht sein kann und nicht sein darf, will er nicht wirklich zulassen und vor allem nicht mit sich selbst in Verbindung bringen. Als könnte er mit dem kleinen Wort »man« eine Distanz zwischen sich und seiner sexuellen Veranlagung aufbauen.

In der Schule merkt niemand, dass er anders ist. Spätestens jetzt beginnt sein Versteckspiel vor der Wahrheit und vielleicht auch vor sich selbst. Ein Spiel, das er so weit treibt, dass er niemandem erzählt, was ihn umtreibt. Er verschweigt, dass er nach dem Gymnasium zwei Mal ein Studium aufnimmt und scheitert. Er lässt alle in seinem Umfeld glauben, er studiere erfolgreich Medizin und mit ihm sei alles in Ordnung. Jeden Morgen verlässt er das Haus, um den Schein zu wahren. Keiner ahnt, dass das Leben, das er vorgibt zu führen, nicht existiert.

Thomas N. sagt: »Vor meine Mutter zu treten und zuzugeben, dass mein Leben nichts als Lüge, Schein und Trug ist, wäre das Allerschlimmste gewesen.«

»Wer sind Ihre Bezugspersonen?«, fragt Richter Daniel Aeschbach.

»Das ist die Mutter«, antwortet Thomas N. ohne Zögern.

»Sonst keine weiteren Personen?«

»Nein.«

»Sie versuchen bis heute, Ihrer Mutter zu gefallen. Ist dieses Verhalten in Ihrer Wahrnehmung normal?«

»Ich weiß nicht. Ich habe wohl eine zu enge Beziehung zu ihr. Mit über dreißig noch bei der Mutter zu wohnen, ist wohl schon nicht normal.«

»Was wäre so schwierig daran gewesen, Ihrer Mutter zu sagen, dass Sie gar nicht studieren?«

»Für mich wäre es extrem schwierig gewesen, das zu sagen, eigentlich undenkbar. Denn meine Mutter ist immer für mich da gewesen, für die ganze Familie, vorher auch für meinen Vater. Der Gedanke, ihr nichts zurückgeben zu können, mein Versagen zuzugeben, und ihr sagen zu müssen, hey, ich habe dich die ganze Zeit belogen … das ging nicht.«

»Wovor hatten Sie Angst?«

»Im Prinzip genau vor dem, was jetzt passiert ist. Dass ich Verantwortung übernehmen muss, dass alles offengelegt ist. Dass jeder sieht, wie ich in meinem Leben versagt habe.«

»Sie haben versagt im Leben, und darum haben vier Menschen sterben müssen?«

»Ja. Das ist ein Grund. Hätte ich mein Leben in den Griff gekriegt, hätte ich mir Hilfe suchen können.«

*

Das Justizsystem ist auf den Täter ausgerichtet. Steht ein Verbrecher vor Gericht, dreht sich alles nur um ihn, um seine Psyche, um seine Tat, um seine Schuld und Sühne – aber es geht weder um die Opfer und ihre Angehörigen noch um Wiedergutmachung. Nicht die Opfer, der Täter erhält während des Prozesses Gehör.

Damit die Opfer nicht in Vergessenheit geraten und auch deren Angehörige eine Stimme haben, dafür sorgen im Gerichtsprozess gegen Thomas N. die Rechtsanwälte der Hinterbliebenen, deren Leben durch die Taten von Thomas N. ebenfalls zerstört worden sind. Die Eltern und der Bruder von Carla S., der Vater von Dion und Davin, deren Halbschwestern, die Eltern und Geschwister von Simona. Es ist ein bedrückender Moment, als die Anwälte den Angehörigen ihre Stimme leihen.

Anwalt Markus Leimbacher erzählt im Gerichtssaal eine Familiengeschichte: Er berichtet, wie sich die Eltern von Carla kennen und lieben lernten, wie Carla und ihr Bruder aufwuchsen wie Zwillinge. Auf die

Carla im Arm ihres Bruders, Carla mit ihrem Lebenspartner Georg M. vor der Notre-Dame in Paris, Carla neben ihrer strahlenden Mutter.

»Die Eltern von Carla sind heute, über zwei Jahre nach der Tat, zerstört«, sagt Leimbacher. »Aus dem weltoffenen und unternehmungslustigen Vater ist eine stark depressive und antriebslose Person geworden, die in ihrem Leben keinen Sinn mehr sieht und jeden Lebenswillen verloren hat. Er ist innerlich bereits gestorben.« Carlas Mutter leide ebenso. »Die Frage nach dem Warum und weshalb es gerade sie getroffen hat, ist allgegenwärtig«, erzählt Leimbacher. »Und diese Frage wurde bis heute nicht beantwortet. Nicht den Ansatz einer Erklärung haben die Angehörigen bekommen. Auch der Bruder von Carla ist nicht mehr derselbe, er ist wegen einer posttraumatischen Belastungsstörung in Behandlung.«

Über Georg M., Carlas Freund, sagt Anwalt Leimbacher: »Er leidet sehr am Verlust seiner Partnerin und ihrer Söhne. Er leidet, dass er Carla, Dion und Davin nicht schützen konnte.«

Georg Metger selbst wird später in einem Buch »für immer – Die unfassbare Tat von Rupperswil« über seine Trauer schreiben: »Verschont geblieben zu sein, erscheint mir als härteste Bestrafung.«

Die Bilder auf der Leinwand machen den unermesslichen Verlust sichtbar. Auch die Worte von Rechtsanwalt Luc Humbel verschaffen der Trauer einen Platz im kalten, in Sichtbeton gefassten Saal, weil er im Namen der Eltern und des Bruders von Simona spricht. Zunächst zitiert er Simonas Mutter: »Simona war eine freundliche, fröhliche und liebevolle Tochter, eine Schwester, die mit ihren Geschwistern alles teilte. Durch den frühen Verlust des Vaters sind wir noch näher zusammengerückt. Wenn man mit ihr sprach, merkten die Menschen, dass sie ganz bei einem ist. Sie gab ihnen das Gefühl, geliebt und geachtet zu werden. Der Verlust von Simona hat uns einen unvorstellbaren Schmerz zugefügt, ein Loch gerissen, man kann es nicht im Geringsten verstehen. Atemlos, Druck auf dem Herzen, schlaflos, Tränen, Tränen, Müdigkeit, einsam, nicht wahrhaben wollen – und eine unendliche Sehnsucht nach dem verlorenen Kind.« Die Worte von Simonas Stiefvater gibt der Rechtsanwalt wie folgt wieder: »Es fehlt die Stimme, morgens beim Zur-Arbeit-Gehen, abends beim Nachhausekommen. Es fehlt die Umarmung, ein Lachen, die aufgeweckte Art, das ›Immer das Positive‹-Sehen. Es fehlt das Rumblödeln, die gemeinsamen Diskussionen, das Grimassenschneiden auf den Fotos. Es fehlt eine anständige Verabschiedung. Sie war für mich wie eine Sonne, die am Morgen aufgeht und für die Umgebung strahlt. Sie wollte von mir dereinst zum Traualtar geführt werden.« Die Worte von Simonas Schwester: »Was uns genommen wurde, kann niemand jemals wiedergutmachen.« Und von ihrem Bruder: »Jeden Tag wird mir diese Tat in Erinnerung gerufen. Mein Herz wurde mit einem tiefen Schnitt verletzt. Wenn ich beschreiben müsste, wie sehr diese Tat schmerzt, ich könnte es nicht. Die Worte würden dafür nicht ausreichen. Es fühlt sich an, als hätte mir jemand einen Arm abgehackt, ein wichtiger Teil von mir fehlt. Das Wissen, dass sie leiden musste, erniedrigt wurde, dass sie solche Qualen durchstehen musste, lässt mein Herz schreien, bluten, einen solchen Schmerz habe ich noch nie erlebt. Einfach alles an ihr fehlt mir, mein bester Freund, mein Zuhörer, mein Positivdenker, ich vermisse sie so fest.«

Luc Humbel versagt immer wieder die Stimme, als er die Worte der Hinterbliebenen vorliest, die zuvorderst im Gerichtssaal sitzen, wenige Meter entfernt von jenem Mann, der ihren Verlust verursacht hat. Die Trauer ist greifbar. Viele haben Tränen in den Augen. Simonas Familie, wir Journalisten, die Zuschauer, der Polizist, der die Tür bewacht.

Auch der Angeklagte Thomas N.

*

»Es gab mehrere Gründe, wieso ich die Tat begangen habe. Meine damalige Lebenssituation, die Pädophilie, dass ich zu arrogant war, das Selbstbild, das ich von mir hatte«, sagt Thomas N. dem Richter.

»Wenn man Sie heute fragt, welche sexuelle Neigung Sie haben, was sagen Sie da?«, fragt Daniel Aeschbach.

»Pädophil.«

»Und wenn man Sie zu Ihrem Sexualleben befragt?«

»Das ist im Gefängnis nicht vorhanden. Wenn da jemand hört, dass man pädophil ist … Es ist schwierig, im Gefängnis darüber zu reden.«

»Masturbieren Sie im Gefängnis?«

»Selten.«

»Wenn Sie es tun, was für Fantasien haben Sie dabei im Kopf?«

»Ganz andere als draußen. Es kommt kaum noch ein Kind darin vor. Ich denke an schöne Momente, draußen an der frischen Luft, am See. Okay, ab und zu kommt immer noch ein Kind darin vor. Aber die Pädophilie ist nicht mehr so wichtig. Es vereinnahmt mich im Moment nicht mehr so sehr wie in Freiheit. Wenn ich jetzt wieder draußen wäre, würde es mich wahrscheinlich immer noch gleich vereinnahmen wie früher, doch die Frage stellt sich im Moment ja nicht. Aber falls Sie mich fragen, ob die Pädophilie noch immer ein großer Teil von mir sein wird, wenn ich irgendwann wieder aus dem Gefängnis komme, dann kann ich nur sagen: Ich hoffe es nicht.«

»Sie haben auch im Internet Kinderpornografie konsumiert. Hat es damit angefangen?«

»Ja. Ich weiß nicht mehr, wann es begann. Ich suchte nach Texten, Geschichten, Bildern, Videos. Es ging immer weiter. Es gibt Millionen solcher Videos. Plötzlich geriet ich in eine Sammelwut. Wenn ich am Morgen den Computer einschaltete und die Videos anschaute, verspürte ich eine Rastlosigkeit.«

»War es ein gutes Gefühl?«

»Es war sicher ein gutes Gefühl, sonst hätte ich es nicht gemacht. Auf der anderen Seite wusste ich, dass es falsch war. Dass es grundsätzlich falsch war, Kinder zu begehren. Aber ich dachte, es liege schließlich nicht an mir, dass kinderpornografischer Inhalt im Internet abrufbar ist. Ich dachte, das schade ja niemandem. Heute aber denke ich, dass jeder ein Mittäter ist, der solche Sachen konsumiert. Denn wenn es die Nachfrage nicht gäbe, würde es auch niemand anbieten.

Aber damals konnte ich das nicht anerkennen, ich habe das ausgeblendet. Und irgendwann fing man an, sich vorzustellen, wie es mit einem richtigen Kind wäre.«

»Warum haben Sie sich keine Hilfe geholt?«

»Angst. Scham. Ich habe mir eingebildet, alles im Griff zu haben.«

»Es fällt mir schwer zu glauben, dass Ihre Pädophilie im Fußball, bei Ihrem Amt als Jugendcoach, keine Rolle spielte.«

»Ich weiß, dass das schwierig ist zu glauben. Aber es war so. Der Fußball hat mir Spaß gemacht. Dort habe ich Bestätigung erhalten.«

»Wie war das, als Sie Davin auf der Straße gesehen haben; hat das bei Ihnen ein Glücksgefühl ausgelöst?«

»Das ist korrekt.«

»Erleben Sie das Glücksgefühl auch heute noch?«

»Nein.«

»Streben Sie noch nach diesem Glücksgefühl?«

»Nein. Ich bin extrem enttäuscht, dass die Therapeutin mir gesagt hat, dass man Pädophilie nicht heilen kann. Mein Ziel war immer, solcherart Gefühle nicht mehr zu haben.«

*

Wenn Thomas N. auf die Fragen des Richters antwortet, tut er das sachlich, nüchtern, gefasst. Manchmal auch interessiert, als versuche er selbst zu verstehen. Er wirkt höflich, korrekt. Spricht er über sich und über die Tat, klingt es, als würde er über einen anderen Menschen reden, nicht über sich selbst, frei von Emotionen. Und manchmal beschönigt er, sagt Dinge, die man ihm nicht glauben will und auch nicht glauben kann – aber womöglich glaubt er es selbst, weil er sich die Wahrheit nicht eingesteht, weil sie nicht zu dem Bild passt, das er gerne von sich haben würde. Noch immer.

Die leitende Staatsanwältin Barbara Loppacher sagt, auch die Ermittler seien überrascht gewesen, als ihnen nach der Verhaftung ein Mann gegenübersaß, der in guten familiären Verhältnissen aufgewachsen war, der in den Einvernahmen stets den Eindruck eines höflichen und eigentlich netten jungen Mannes machte, und der auch von anderen so geschildert wurde: als netter Kumpel, als netter Sohn.

Aber Barbara Loppacher sagt ebenfalls: »Er war, ist und bleibt eine Blackbox. Niemand von uns, und ich behaupte, auch seine psychiatrischen Gutachter nicht, kann sich vorstellen, wie es in ihm drin aussieht. Er kann sich sozial und adäquat verhalten und dann auf Knopfdruck umstellen. Das macht ihn so gefährlich. Thomas N. manipulierte und manipulierte und manipulierte. Er ist geradezu ein Meister der Manipulation, gegenüber Therapeuten, gegenüber Leuten im Gefängnis, aber auch gegenüber dem Gericht, mit anderen Worten: gegenüber uns allen.«

Immer wieder blicke ich im Gerichtssaal von meinen Notizen hoch und beobachte Thomas N.; während er befragt wird, während die Anwälte der Hinterbliebenen sprechen. Meist wirkt er kühl, manchmal meint man, eine Träne zu sehen, hin und wieder verschließt sich seine Miene und er wirkt abwesend, als gehe ihn das alles gar nichts an. Nur ganz selten blitzt es auf, das andere Gesicht, von dem die Staatsanwältin spricht. Als flüchtiger Schatten nur. Es passiert etwas mit seinen Augen. Und zwar stets in jenen Momenten, wenn ihm jemand widerspricht oder wenn ihn der Richter mit einem Widerspruch konfrontiert und ihm keinen Glauben schenken will. Doch die Augenblicke währen nur kurz, sofort hat er sich wieder im Griff, antwortet sachlich und emotionslos. Als hätte er sich selbst an einer Leine zurückgezerrt.

Wie es im Inneren von Thomas N. aussieht, haben zwei forensische Psychiater nach mehreren Besuchen und jeweils mehr als zehn Gesprächsstunden zu ergründen versucht. Ihre Gutachten sind zweihundertfünfzig und zweihundert Seiten dick. Als die beiden Experten vor dem Gericht ein Bild von seiner Seele zeichnen, stützt Thomas N. den Kopf auf die Hand, blickt vor sich auf das Pult, ist einmal den Tränen nahe.

Nein, ein Wahnsinniger ist er nicht. Kein Geisteskranker, der nicht wusste, was er tat. So einfach lässt sich dieses Verbrechen nicht abhaken. Voll schuld- und zurechnungsfähig sei Thomas N. gewesen, sagen die Psychiater. Sie stellen ähnliche, aber nicht ganz deckungsgleiche Diagnosen: Kernpädophilie, Persönlichkeitsstörung – für Elmar Habermeyer ist es eine narzisstische, für Josef Sachs eine zwanghafte Persönlichkeitsstörung. Thomas N. wirke rational, technisch, emotionsarm, fast autistisch. Er pflege Routinen, achte auf eine bestimmte Ordnung. Er könne nicht von seinem Lebensplan abweichen und habe das zwanghafte Bedürfnis, Erwartungen zu erfüllen. Ein typischer Fall eines erfolglosen Narzissten. Er verfüge über eine ausgesprochene Fähigkeit, in einer Fantasiewelt zu leben und Szenarien zu entwickeln. Legenden zu bilden und aufrechtzuerhalten. Es bestehe zudem der Verdacht auf eine sexuell-sadistische Störung.

Psychiater Elmar Habermeyer sagt über Thomas N: »Der Narzisst neigt dazu, viele Dinge der Sorge vor dem Gesichtsverlust unterzuordnen. Für Thomas N. war diese Angst, beschämt zu werden, eingestehen zu müssen, dass er zwölf Jahre verkorkst und seine Mutter angelogen hat, das Schlimmste.«

Bei Persönlichkeitsstörungen gibt es therapeutische Möglichkeiten. Beide Psychiater erklären, eine Therapie sei bei Thomas N. zwar langwierig und sehr schwierig, aber nicht ganz unmöglich. Die Pädophilie von Thomas N. sei nicht heilbar, aber auch da könnte durch eine Therapie erreicht werden, dass er lerne, damit umzugehen, ohne weitere Übergriffe zu begehen.

Doch die beiden Psychiater sind sich einig, dass bei Thomas N. ein ausgesprochen hohes Rückfallrisiko besteht. Und dass ein Fall wie dieser eine Seltenheit ist – selbst für Experten wie sie, die über tausend Täter begutachtet haben.

»Dass so jemand ein solches Delikt begeht, hat auch mich überrascht, das ist sehr außergewöhnlich«, erzählt Elmar Habermeyer.

»Ich persönlich hatte noch nie einen Fall, in dem eine Person eine Tat von diesem Schweregrad beging, die bis dahin strafrechtlich nicht in Erscheinung getreten ist. Darum ist es auch schwierig, Prognosen zu machen – man kann diesen Fall nicht mit anderen Fällen vergleichen«, sagt Josef Sachs. Er glaubt, dass das Geld und die Scham, dass Thomas N.s Lügenkonstrukt auffliegen könnte, wie der zunächst behauptete, nur ein vordergründiges Motiv für den Vierfachmord war. »Das war bloß die Verpackung für die Tat – die eigentlichen Motive waren: sexuelle Neigung ausleben und Macht ausüben.«

*

Richter Daniel Aeschbach: »Warum, Herr N., hat es zu diesen Tötungen kommen müssen?«

»Das ist eine schwierige Frage. Die Tat vertuschen. Aus Angst vor Schande. Das waren die Hintergedanken am Anfang. Ich habe die Tat geplant, weil ich Geld brauchte. Eine Geiselnahme und Erpressung resultierten daraus. Zu diesem Konstrukt kamen die Tötungen und das Anzünden des Hauses hinzu. Mit der Zeit ist in dieses Szenario der sexuelle Missbrauch eingeflossen. Das Sexuelle hat den Gedanken daran aufrechterhalten.«

»Sie hatten sich erhofft, zirka 30 000 Franken zu erbeuten – und dafür mussten vier Menschen sterben. Gibt es da Worte dafür?«

»Krank.«

»Krank mit welcher Diagnose?«

»Für mich persönlich habe ich keine Diagnose. Es ist unmenschlich. Ein normaler Mensch macht so etwas nicht.«

»Aber Sie haben es getan, welche Erklärung haben Sie dafür?«

»Ich kann es nicht erklären. Ich habe mich zuerst dahin geflüchtet, dass das alles nur ein Konstrukt in meinem Kopf ist, dass es nicht real ist, es war sehr abstrakt, nicht nachvollziehbar. Ich dachte: Du musst keine Angst haben, dass du das so durchziehst, das kann nicht sein. Aber dann war da diese Vorstellung vom sexuellen Missbrauch, und ich konnte das nicht mehr loslassen. Darum habe ich immer weiter darüber nachgedacht. Schließlich stand nur noch der sexuelle Missbrauch im Zentrum. Doch in meiner Vorstellung war es gar kein Missbrauch, in meiner Vorstellung hat der Junge freiwillig mitgemacht. Da gab es keine Schmerzen, nichts.«

»Wenn Sie von diesem Konstrukt sprechen, von der Geldbeschaffung, der Erpressung, der Geiselnahme, der Tötung als Vertuschung, dem sexuellen Missbrauch: Was stand zuoberst auf der Rangliste der Motive?«

»Erstens: Sexueller Missbrauch. Zweitens: Geld. Drittens: Geiselnahme. Viertens: Tötung. Das Sexuelle hat dominiert. Am Anfang stand das Geldproblem, aber der sexuelle Aspekt hat mich dazu gebracht, das Ganze weiterzuführen. Das hat den Gedanken am Leben erhalten. Immer wieder habe ich mich zusammen mit Davin gesehen, jedes Mal, wenn ich an seinem Haus vorbeigegangen bin.«

»Wie haben Sie sich gefühlt, als Sie getötet haben?«

»Bei der Tötung selber war ich wie nicht anwesend. Es waren keine Gefühle da, die man definieren kann.

Es ist, als wenn ich mir selbst gegenübergestanden hätte. Wie in einem Schockzustand.«

»Warum haben Sie sich für ein Messer als Tatwaffe entschieden?«

»Darüber habe ich mir nicht groß Gedanken gemacht. Ich dachte, das geht wahrscheinlich am einfachsten und am schnellsten und am schmerzfreisten.«

»Wie haben Sie gelernt, auf diese Art zu töten?«

»Ich habe das nicht gelernt. Ich habe es nie probiert, habe nicht danach recherchiert.«

»Sie hatten mehrmals die Gelegenheit, das Haus zu verlassen, ohne Carla, Davin, Dion und Simona zu töten. Warum haben Sie das nicht gemacht?«

»Es war in dieser Phase schwierig, irgendetwas zu entscheiden. Ich habe mich vor einem Entscheid gedrückt, es hätte Überwindung gebraucht, einfach zu gehen, wahrscheinlich war ich zu feige.«

»Es hätte Sie mehr Überwindung gekostet zu gehen, als vier Tötungen vorzunehmen?«

»Nein, so meine ich es nicht. Vor dem Missbrauch, als die Mutter mit dem Geld zurückkam, war ich überrascht, dass das geklappt hat. Da musste ich die erste Entscheidung treffen, und ich habe mich für den Missbrauch entschieden. Doch der Missbrauch war schlimm, ich hatte ihn mir ganz anders vorgestellt. Danach musste ich zum zweiten Mal einen Entscheid fällen. Wenn ich wirklich gegangen wäre, ich weiß nicht … Es fühlte sich an, als ob ich mich in einem Raum befinde, in dem ich weder das eine noch das andere entscheiden musste. Ich wollte mich nicht hinstellen und sagen: Okay, ich gehe jetzt. Oder entscheiden: Ich töte jetzt vier Leute. Ich war in meiner Blase drin, es war wie: Ich muss nichts entscheiden. Es passiert einfach.«

»Kann man sagen, dass Sie sich wie ein Computer programmiert hatten und es keine Taste gab, um das Programm abzubrechen?«

»Doch, diese Möglichkeit gab es. Ich stand vor zwei Türen. Eine wäre gewesen: gehen. Die andere war die Tötung. Ich war überfordert. Ich wusste, ich wollte nie an den Punkt kommen, wo ich war. Aber abbrechen ging nicht. Weitermachen ging irgendwie auch nicht. Ich wäre am liebsten für Stunden dort drin geblieben, einfach um nichts zu entscheiden. Ich bin raufgegangen, habe Dion dort gesehen, dann kam der Entscheid. Auf einmal erschien es mir als die einzige mögliche Lösung. Es macht keinen Sinn, wenn ich zurückschaue, es ist absolut unverständlich, aber …«

»Noch immer hätten Sie die anderen am Leben lassen können. Sie sagen, Carla S. sei Ihnen sympathisch gewesen. Das wäre ein Grund gewesen, um abzubrechen.«

»Ja, das stimmt.«

»Steigerten Sie sich in einen Blutrausch?«

»Nein.«

»Wie fühlten Sie sich, als Sie gingen?«

»Leer.«

»Herr N. Welche Strafe würden Sie sich geben?«

»Ich weiß es nicht. Ich weiß es wirklich nicht.«

*

Aufrecht steht er da. Die Hände vor sich gefaltet, den Blick auf den Boden gerichtet. Kurz schließt er die Augen. Mehr nicht. Keine Regung, kein Zucken in seinem Gesicht, als Gerichtspräsident Daniel Aeschbach viermal mit dem Hammer kräftig auf den Tisch schlägt, vier Mal in Erinnerung an die vier Opfer, um sein Urteil zu verkünden. Es ist Freitagmorgen Punkt zehn Uhr.

Der Richter liest mit ruhiger Stimme: »Schuldig des mehrfachen Mordes. Schuldig der mehrfachen räuberischen Erpressung, der mehrfachen Geiselnahme, der sexuellen Handlungen an Kindern.«

Schuldig auch in allen weiteren Anklagepunkten. Das Bezirksgericht Lenzburg verurteilt Thomas N. zu einer lebenslänglichen Freiheitsstrafe und ordnet zudem die Sicherheitsverwahrung an.

Thomas N. zeigt keine Reaktion. Als würden die Worte des Richters an ihm abprallen, deren Inhalt ihn nicht berühren. Doch was sich in seinem Inneren abspielt, weiß auch diesmal niemand. Er ist ausgesprochen gut darin, einen falschen Schein zu wahren.

Als Richter Daniel Aeschbach seine Urteilsbegründung und damit die Gerichtsverhandlung mit einem Hammerschlag beendet, wird Thomas N. abgeführt. In der Tür des Hinterausgangs legen ihm die Polizisten die Handschellen an. Er wird mit größter Wahrscheinlichkeit nie mehr freikommen.

Lebenslang kann in der Schweiz lebenslang bedeuten, also bis zum Tod, auch bei der Verwahrung ist das Ende nicht definiert. Ob das Urteil gerecht ist oder nicht, bleibt eine Frage, die in Anbetracht der abscheulichen Verbrechen von Thomas N. kaum zu beantworten ist. Ein Gericht hat sich an das Strafgesetzbuch zu halten und Recht zu sprechen. Gerechtigkeit schaffen kann aber auch der weiseste Richter nicht. Nichts macht das Geschehene wieder gut.

Wie ich diesen Text hier Jahre nach der Tat auf Papier bringe, meine Notizen durchgehe, erneut eintauche in die Geschichte über das Verbrechen von Rupperswil, in dem die Grenze des Fassbaren überschritten wurde, liegt das Foto von Carla S. und ihren beiden Söhnen wieder neben mir auf dem Schreibtisch. Es zeigt Dion im Vordergrund, Carla, die ihre Arme um die beiden Jungs legt, Davin, der den Kopf an Carla lehnt. Alle drei lachen. Es ist ein glücklicher, intimer Moment, der von der Kamera festgehalten wurde. Ich wünschte mir, jemand hätte in diesem Augenblick die Zeit anhalten und dieses Glück bewahren können.

Der Jahrhundertmörder

»Ich habe immer bei allem gedacht, ich kann das mit mir alleine ausmachen. Aber da gab es diesen einen Vorfall – über den habe ich mit meinem Vater gesprochen. Es passierte ganz am Anfang, nach meiner Einarbeitungszeit, während eines Nachtdienstes. Ich weiß noch genau, welche Kollegen dabei waren. Es geschah auf der Intensivstation 211.

Ein Patient hat massiv zu bluten begonnen. Er war bei Bewusstsein und sagte, es gehe ihm nicht gut. Die Flaschen füllten sich rasch mit Blut, alles ging ganz schnell, alle möglichen Ärzte und Pflegekräfte wurden alarmiert, alles was da war, war innerhalb von Minuten im Zimmer. Er wurde beatmet und ins Koma versetzt, und sein Brustkorb wurde geöffnet. Ich stand hinter dem Arzt, zog mir die Einweghandschuhe an und musste mit der Hand das Herz ergreifen, um es mechanisch am Pumpen zu halten.

Das ist alles auch erst mal gut gegangen.

Aber dann, nach der Arbeit, saß ich im Auto und war nicht in der Lage loszufahren. Das war einfach zu schnell und zu viel für mich, ich konnte das nicht verarbeiten.

Darüber habe ich also mit meinem Vater gesprochen.

Er fragte mich: ›Bist du sicher, dass du da richtig bist?‹ Und ich antwortete mit Ja, ich wollte vor meinem Vater nicht eingestehen müssen: Papa, ich schaffe das nicht. Ich wollte es mir selber nicht eingestehen. Ich habe meine Gefühlslage vor mir selbst verleugnet.

Die ehrliche Antwort wäre gewesen: Eigentlich ist das nichts für mich. Stattdessen sagte ich: ›Ich schaffe das schon.‹«

Er hat es nicht geschafft.

Hätte Niels H. damals zugeben können, dass er der falsche Mann für diesen Job ist, wäre er nicht zum größten Serienmörder der deutschen Nachkriegszeit geworden.

*

Die Weser-Ems-Halle in Oldenburg ist siebenhundert Quadratmeter groß. Dreihundertfünfzig Stühle stehen da in Reih und Glied, rot gepolstert, wie in einem Konzertsaal. Doch die Stimmung wiegt schwer und legt sich wie ein Schatten über die Menschen, die sich an diesem nasskalten Morgen hier einfinden. Auch ich kann mich ihr nicht entziehen. Zu gewaltig ist die Last dieser Geschichte, zu erdrückend. Immer wieder denke ich an die Zahl der Opfer, die schwer zu fassen ist.

Ein Absperrband trennt verschiedene Sitzbereiche voneinander ab: Journalisten, Zuschauer, Angehörige.

Viele Angehörige.

Es kommt mir vor, als ob ich ihren Schmerz spüren könnte, als ob er sich ausbreitete im Saal wie eine leise, traurige Melodie. Tatsächlich sitze ich mitten in einer Trauergemeinde, heute, hier, in der riesigen Halle, in der sonst getanzt, gefeiert, konferiert wird, in der Stars wie Vanessa Mae auftreten. Die Menschen sind nicht zusammengekommen, um Abschied zu nehmen, das haben sie vor langer Zeit getan – sondern um Antworten auf die Frage zu erhalten, warum ihre Liebsten überhaupt gehen mussten.

Es ist der 30. Oktober 2018, die Weser-Ems-Halle ist für die nächsten Wochen zu einem Gerichtssaal umfunktioniert worden. Hier findet ab heute ein Verfahren statt, das alle Dimensionen sprengt: der größte Mordprozess in der Geschichte der Bundesrepublik.

Schon ganz am Anfang zeigt sich, dass alles an diesem Prozess außerordentlich ist. Der vorsitzende Richter Sebastian Bührmann beginnt mit einer Schweigeminute. Ich erhebe mich, gemeinsam mit allen anderen im Saal. Niemand bleibt sitzen, keiner sagt ein Wort. Ich erlebe es zum ersten Mal – und ich bin schon lange dabei –, dass in einem Gerichtssaal der Opfer gedacht wird.

Bevor sich Richter Bührmann demjenigen zuwendet, um den sich der Prozess hier dreht, richtet er seine Worte ausdrücklich an die Hinterbliebenen und Angehörigen.

»Wir werden mit allen Kräften nach der Wahrheit suchen. Aber die vollständige Wahrheit werden wir nicht ermitteln können.«

Weil nur einer die ganze Wahrheit kennt und weiß, um wie viele Opfer es hier tatsächlich geht. Doch Niels H. kann sich nicht mehr an alle erinnern. Er hat zu oft getötet, als dass er seine Opfer zählen könnte.

Vielleicht zweihundert, vielleicht dreihundert?

Die Polizei geht von über dreihundert möglichen Opfern aus. Doch viele der Toten sind längst kremiert worden und können nicht mehr obduziert werden. Viele von Niels H.s Taten werden für immer unentdeckt bleiben. Aber nicht alle.

Die Anklage lautet auf Mord an einhundert Menschen. Hundertsechsundzwanzig Nebenkläger mit siebzehn Anwälten nehmen am Prozess teil. Die Staatsanwältin braucht über eine Stunde, bis sie die Namen der Opfer vorgelesen hat. Hundert Namen, hundert Geburtstage, hundert Todestage. Ihre Worte erklingen monoton über die Lautsprecheranlage.

Niels H., einundvierzig, sitzt da vor all den Opferfamilien, bullig, stämmig, ein Kopf wie ein Stier. Er stützt ihn auf seine Hand, fährt sich hin und wieder übers Gesicht. Ansonsten keine Gefühlsregungen.

Später wird ein Opferanwalt ihn fragen, ob er jemals daran gedacht habe, mit dem Töten aufzuhören.

»Nein.«

Niels H. spricht mit klarer Stimme.

*

Niels H. wusste schon immer, was er einmal werden wollte, schon als Kind: Krankenpfleger, genau wie sein Vater, die Oma, der Opa, die Tante, der Onkel. Sein

Traumberuf. Oder aber Feuerwehrmann, doch das ging nicht, das war früh schon klar, denn Niels leidet massiv an Höhenangst, selbst Leitern hochklettern ist nicht drin. Auch kann er bis heute nicht über Brücken fahren, außer er setzt sich im Auto so hin, dass er nicht hinaussehen kann. Aber der Rettungsdienst, sagt er, das sei schon immer sein Ding gewesen, da sei er hineingewachsen, familiär bedingt.

»Die größte Motivation kam von meiner Oma.« Niels H. schwärmt davon, wie zufrieden seine Großmutter jeweils war, wenn die »Patienten frisch gewaschen im Bett gelegen haben«. Er merkt nicht, wie zynisch es klingt, wenn er sagt: »Ich habe den Beruf erlernen wollen, weil es mir darum ging, Menschen zu helfen. So habe ich das mitbekommen von meiner Oma und meinem Vater.«

Hin und wieder holte der Vater den kleinen Niels mit dem Krankenwagen vom Kindergarten ab. Das war natürlich eine große Sache, das machte Eindruck, und die anderen Kinder wurden neidisch.

Niels H. sagt, er sei »behütet« aufgewachsen in Wilhelmshaven, »da gab es keine Auffälligkeiten, keine Gewalt«.

Sein ehemaliger Lehrer an der Integrierten Gesamtschule Wilhelmshaven erklärte gegenüber dem Magazin *Der Spiegel*: »Es ist mir unbegreiflich, wie aus diesem unkomplizierten Schüler ein Mörder werden konnte.«

Man stößt fast ausschließlich auf Geschichten eines netten Jungen, wenn man in Wilhelmshaven nach Niels H. fragt. Er war ein sportlicher Bursche mit dunklen Locken, weder Außenseiter noch Einzelgänger, selten um einen flotten Spruch verlegen. Mitschüler erinnern sich an einen »liebenswerten, lustigen Kerl«, einige Mädchen waren verliebt in ihn.

Ein anderer Lehrer beschreibt den jungen Niels als angenehmen, unauffälligen, gut integrierten Typen. »Ich hatte den Eindruck, bei den H.s herrschen vernünftige, harmonische Familienverhältnisse.«

Mit sechzehn arbeitete Niels H. ehrenamtlich beim Arbeiter-Samariter-Bund. Er spielte Fußball, im Mittelfeld und im Sturm. Er war immer für ein Bier zu haben, hatte eine Freundin, alles normal.

Wenn man die Menschen sprechen hört, scheint es zwischen dem Kind Niels H. und dem Mörder Niels H. nicht die geringste Verbindung zu geben. Als existierten da zwei verschiedene Persönlichkeiten. Ich frage mich, was bloß passiert ist zwischen dem Davor und dem Danach, und ertappe mich dabei, dass ich auf eine Erklärung hoffe für eine monströse Mordserie, die man nicht erklären kann.

*

Es ist der 7. Februar 2000. Die Nacht liegt schwarz über der Stadt Oldenburg. Nur in den Gängen der städtischen Klinik bleibt das Licht immer grell. Niels H. hat Nachtschicht. Der Krankenpfleger arbeitet am liebsten nachts, wenn nicht viel Betrieb herrscht.

Die Station liegt ruhig da, der Gang ist leer. Niels H. schließt eine Zimmertür hinter sich, drei Schritte, er steht am Bett der herzkranken Elisabeth S. Ganz ruhig zieht er die Spritze auf, setzt sie an und verabreicht der Patientin ein Medikament namens Lidocain, ein Mittel, das unter anderem bei Herzrhythmusstörungen eingesetzt wird. Das Herz der Siebenundsiebzigjährigen setzt aus.

Sofort beginnt Niels H. mit der Reanimation. Darin ist er richtig gut, einer der Besten, obwohl er erst seit einem halben Jahr als Pfleger auf der Abteilung 211 im Klinikum Oldenburg arbeitet, der herzchirurgischen Intensivstation. Niels H. spürt das Adrenalin, das seine Adern flutet, die Herausforderung, den Kick. Er holt die Frau ins Leben zurück. Doch die Reanimation ist eine Qual für einen geschwächten Körper, ein brutaler Akt, ihn ins Diesseits zurückzuzerren, nachdem er seine Funktion schon aufgegeben und das Leben losgelassen hat. Für das Herz der alten Frau ist es zu viel. Trotz der zunächst erfolgreichen Reanimation stirbt Elisabeth S. eineinhalb Stunden nach dem Vorfall.

Niels H., dreiundzwanzig Jahre jung, hat gerade mutmaßlich seinen ersten Mord begangen. Es ist möglich, dass er schon davor getötet hat. Es ist sicher, dass er es danach erneut tun wird. Immer wieder.

Er mordet ausgerechnet an einem Ort, wo sich die Opfer behütet fühlen, wo sie ihr Schicksal vertrauensvoll in die Hände der Experten legen, wo ihre Angehörigen sie sicher wähnen. Es sind Todesfälle, die nicht auffallen, weil in Krankenhäusern auch gestorben wird. Es sind Morde, die viel zu lang unbemerkt bleiben, weil niemand hinschaut oder alle wegschauen.

23. Juli 2000: Auf der Station 211 stirbt Günther M., nachdem Niels H. ihn mit dem Mittel Gilurytmal in den Tod gespritzt und ihn vergebens zu reanimieren versucht hat. Am 26. Juli 2000 tötet er auf die gleiche Weise Franziska H. Am 8. Dezember 2000: Heinrich H. Vier weitere Opfer folgen bis zum Ende des Jahres.

Alarm ausschalten, Herzmittel spritzen, raus aus dem Zimmer. Zurückhetzen, wenn eine halbe Minute später der Alarm wieder einsetzt, »wie ein wilder Stier in der Arena«, sagt ein früherer Kollege. Reanimieren, den Tubus zum Intubieren durch Rachen und Kehlkopf bis mitten in die Luftröhre einführen – geschickter als so mancher Arzt –, Defibrillator aufsetzen, Stromschlag, innehalten, Stromschlag, innehalten, Stromschlag.

Vielleicht setzt das Herz wieder ein und findet seinen alten Takt. Oder es steht still. Ein Held sein oder auch nicht. Jemanden ins Leben zurückholen oder den Toten aus dem Zimmer schieben. Vom Team gefeiert oder bemitleidet werden.

Niels H. sagt, es gab ihm ein »gutes Gefühl«.

Manche Patienten versucht er zweimal zu töten. 28. Februar 2001: Er spritzt der Herzpatientin Ursula J. Ajmalin, ihr Kreislauf kollabiert, doch er holt sie zurück. Sie überlebt. Für Niels H. ist das kein Grund aufzuhören. Im Gegenteil. Am 2. März wiederholt er den Anschlag auf Ursula J. auf gleiche Weise. Dieses Mal stirbt sie.

Anfang März 2001 gibt es auf der Station 211 vier Opfer innerhalb von vier Tagen.

*

Niels H. begann seine Berufslaufbahn im katholischen Sankt-Willehad-Hospital in Wilhelmshaven, dort, wo schon sein Vater als Krankenpfleger gewirkt hatte. Er arbeitete auf der Station und war nebenbei als Rettungssanitäter im Krankenwagen unterwegs.

»Ich war meist der Mitfahrer und für den Patienten verantwortlich, nur sehr selten war ich der Fahrer. Wegen der Höhenangst. Wenn es über eine Brücke ging, blieb ich hinten.«

Niels H. spricht klar und mit ruhiger Stimme. Als ihn der Richter zu seinem Werdegang befragt, klingt es wie ein freundliches Geplauder.

»Ich fühlte mich sehr wohl in Wilhelmshaven. Eigentlich war der Rettungsdienst von der beruflichen Belastung her ausreichend. Dieses Suchen nach mehr Spannung kannte ich zu diesem Zeitpunkt noch nicht. Man hat im Rettungsdienst eine Grundanspannung, das gehört zu diesem Beruf, das genügte mir. Ich musste das Gefühl nicht verstärken, es war ausreichend. Aber irgendwann kam der Stationsleiter auf mich zu. Er appellierte geradezu an mich, dass dieses kleine Krankenhaus für mich mit meinem großen Potenzial auf Dauer nicht das Richtige sei. Ich müsse mich fortbilden können. Ich war damals zweiundzwanzig, und weil er das sagte, habe ich eine Bewerbung geschrieben. Der Leiter hat mir auch geholfen, damit ich mich in Oldenburg vorstellen durfte. Ich konnte mich dann zwischen drei Stationen entscheiden.«

Am 15. Juni 1999 wechselt Niels H. ans Klinikum Oldenburg. Intensivstation 211. Herzchirurgie.

»Ich habe nicht von vornherein gesagt, die Intensivstation ist das Nonplusultra, da muss ich unbedingt hin, um weiterzukommen. So war das nicht. Es war die Idee des Verwaltungschefs, und ich dachte, im Grunde hat er recht, also mach ich das auch, ich war kurzfristig davon überzeugt, das zu tun.«

Niels H. ist ausnehmend blass. Seine Haut wirkt schwammig. Er hat nichts Attraktives an sich. Schwere Lider, die Schläfen hochrasiert, rund um den Mund ein Bart. Er wirkt nicht sympathisch, kein Mensch, mit dem ich mich gerne auf ein Glas Wein treffen möchte. Er sitzt da, die Schultern hochgezogen, der Kopf dazwischen eingeklemmt, als hätte er keinen Hals.

Als Richter Bührmann versucht, Privates aus Niels H.s Leben zu erfahren, dreht sich das Gespräch vor allem um gescheiterte Beziehungen. Niels H. konnte nicht alleine sein und hat in der Partnerschaft schlecht funktioniert. Er erzählt insbesondere von Miriam, seiner großen Liebe, mit der er eine Wohnung kaufte, mit der er zusammenzog. Er ging davon aus, dass er mit ihr bis ans Ende seines Lebens zusammenbleiben würde.

»Es war eine sehr intensive Beziehung, und sie war mit Problemen behaftet«, erzählt Niels H. »In erster Linie, weil ich da begann, Opiate zu nehmen.«

Er hat schon früher mit dem Medikamentenmissbrauch begonnen, bereits während der Ausbildung, er behauptet, dort hätten alle einiges ausprobiert. Doch im Jahr 1999 ist es kein Ausprobieren mehr.

»Ich nahm Tramal und andere Medikamente, auf die ich Zugriff hatte. Tramal ist ein allgemein bekanntes Schmerzmittel, wir hatten hohe Bestände. Es ist nicht aufgefallen, wenn da was fehlte. Es war der Stress, es ging mit dem Medikament einfach leichter. Ich konnte den Stress besser kompensieren, besser mit dem Leistungsdruck umgehen, es kam ein Stück weit eine Euphorie auf. Gleichzeitig hatte ich Unruhezustände, leichte Aggressionen, ich merkte nicht, dass ich immer mehr brauchte, ich war schneller reizbar, wütend. Die Aggressivität bezog sich jedoch nur auf mich selbst. Aber ich bezahlte auf die Dauer einen hohen Preis.«

Die Beziehung zu Miriam, von der er meinte, sie sei die Frau seines Lebens, hält seiner Medikamentensucht nicht stand. Niels H. ist seit etwa drei, vier Monaten in Oldenburg, als sie es nicht mehr aushält und geht.

»Miriam hat Schluss gemacht, obwohl ich sicherlich meinen Teil dazu beigetragen habe. Sie zog sehr schnell aus der Wohnung aus. Aus meiner Sicht hat nie ein Abschlussgespräch stattgefunden.« Und dann fügt er beinahe kleinlaut an: »Ich war nicht der einfachste Mensch in einer Beziehung, ich habe meine Macken. Ich weiß nicht, ob sie vielleicht auch ein bisschen Angst hatte.«

Als Miriam weg ist, beginnt das Töten.

*

Niels H. bringt über hundert Menschen ums Leben. Wenn ich die Zahl niederschreibe, merke ich, dass ich sie noch immer nicht in meinen Kopf reinkriege. Es ist rational nicht vorstellbar, dass der Mann, der Pfleger wurde, weil er Leben retten wollte, über hundert Menschen getötet hat, einen nach dem andern.

Zum Beispiel den Großvater von Christian M. Der Dreiundsiebzigjährige hat gerade eine Darmoperation überstanden, nichts Lebensbedrohliches, er ist auf dem Weg der Genesung. Doch plötzlich kollabiert sein Kreislauf und er muss reanimiert werden. Er überlebt. Nach dem Vorfall hat er auf einmal große Angst vor einem der Pfleger, doch niemand erkennt den Ernst der Lage. Da taucht mitten in der Nacht eben dieser Pfleger erneut neben seinem Bett auf, setzt eine Spritze – das Herz des Dreiundsiebzigjährigen setzt aus. Steht still. Dieses Mal für immer.

Oder Johann W., vierundsechzig, lungenkrank, stabiler Zustand. In den letzten Stunden seines Lebens genießt er im Krankenhaus den Besuch von seiner Familie. Alle sind zuversichtlich, weil es ihm besser geht. Kaum ist die Tochter wieder zu Hause, klingelt das Telefon. Es ist eine Todesnachricht aus heiterem Himmel. Der Pfleger, der sie über den Tod ihres Vaters informiert, heißt Niels H.

Der sechzigjährige Bäcker P. landet nach einem Kreislaufkollaps auf der Station von Niels H. Silvia P. sitzt am Bett ihres Ehemannes, bis der Pfleger ihr sagt, sie könne ruhig nach Hause fahren. Sie wähnt ihren Mann in sicheren Händen und geht. Die Schuldgefühle, dass sie ihren Mann allein bei einem Mörder zurückließ, lassen sie nie mehr los.

Auch Mariya T. macht sich Vorwürfe. Sie hat ihren Mann Adnan überredet, in die Klinik zu gehen; dort stellen sie fest, dass er einen Schlaganfall erlitten hat und versetzen ihn ins künstliche Koma. Drei Tage und drei Nächte lang bleibt Mariya T. an der Seite ihres Mannes. Dann schicken die Ärzte sie nach Hause zu den Kindern, um etwas zu schlafen. Sie sieht ihren Mann nicht mehr lebend wieder. Er wird nur siebenundvierzig Jahre alt.

Bernhard N., dreiundsechzig, wird wegen eines Blutgerinnsels im Herzen nach Oldenburg geflogen, in die beste Klinik der Gegend. Abends um zehn erhält sein Sohn einen Telefonanruf: Die Operation sei gut verlaufen, das Herz des Vaters habe alles verkraftet. Doch dann sei es plötzlich zu Komplikationen gekommen. Man habe zweimal versucht, den Patienten zu reanimieren. Doch sein Leben war nicht mehr zu retten. Der Arzt sagt: »Wir können uns nicht erklären, wie das passiert ist.«

Bernhard N. ist nicht das einzige Opfer von Niels H. an diesem Wochenende. Er stirbt um 21.30 Uhr. Um 01.30 Uhr bricht der Kreislauf des einundsiebzigjährigen Johann L. plötzlich zusammen. Er kann nicht wiederbelebt werden. In der folgenden Nacht stirbt der sechzigjährige Carl C.

Vom 14. bis am 16. September 2001 kommt es bei so vielen Patienten zu einem Herzstillstand wie an keinem anderen Wochenende. Es gibt zwanzig Reanimationen, einige Herzkranke werden mehrfach mit dem Defibrillator traktiert, um sie ins Leben zurückzuholen. Sechs Patienten sterben. In der Klinik Oldenburg spricht man von einem »schwarzen Wochenende«.

*

»Wie fühlten Sie sich, als Sie in Oldenburg arbeiteten?«, fragt Richter Sebastian Bührmann.

»Es war ein zweischneidiges Schwert. Auf der einen Seite war die Beziehung mit Miriam beendet, in die ich sehr viel investiert hatte, nicht nur finanziell, auch emotional. Ich fühlte mich orientierungslos, alleine. Auf der anderen Seite war da die Arbeit, die neue Abteilung, das neue Team. Es gab einen harten Kern auf der Station, da wollte ich dazugehören. Ich war da schon etwas euphorisch, hatte nicht nur den Ehrgeiz, dazuzugehören, sondern auch erfolgreich zu sein.«

»Waren Sie glücklich in dieser Arbeit?«

»Ich war einer der Jüngsten, und ich bin dem Leistungsdruck gerecht geworden. Aber ich konnte mir nicht eingestehen, dass die Intensivstation im Grunde genommen nichts war für mich. Ich hatte andere Vorstellungen von dem Beruf.«

»Warum war das nichts für Sie?«

»Weil ich gelernt habe, dass man sich innerlich verschließen muss. Ich habe angefangen, mich dem System anzupassen; man übernimmt die Sprache, die dort gesprochen wird, man entpersonifiziert sich, schaut einzig, dass alles klappt, dass man innerhalb der vorgegebenen Zeit alles erledigt und die Patienten rechtzeitig verlegt werden. Die frisch operierten Menschen werden gleich nach der Operation sofort an all die Apparate angeschlossen, das sind mechanische Abläufe, Hightechmedizin, alles muss schnell gehen, da rücken die Pflege und das Waschen in den Hintergrund. Ich meine das nicht böse, das ist die Art und Weise, wie die Menschen auf der Intensivstation versorgt werden *müssen*. Aber tief in mir drin weiß ich heute, dass ich mit der Arbeit dort hätte aufhören sollen. Ich hatte das Gefühl, auf der Station gehört das halt dazu, hier sind alle so, die tragen einen riesigen Panzer und lassen das nicht an sich ran. Das muss man mit sich selber ausmachen. Es war für mich alles überdimensional, aber ich schaffte es nicht, mit jemandem darüber zu sprechen.«

»Was meinten Sie damit, dass man die Sprache übernimmt?«

»Alles ist schnell, alles ist buchstäblich intensiv. Die Leute müssen rasch durchgeschleust werden, da sagt man nicht mehr den Namen der Person, man beschränkt sich auf das Krankheitsbild oder die Diagnose. Im Gruppenraum hing eine große Tafel, da stand neben dem Namen die Operation, die Diagnose – und die Nummer. Danach sprach man nur noch davon, welche Nummer betreut wird: Ich mache Nummer eins, Nummer zwei, da brauchte man nicht mehr die Namen der Patienten. Ich weiß, dass es Leute gibt, die bemängeln, dass ich so gesprochen habe. Aber wenn

Sie einen Patienten haben, den man in vierundzwanzig Stunden durchbringen muss, da beschäftigt man sich nicht auch noch mit seinem Familiennamen.«

Spricht Niels H. über sich und sein Leben, klingt er hin und wieder, als rede er mit den Worten seiner Therapeuten. Ich werde den Eindruck nicht los, dass er sich sehr wichtig nimmt und dass er sich sehr leidtut. Auf jeden Fall hat er mehr Mitleid mit sich selbst als mit seinen Opfern.

Wie er so gefasst da vorne in der Halle sitzt, vor all den Angehörigen, schwarz die Hose, der Pulli, die Biker-Jacke, schwarz auch der Bart und die kurz geschorenen Haare, wie er so unbeteiligt spricht, als ginge es nicht um hundert Menschenleben, sondern einzig um seine Arbeitsbedingungen und um seine Beziehungsprobleme, dann möchte ich am liebsten aufstehen und nach vorne gehen, möchte ihn schütteln und ihm ins Gesicht brüllen: Wieso? Warum nur hast du das getan?

»Liege ich richtig, dass Sie die Menschen zum Teil nicht mehr als Menschen betrachtet und ihnen die Menschlichkeit abgesprochen haben?«, fragt Richter Sebastian Bührmann.

»Ich habe den Menschen schon noch als Menschen wahrgenommen, und ich weiß mittlerweile, dass es natürlich Menschen waren, aber gerade bei den frisch Operierten tritt die eigentliche Krankenpflege in den Hintergrund. Es ist leider so, dass man nur noch auf die Werte achtet, um den Patienten zu stabilisieren. Ich habe mich irgendwann wie ein Rädchen in einem riesigen Wirtschaftsbetrieb gesehen, der Leistungsdruck wurde immer größer und größer, und es geht halt immer auch um viel Geld.«

*

Es geht auch um den Ruf der Klinik.

Es ist nicht so, dass niemandem etwas auffällt. Die Kollegen und auch die Vorgesetzten registrieren sehr wohl, dass Niels H. mehr Reanimationen vornimmt als andere. Zunächst nennt man ihn »Pechvogel« auf der Station, weil es in seinen Schichten so oft zu einem Notfall kommt. Doch bald schon heißt es: »Da kommen Niels und sein schwarzer Schatten.« Später tuschelt man: »Niels und der Sensenmann.«

Niels H. arbeitet mit Vorliebe nachts. Später wird eine Stationsleiterin als Zeugin erzählen: Wenn sie morgens zur Arbeit kam und leere Betten auf dem Flur standen, habe sie sich gefragt: »Oh, was ist jetzt passiert, ist Niels wieder da?«

Doch mehr als ein paar Sprüche macht man nicht. Niemand schreitet ein, keiner zieht die Reißleine. Niels H. kriegt von den Bemerkungen nichts mit. Er muss sich sehr sicher fühlen.

Dass zwar manche tuscheln, aber niemand handelt, erklärt sich Niels H. im Nachhinein so: »Dieser Tatvorwurf oder dieses Geschehen ist derart überdimensional und so unglaublich, dass keiner das irgendwie denken wollte.«

Das Töten wird ihm zur Routine und gibt Niels H. den Kick. Möglich, dass das Gefühl süchtig macht – die Macht über Leben und Tod, immer dicht an der Grenze und darüber hinaus. Seine Opfer sind zwischen vierunddreißig und sechsundneunzig Jahre alt. Manche sind dem Sterben schon nahe, andere hätten noch viele Jahre vor sich gehabt. Nein, ein Todesengel, der die Erlösung bringt, ist Niels H. nicht. Er ist ein Serienmörder, der größte unserer Zeit. Auch, weil er so lange unentdeckt bleibt.

Würde jemand die Krankenakten der Verstorbenen genauer studieren, würden ihm vielleicht die merkwürdigen Kaliumwerte auffallen, die auf der Intensivstation fortlaufend gemessen und dokumentiert werden. In der richtigen Dosis lässt Kalium das Herz im Rhythmus schlagen, aber eine Überdosis kann es zum Stillstand bringen. Niels H. manipuliert mit den verabreichten Medikamenten den Kaliumspiegel der Patienten.

Oder, wie es später die Staatsanwältin in hundert Fällen formuliert: »Der Angeklagte verabreichte dem Patienten ohne ärztliche Anordnung, ohne Indikation das Medikament (meist Gilurytmal), wodurch es wie beabsichtigt zu einer Reanimationspflichtigkeit kam.« Was so viel heißt wie: Das Herz setzt aus, der Mensch kämpft um sein Leben.

Immer wieder frage ich mich: Warum hat ihn keiner aufgehalten? Nicht einmal dann, als der Verdacht zu groß wird, als dass man ihn weiterhin ignorieren kann?

Je mehr Zeit vergeht, je mehr Menschen sterben, desto schwieriger wird es, das Offensichtliche zu übersehen. Der Verdacht schwebt unausgesprochen über der Abteilung. Wenn doch jemand etwas in die Richtung anmerkt, wird es nicht gehört.

Eine Kollegin sieht Niels H. mit einer Spritze in der Hand, in einer Nacht, in der sechs Patienten reanimiert werden müssen. Sie spricht ihn darauf an. Er redet sich heraus.

Schließlich lässt der Chefarzt der kardiologischen Intensivstation vom Stationsleiter eine Strichliste anfertigen: Wer hatte Dienst, wie viele Patienten wurden während seines Dienstes reanimiert? Die meisten Mitarbeitenden kommen auf zwei oder drei Striche, zwei Kollegen auf neun. Niels H.: achtzehn Striche.

Wenn Niels H. über sein Handeln spricht, sagt er nie: »Getötet.« Er sagt immer: »Manipuliert.«

*

»Was waren Ihre Gedanken, was haben Sie überlegt, wenn Sie sich sagten: Ich *manipuliere*?«

»Es fing damit an, dass ich dazugehören wollte. Das Sich-Darstellen vor den anderen. Es ging auch um falsches Imponiergehabe. Um die positiven Rückmeldungen, wenn ich intubiert habe. Dass ich gut dastand nach einer Reanimation … Ich gehörte dadurch sehr zu den Leuten, zu denen ich dazugehören wollte. Sie stellten mich auf ein Podest, alle lobten mich.«

»Aber bei der hohen Anzahl der Fälle, in denen die

Reanimation gescheitert ist, hat das nicht Betroffenheit ausgelöst?«

»Leider muss ich zum Thema Betroffenheit sagen, dass sich die auf der Abteilung grundsätzlich sehr in Grenzen hielt.«

»Zuerst gab es wohl positive Rückmeldungen, aber später hieß es, Sie ziehen das Pech an, das ist doch eher negativ?«

»Am Anfang waren alle Rückmeldungen positiv. Später gab es einen Übergang zu Mitleid; sie sagten, der zieht das an. Und am Ende gab es offenbar Gerede, aber das wurde niemals an mich herangetragen. Darum habe ich gedacht, dass ich nicht erwischt werde.«

»Sie haben Ihre Opfer immer reanimiert?«

»Es gab keine Manipulation, nach der ich nicht reanimiert habe.«

»Also jedes Mal, wenn Sie jemanden in Todesgefahr gebracht haben, haben Sie versucht, ihn wiederzubeleben?«

»Ja. Ich habe nie jemanden einfach so in die Krise gespritzt, sondern immer reanimiert. Ich habe das nur provoziert, wenn ich mitbeteiligt war, ich habe nicht andere herausgefordert.«

»Das taten Sie auch bei Patienten, die sich grundsätzlich nicht reanimieren lassen wollten?«

»Es gab Patienten, da war auf den Papieren NR eingekreist. NR steht für *no reanimation*. In jenen Fällen habe ich das erst dann gemerkt, wenn ein Arzt dazukam und sagte, stopp, es gebe da eine Patientenverfügung. Ich selbst habe da nicht drauf geachtet.«

Während Niels H. das Töten in ungelenken Worten gesteht, blickt er in die Kamera, die sein Bild in Echtzeit auf zwei Monitore überträgt, die links und rechts hinter dem Richterpult angebracht sind. Niels H.s Gesicht schaut übergroß auf die Angehörigen seiner Opfer herab, was schwer erträglich ist. Er redet über das Morden, als erzähle er von einer Wanderung vom letzten Wochenende. Seine Gefasstheit sorgt bei den Zuschauern für Fassungslosigkeit.

»Wann haben Sie manipuliert, in welchem Gemütszustand?«

»Es gab Phasen, wo ich euphorisch war und das aus einer Euphorie heraus gemacht habe, um die Euphorie aufrechtzuerhalten. Es gab aber auch Taten aus schlechter Stimmung heraus.«

»Geschah das jeweils rein zufällig, oder zum Beispiel fix einmal pro Woche?«

»Es gab keine festen Zeitabläufe. Ich habe mir auch keine Ziele gesetzt. Es war Zufall.«

»Haben Sie irgendwann einmal für sich erkannt, dass das, was Sie da tun, falsch ist? Oder war es für Sie stets wichtiger, den Erfolg zu erzielen und Anerkennung zu erhalten?«

»Ich muss leider sagen, dass es damals so war, dass Empathie bei mir keine tragende Rolle spielte.«

»Wenn Sie nach der Arbeit auf dem Nachhauseweg länger im Auto saßen, viel Zeit für sich hatten – gab es da Momente, wo Sie daran dachten aufzuhören?«

»Nein.«

*

Im Klinikum Oldenburg kann nicht länger geleugnet werden, dass es zu mehr Reanimationen und zu mehr Todesfällen kommt, wenn Niels H. die Nachtschicht schiebt. Doch die Erkenntnis führt zu keinerlei Konsequenzen. Noch suchen die Vorgesetzten nach plausiblen Erklärungen. Jede noch so fade Ausrede ist besser, als sich einzugestehen, dass hier jemand tötet statt rettet. Der Chefarzt sagt den Oberärzten, sie sollen Niels H. im Auge behalten. Mehr nicht. Die Führungsspitze der Klinik verhindert mit allen Mitteln, dass die Fassade bröckelt. Dokumente belegen, dass der Stationsleiter mit seinen Vorgesetzten zwar darüber diskutiert, die Staatsanwaltschaft einzuschalten. Doch davon wird abgesehen. Man habe schließlich keine Beweise.

Dabei wären sie allein aufgrund des Verdachts dazu verpflichtet, die Polizei einzuschalten.

Der Stationsleiter notiert: »Die Gefährdung der Abteilung, ja des gesamten Klinikums, ist nicht zu akzeptieren aufgrund von Verdachtsmomenten und vielen Zufällen.«

Doch nicht alle mögen länger an Zufälle glauben.

Die Mitarbeiter der Abteilung von Niels H. werden zu einer Versammlung gerufen. Fast alle sind da, zehn, fünfzehn Ärzte und noch mehr Pflegende. Es soll bei dieser Aussprache um die Spannungen zwischen Ärzteschaft und Pflegenden gehen, über das hohe Stresslevel. Das Klima ist schlecht geworden, man will das Thema diskutieren. Im Rahmen der Aussprache bringt einer der Ärzte einen speziellen Fall vor, bei dem ein

Patient einen viel zu hohen Kaliumwert aufwies, der nicht erklärbar ist. Niels H. sitzt mitten in der Runde und schweigt. Dabei ist er der Einzige, der den Grund dafür kennt.

»Ich habe nichts gesagt während dieser Konferenz«, erklärt er. »Der primäre Gedanke war, sich aus der Abteilung zurückzuziehen. Ich habe damals gedacht, die Luft wird dünn, die kommen mir auf die Schliche.«

Doch wieder passiert … nichts.

Niels H. meldet sich für drei Wochen krank.

»Zum einen war keine Kraft mehr da und keine Motivation, zum anderen war da die Angst, erwischt zu werden.«

Trotzdem denkt er noch immer nicht daran, mit dem Töten aufzuhören.

»Der Gedanke ans Aufhören war einfach nicht da, er war nicht existent.«

Als Niels H. nach drei Wochen zu einem Wochenenddienst in die Klinik zurückkehrt, kommt es zu mehreren Reanimationen an fünf Patienten. Drei davon sterben noch am Wochenende, zwei an darauffolgenden Tagen. Niels H. benutzt fünf verschiedene Medikamente für seine Taten. Die Mordwaffe ist immer die Spritze. Doch seine Überzeugung, dass ihm niemand etwas anhaben kann, erhält erste Risse.

Es ist Ende 2001. Seit der Aussprache sind ein paar Wochen vergangen, seit dem Moment, an dem Niels H. zum erstem Mal Angst hatte, dass er auffliegen könnte.

Jetzt wechselt er die Abteilung, von der Intensivstation 211 zur Anästhesie. Dort hilft er bei Narkosen und im Aufwachraum. Als es auch hier bei einem Patienten zu einem plötzlichen Herzstillstand kommt, holt er zwei Lernschwestern hinzu, um sie mit seinen Reanimationskünsten zu beeindrucken. Es gibt einen weiteren auffälligen Todesfall, ein frisch operierter Tumorpatient, der überraschend an einem Herzstillstand stirbt.

Das seltsame Sterben geht auf der neuen Abteilung von Niels H. weiter. Dennoch vergehen weitere Monate, bis etwas passiert. Als Weggucken und Nicht-Wissen-Wollen nicht länger funktionieren, lösen die Verantwortlichen des Klinikums Oldenburg das Problem Niels H. auf ihre Weise: Sie loben ihn weg. Und sind damit fein raus.

Es ist Oktober 2002, mindestens sechsunddreißig Menschen hat Niels H. bis zu diesem Zeitpunkt in Oldenburg getötet. Da stellt ihn die Klinikleitung vor die Wahl: Entweder er übernimmt einen Posten als Hausmeister, oder aber er reicht die Kündigung ein und erhält dafür die volle Lohnfortzahlung bis Ende des Jahres und ein gutes Arbeitszeugnis. Niels H. entscheidet sich für Letzteres.

In seinem Abgangszeugnis steht: »Er arbeitet umsichtig, gewissenhaft und selbstständig. In kritischen Situationen handelte er überlegt und sachlich richtig.«

Hätte die Klinikleitung die Polizei alarmiert, statt Niels H. mit einem tadellosen Arbeitszeugnis zu belohnen, hätte sie mindestens vierundsechzig Morde verhindert.

*

»Wie war das, als Sie in Oldenburg gehen mussten?«, fragt Richter Sebastian Bührmann.

»Ich war im Bereitschaftsdienst der Anästhesie. Gegen Abend piepste mein Funk, er zeigte eine Telefonnummer an. Als ich dort anrief, hatte ich direkt Professor W. am Apparat, der mich in sein Büro bat. Dort sagte er mir sinngemäß, dass mir das Vertrauen entzogen würde. Ich hätte die Möglichkeit, ab morgen beim Hausmeister zu arbeiten oder das Haus mit einem sehr guten Arbeitszeugnis zu verlassen – bei vollem Gehalt für drei Monate, während derer ich mir eine neue Arbeitsstelle suchen könne. Er hat keinen Grund genannt. Das Arbeitszeugnis lag schon auf dem Tisch und er hat es mir rübergeschoben. Er sagte, dass ich den Operationsbereich sofort verlassen solle, er würde für eine Vertretung sorgen, ich solle mir keine Sorgen machen. Also bin ich an dem Abend sofort gegangen. Ich weiß nicht mehr, ob ich das Arbeitszeugnis mitgenommen habe oder ob er es mir später geschickt hat.«

»Was haben Sie danach gemacht?«

»Ich bin nach Hause gefahren, habe meinen damaligen besten Freund angerufen, der dann zu mir kam. Es riefen mich dann später einige Ärzte an, die das nicht nachvollziehen konnten. Sie sagten, sie fänden es sehr schade, und wünschten mir alles Gute.«

»Wie empfanden Sie das Angebot, im Hausmeisterdienst zu arbeiten?«

»Das habe ich in dem Moment als eine Degradierung wahrgenommen, und das kam für mich nicht infrage, darum wählte ich die andere Variante.«

»Wie fühlten Sie sich in den Tagen danach?«

»Schlecht, ertappt, orientierungslos. Aber am Anfang war ich irgendwie auch froh, dort weg zu sein. Und kaum war ich weg, ging es dann schon wieder los, da habe ich mich in Delmenhorst um eine neue Stelle beworben. Es war Zufall, dass ich das Klinikum Delmenhorst als Erstes angeschrieben habe. Es kam dann auch gleich die Einladung zum Vorstellungsgespräch.«

*

In dieser Geschichte gibt es mehr als nur einen Täter.

Ich sitze in der Gerichtshalle, höre die Worte von Niels H. und spüre, dass ich wütend werde. Meine Wut richtet sich nicht nur gegen Niels H., der ein gefährlicher Krimineller ist, der für seine unfassbare Tat zur Verantwortung gezogen wird.

Meine Wut richtet sich insbesondere gegen all jene, die ihn nicht an seinem Töten gehindert haben. Gegen alle, die einen Verdacht hegten und ihn nicht aussprachen. Wegschauten. Schwiegen. Weitermachten, als wäre nichts gewesen.

Meine Wut richtet sich gegen jene Verantwortlichen, denen der Ruf ihrer Klinik wichtiger war als Menschenleben: Sie haben Niels H. bewusst ein gutes Arbeitszeugnis ausgestellt, um ihn und mit ihm die drohende Schande loszuwerden – wohl wissend, dass sie damit den Weg freimachten für weitere Taten. Aus den Augen, aus dem Sinn, soll er doch an einem anderen Ort Menschen ins Jenseits spritzen, Hauptsache wir sind fein raus und keiner merkt etwas …

Wie konnten sie nur?

Sie, die keine Kriminellen waren, sondern Führungspersonal, Stellenleiter, Klinikdirektoren, Ärzte, denen das Wohl der Patienten am Herzen liegen sollte. Stattdessen gingen sie über Leichen, um den guten Ruf der Klinik zu bewahren.

Am meisten wütend macht mich, dass sie nicht einmal dazu stehen, einen Fehler begangen zu haben.

Als die Mitarbeitenden und Vorgesetzten von Niels H. in der Weser-Ems-Halle in den Zeugenstand treten, weisen sie bemerkenswerte Erinnerungslücken auf.

Ein Arzt der Klinik, der mit Niels H. zusammenarbeitete, sagt: »Ich erinnere mich nicht an konkrete Situationen.«

Mehr noch, er behauptet, es habe keine Gespräche, keine Statistiken, keine Strichliste gegeben, die »Qualitätssicherungssysteme« hätten keine Ausschläge verzeichnet, »zwischen 2001 und 2003 hatten wir hervorragende Ergebnisse«. Im Verantwortungsbereich des Arztes, der diese Worte ausspricht, wurden mindestens sechsunddreißig Menschen ermordet.

Und dann fügt er den Satz an: »Um die Reputation der Klinik nicht zu beschädigen, muss man sich mit Verdächtigungen so lange zurückhalten, bis man Beweise hat.«

Was so viel heißt wie: Er würde wieder genauso handeln.

Mir wird übel, wenn ich ihm zuhöre. Und ich habe den Eindruck, dass es Richter Sebastian Bührmann ähnlich ergeht: Er lässt den Arzt und weitere Zeugen aus dem Klinikum Oldenburg unter Eid stellen. Ein äußerst seltener Vorgang, der zeigt, dass Richter Bührmann nicht glauben mag, was hier erzählt wird. Auch die Staatsanwältin sagt frei heraus, dass sie die Aussagen für unglaubwürdig hält.

Die Staatsanwaltschaft Oldenburg hat gegen mehrere Zeugen des Prozesses acht Verfahren wegen Meineids und Falschaussagen eingeleitet. Zudem müssen sich vier ehemalige Mitarbeiter des Klinikums Delmenhorst demnächst wegen Totschlags durch Unterlassung verantworten. Im Weiteren ermittelt die Staatsanwaltschaft Oldenburg gegen Mitarbeiter des Klinikums Oldenburg. Die Verfahren sind anhängig.

Wer eine Straftat wider besseres Wissen und ohne entschuldbare Gründe nicht verhindert, macht sich selbst zum Täter.

*

»Sie sagten, Sie fühlten sich ertappt und orientierungslos, auch irgendwie froh darüber, dort weg zu sein«, fährt Richter Sebastian Bührmann die Befragung fort. »Warum haben Sie sich so kurz darauf in Delmenhorst gleich wieder auf der Intensivstation beworben?«

»Ja, das ist einfach zu beantworten: Ich konnte nichts anderes. Ich meine damit meine Arbeit. Ich dachte während meiner Freistellung kurz darüber nach, etwas anderes zu machen, aber das habe ich verworfen. Ich war ja seit meinem siebzehnten Lebensjahr darauf ausgerichtet, diesen Beruf zu machen. Es gab keine Alternative.«

»Dachten Sie da schon daran, wieder zu töten?«

»Nein. Das habe ich auch der Polizei erklärt und dem Gutachter, ich habe mir immer gesagt, Delmenhorst ist die letzte Chance, mein Leben wieder in den Griff zu kriegen, trotz der vorangegangenen Taten.«

Es gibt Sätze, die sagt Niels H. einfach so dahin. Es ist ihm nicht bewusst, was er damit auslöst und wie zynisch er manchmal klingt, zum Beispiel, wenn er davon redet, wie er sein eigenes Leben »in den Griff« kriegen wollte, nur um anschließend wieder Dutzende andere Leben auszulöschen. Hin und wieder stöhnen Angehörige im Saal auf, weil das, was Niels H. sagt, zu schmerzhaft ist. Und weil es zeigt, dass er nur an sich denkt und die vielen Toten in seinem Kopf noch immer Nummern ohne Namen sind. Wenn er sich denn überhaupt an sie erinnert.

»Im ersten Jahr in Delmenhorst habe ich nichts gemacht«, behauptet Niels H. »Doch danach gab es zwei Vorfälle. Es gab mal eine Situation, in der mir klar wurde, dass über die Sache auf der 211 in Oldenburg noch kein Gras gewachsen ist. Ich erinnere mich, dass ein Patient von der 211 zu uns gebracht wurde. Der

Arzt, der ihn begleitete, hat mich ganz unumwunden aufgefordert, den Patienten nicht anzuschließen, sondern die Finger von ihm zu lassen.«

»Warum haben Sie dann auch in Delmenhorst wieder mit dem Töten begonnen?«

»In einer Vernehmung habe ich mal gesagt, ich hätte aus Langeweile gehandelt. In Bezug auf Delmenhorst war das nicht so gemeint, dass ich nicht wusste, was ich machen sollte. Dass ich wieder damit begann, lag eher an der zynischen Gesamtsituation; mein Medikamentenmissbrauch, die Depression. Eigentlich wollte ich gar nicht wieder mit den Manipulationen beginnen. Denn in Delmenhorst war es anders als auf der 211, man konnte wieder sprechen mit den Menschen, das war ungewohnt für mich, ich fühlte mich auf der Station wohl. Es gab schon das Bewusstsein, dass es Dinge gab, die ich nicht hätte tun dürfen. Darum ging es mir am Anfang in Delmenhorst auch darum, die Kette zu durchbrechen und aus diesem Sumpf rauszukommen.«

»Warum taten Sie es dann trotzdem wieder?«

»Es gab recht bald nach Dienstbeginn einen Vorfall mit einem Patienten, der keine Luft mehr bekam, es geschah gleich gegenüber dem Aufenthaltsraum. Ich saß in der Küche und sah das Geschehen nebenan, ich wollte mich bewusst nicht in die Situation hineinbegeben. Es bereitete mir Unbehagen zu sehen, dass gerade ein Notfall stattfand, aber ich merkte auch, dass sie mit der Situation überfordert waren. Also bin ich doch rübergegangen. Der Arzt hat es nicht geschafft, den Patienten zu intubieren, er hat das Ganze an mich abgegeben. Also habe ich ihn intubiert, und es lief auch ganz gut, und dann gab es Lob und Anerkennung und die alten Gefühle waren wieder da. Da wurde eigentlich der Schalter wieder umgelegt.«

*

Falls es den Vorsatz tatsächlich gegeben hat, das Töten bleiben zu lassen – lange hält er nicht an. Auch wenn Niels H. etwas ganz anderes behauptet. Mitte Dezember 2002 tritt er seine Stelle auf der Intensivstation im Klinikum in der nächstgelegenen Stadt Delmenhorst an. Sieben Tage später tötet er wieder: am 22. Dezember 2002 Johann W., am 27. Januar 2003 Hans W. und am 6. Februar 2003 Wilfried R.

Mal macht Niels H. drei Wochen Pause. Dann tötet er vier Menschen innerhalb von drei Tagen.

Mit seinem Arbeitsbeginn in Delmenhorst steigt die Sterberate im Spital massiv an. Zuvor starben pro Jahr im Durchschnitt vierundachtzig Patienten auf der Station. 2003 sind es plötzlich einhundertsiebenundsiebzig, im Jahr darauf einhundertsiebzig – zwei Jahre in Folge also mehr als doppelt so viele wie vor Niels H.s Stellenantritt. Auch der Verbrauch des zuvor selten eingesetzten Mittels Gilurytmal schnellt massiv in die Höhe, weil Niels H. es zum Töten verwendet. Die Reaktion in der Klinik: Der Zugang zum Medikament wird wegen des großen Bedarfs erleichtert.

Niels H. ist beliebt in Delmenhorst. Er ist medizinisch kompetent, meist gut gelaunt, er kennt sich zweifelsohne aus, hat er Dienst, klappt alles wie gewünscht.

»Es hat Spaß gemacht, mit ihm zu arbeiten«, erinnert sich ein Kollege. Nur eine Kritik hat er anzubringen: Niels H. habe die Patienten nicht mehr wirklich als Menschen wahrgenommen. Einen nannte er einmal einen Wal.

So makaber es klingen mag: Beruflich läuft es gut für Niels H. Er wird geschätzt, er kriegt die Anerkennung, nach der er sich so sehr sehnt, er tötet, ohne dass es jemand merkt oder merken will. Auch privat hat er ein Hoch: Er verliebt sich. Sie bleibt. Im April 2004 heiraten sie.

»Das war emotional eine große Liebe«, sagt Niels H. »Es war vergleichbar mit Miriam.«

Im Juli 2004 wird Niels H.s Tochter geboren.

Es ist seine erste Nachtschicht, nachdem seine Tochter zur Welt gekommen ist. Niels H. will »diese Hochstimmung« nach der Geburt aufrechterhalten, dieses »Glücklichsein«. Also greift er wieder zur Spritze. Er injiziert dem vierundachtzigjährigen Hero van S. das Medikament Gilurytmal, das zu Herzkammerflimmern führt. Der Kreislauf kollabiert. Niels H. versucht den alten Mann zu reanimieren, es gelingt nicht. Hero van S. ist tot, und Niels H. fährt nach Hause zu seiner Frau und dem neugeborenen Kind.

Ein neues Leben hat begonnen – und er hat ein Leben beendet. Eine größere Kluft kann es nicht geben.

Im Dezember 2004 wird Niels H. um ein Haar erwischt. Marga G. erleidet einen Herzstillstand und muss reanimiert werden. Sie überlebt. Als sie wieder bei Bewusstsein ist, erzählt sie einem Arzt, dass ihr ein Pfleger vor dem Vorfall eine Spritze gegeben habe, worauf es ihr schlecht gegangen sei. Sie sagt, der Pfleger habe »krüdelige« Ohren gehabt. Niels H. hat auffällige Ohren, sie sind massig, fleischig und seltsam verformt.

Trotz der klaren Aussage des Opfers passiert … nichts.

Sechs Monate und etliche Morde später. Mai 2005. Niels H. hat Nachtschicht und tötet. Doch dieses Mal begeht er einen Fehler. Der Krankenpfleger Michael F. findet am nächsten Morgen im Zimmer des verstorbenen Patienten zwei leere Ampullen Gilurytmal – ihm ist sofort klar, was das bedeutet. Mit einer Zange holt er die Ampullen aus dem Abwurfbehälter und steckt sie in ein Plastiktütchen, um ja keine Fingerabdrücke zu hinterlassen – oder zu zerstören. Er übergibt seinen Fund der stellvertretenden Stationsleiterin. Diese sagt aus, sie habe die gefundenen Ampullen »zeitnah« an die Vorgesetzten weitergereicht.

Dreizehn Tage dauert es, bis der Stationsleiter aus dem Urlaub zurück ist und von den gefundenen Ampullen und dem schweren Verdacht hört – dreizehn Tage und vier Morde. Am 22. Mai stirbt Irmgard P., drei Tage später Walter M. Er wurde mit siebenundsechzig Jahren getötet. Am 1. Juni wird Josef Z. zum Opfer, ein Tag vor seinem einundachtzigsten Geburtstag.

Doch auch nach diesen dreizehn Tagen und vier Morden passiert: nichts. Erneut heißt es seitens der Vorgesetzten: Das ist noch lange kein Beweis.

Wahrscheinlich wäre das »Totspritzen« noch monate-, wenn nicht jahrelang einfach weitergegangen. Doch dann kommt jener Tag, nach dem Wegschauen nicht länger möglich ist. Es ist der 22. Juni 2005, zwei Uhr nachmittags. Eine Intensivschwester betritt das Krankenzimmer von Dieter M. Sie sieht Niels H. am Bett des Patienten stehen, er hat die Spritzenpumpe für die Medikamentenzufuhr auf null gestellt, den Alarm deaktiviert und setzt Dieter M. gerade eine Spritze. Die Intensivschwester realisiert auf den ersten Blick, dass hier etwas nicht stimmt, dass etwas gar nicht gut ist.

Der Kreislauf des dreiundsechzigjährigen Dieter M. kollabiert. Niels H. beginnt sofort, ihn wiederzubeleben. Die Intensivschwester schlägt Alarm, ein Assistenzarzt schreitet ein und holt Dieter M. schließlich zurück ins Leben.

Erneut findet ein Kollege leere Gilurytmal-Ampullen, die Intensivschwester informiert die Stationsleitung über ihre Beobachtungen und den Fund, diese wiederum orientiert die beiden verantwortlichen Oberärzte.

Am nächsten Tag stirbt Dieter M. Sein Blut wird zur Analyse ins Labor geschickt. Noch immer agieren die Oberärzte viel zu zögerlich – sie wollen zuerst die Resultate des Labors abwarten.

Am 24. Juni liegt das Blutergebnis vor, und es ist eindeutig: Gilurytmal positiv. Niels H. hat dem Patienten das gefährliche Herzmittel gespritzt. Ob Dieter M. tags darauf an seiner Krebserkrankung gestorben ist oder aufgrund des Anschlags, lässt sich indes nicht mehr feststellen.

Obwohl es schon sehr viel früher hätte geschehen sollen, wäre allerspätestens jetzt der Moment, in dem jemand den Telefonhörer in die Hand nehmen und die Polizei rufen müsste. Doch noch immer geschieht das, was man in einem Rechtsstaat für eine Selbstverständlichkeit halten würde, nicht.

In der Schleuse vor dem Operationssaal, wo sich das Krankenhauspersonal desinfiziert, treffen sich die beiden Oberärzte, die Chefärztin und die Pflegedienstleiterin. Noch immer warnt einer der Oberärzte vor falschen Verdachtsäußerungen und Mobbing. Noch immer schreiten die Verantwortlichen nicht ein: Da Niels H. in zwei Tagen sowieso in Urlaub fährt, soll er seine letzte Nachtschicht noch leisten.

Darum stirbt auch noch Renate R., siebenundsechzigjährig. Sie ist über eine Blumenvase gestolpert und war wegen eines Oberschenkelhalsbruchs operiert worden. Renate R. ist sein letztes Opfer.

Am 8. Juli 2005 wird Niels H. verhaftet.

*

Dezember 2006. Niels H. wird der – erste – Prozess gemacht. Er ist angeklagt, weil er versucht hat, Dieter M. zu töten. Es geht einzig um dieses eine Tötungsdelikt. Denn offiziell weiß niemand, dass der Pfleger, der vor dem Landgericht Oldenburg steht, noch sehr viel mehr Menschen auf dem Gewissen hat. Niels H. gibt nur zu, was er nicht leugnen kann. Und das ist nicht viel.

Der Richter, vor dem Niels H. sich zu verantworten hat, heißt Sebastian Bührmann. Noch ahnt er nicht, dass er Niels H. in den nächsten zwölf Jahren zweimal auf der Anklagebank wiedersehen wird. Er verurteilt ihn wegen versuchten Totschlags an Dieter M. zu fünf Jahren Haft und einem fünfjährigen Berufsverbot – »versucht«, weil nicht nachgewiesen werden konnte, woran das Opfer am Tag nach dem Delikt wirklich verstarb. Gegen den Schuldspruch wird Revision eingelegt, der Bundesgerichtshof hebt das Urteil auf. Niels H. kommt vorübergehend wieder frei.

Von Frau und Kind hat er sich während des ersten Gerichtsverfahrens getrennt. Er kommt zuerst bei einem Kumpel unter, der meint, dass der Pfleger ihm einst nach einem Unfall das Leben gerettet hat. Erst Jahre später wird er realisieren, dass sich die Geschichte genau andersherum zugetragen hat, nämlich dass Niels H. ihn nach dem Unfall beinahe ins Jenseits gespritzt und dann erst zurück ins Leben geholt hat.

Später zieht Niels H. zurück zu seinen Eltern, arbeitet in einem Altenheim, mehrere Monate ist er überdies als Rettungssanitäter für das Deutsche Rote Kreuz in Wilhelmshaven im Einsatz.

Im Juni 2008 wird Niels H. im Revisionsprozess im Fall Dieter M. erneut verurteilt; dieses Mal befinden die Richter, dass es sich um einen Mordversuch gehandelt hat. Er kassiert dafür siebeneinhalb Jahre Haft und ein lebenslanges Berufsverbot. Erst jetzt muss er ins Gefängnis.

Die lokalen Medien berichten über den Prozess, informieren über das Urteil, beschreiben den Pfleger, der versucht hat, in der Klinik Delmenhorst Dieter M. mit einer Injektionslösung umzubringen.

Einige Angehörige von Menschen, die in ebendieser Klinik gestorben sind, werden hellhörig. Denn obwohl sie den Tod ihres Familienmitglieds nach all den Jahren akzeptiert und angenommen haben, sind doch bei manchen die Zweifel nie ganz verschwunden.

Ein Pfleger, der jemanden töten wollte? Mehrere Angehörige wenden sich an die Staatsanwaltschaft, weil sie glauben, dass auch beim Tod ihrer Mutter oder ihres Vaters oder des Ehemanns oder des Bruders etwas nicht mit rechten Dingen zugegangen ist. Auch ein Mitinsasse von Niels H. meldet sich zu Wort und berichtet, der Pfleger habe ihm gegenüber von zahlreichen weiteren Morden gesprochen. Doch das scheint niemanden zu interessieren. Während zuvor in den Krankenhäusern zu viele Kollegen von Niels H. wegschauten und schwiegen, sind es jetzt die Justizbehörden, die nicht aktiv werden mögen. Zu kompliziert, zu lästig, zu teuer, nach so vielen Jahren aufgrund von vagen Verdachtsmomenten zu ermitteln, scheint sich der Staatsanwalt zu denken. Er geht den Hinweisen nicht nach. Selbst dann nicht, als nebst den Angehörigen auch die Polizei auf die Exhumierung von möglichen Opfern drängt. Die Beamten würden dafür die Unterschrift des zuständigen Staatsanwaltes brauchen, doch die kriegen sie nicht. Statt zu handeln, lehnt er sich zurück und unternimmt jahrelang nichts. Seine eigenen Kollegen werden ihn später aufgrund seiner Untätigkeit wegen Rechtsbeugung anklagen.

Höchstwahrscheinlich wäre Niels H. mit dem Schuldspruch wegen eines Mordversuchs und den siebeneinhalb Jahren Freiheitsstrafe davongekommen – wäre da nicht Kathrin Lohmann gewesen. Kathrin Lohmann, die ihre Mutter verloren hat und mit eisernem Durchhaltewillen für Gerechtigkeit kämpft.

*

Kathrin Lohmann hat ein ungutes Gefühl. »So ein Schaudern«, sei ihr den Rücken hinabgekrochen, erzählt sie der *Nordwest-Zeitung*, dem Regionalblatt für das nordwestliche Niedersachsen. Es ist ein Donnerstag im März 2003, Lohmann ist sechsundzwanzig Jahre alt und steht auf dem Krankenhausparkplatz in Delmenhorst. Sie ist auf dem Heimweg nach einem Krankenbesuch.

»Ein Gefühl, als hätte ich meine Mutter gerade zum letzten Mal gesehen.«

Dabei gibt es nicht mehr Grund zur Sorge als sonst. Ihre Mutter Brigitte A., einundsechzig und gelernte Krankenschwester, ist schwer lungenkrank. Aber sie hat das künstliche Koma gut überstanden, hat beim Besuch recht munter gewirkt und war voller Vorfreude, weil sie demnächst nach Hause gehen kann. Dort wartet ein neues Auto auf sie, das sie sich endlich geleistet hat. Die Kinder wollen sie damit im Krankenhaus abholen, bald.

Am Abend ruft Kathrin Lohmann wegen ihres unguten Gefühls noch einmal auf der Intensivstation an. Dort sagt ihr ein Pfleger auf die Frage, wie es ihrer Mutter gehe: »Im Moment gut.« So erzählt sie es später den Journalisten und meint, sie habe sich über die Formulierung gewundert. »Im Moment …«

Einige Stunden später, es ist mitten in der Nacht, wird Kathrin Lohmann durch das Klingeln des Telefons geweckt. Derselbe Pfleger ist am Apparat.

»Der Kreislauf Ihrer Mutter ist instabil, kommen Sie.«

Als Kathrin Lohmann im Krankenhaus ankommt, ist ihre Mutter tot.

In den folgenden Tagen macht sich ein anderes Gefühl in Kathrin Lohmanns Inneren breit, es raubt ihr den Schlaf, und es will nicht mehr weggehen: »Irgendetwas stimmt hier nicht.«

Sie glaubt, dass es sich um einen ärztlichen Kunstfehler handeln könnte, womöglich wurde ein Medikament verwechselt? Kathrin Lohmann ahnt nicht, dass viele andere Hinterbliebene in den letzten Monaten von ähnlichen Fragen umgetrieben wurden. Sie erinnert sich auch an die seltsame Aussage des Pflegers am Telefon, sie wundert sich, wer dieser Mann war, an dessen Namen sie sich nicht erinnern kann.

Kathrin Lohmann ist mit ihren Gedanken allein. Sogar ihre Freunde und ihre Familie mögen mit der Zeit ihre Zweifel nicht länger hören, sie denken, sie habe einfach Mühe, den Verlust der Mutter zu verarbeiten und suche verzweifelt nach einem Schuldigen, den es nicht gebe. Kathrin Lohmann stürzt in eine Krise, sie wird depressiv und kann nicht mehr arbeiten, das Geld wird knapp, sie muss in eine schwierige Wohngegend in eine günstige Einzimmerwohnung ziehen.

Die Zweifel bleiben. Die Fragen auch. Ebenso ihr Drang, Antworten zu erhalten. Sie muss lange darauf warten.

Ihre Mutter ist seit fünf Jahren tot, als Kathrin Lohmann in der Zeitung einen Artikel über einen Krankenpfleger liest, der wegen Mordversuchs an dem dreiundsechzigjährigen Patienten Dieter M. im Klinikum Delmenhorst verurteilt wurde. Tatort: Intensivstation. Tatwaffe: Eine Spritze, gefüllt mit einem Herzmittel, das den Kreislauf des Patienten zum Kollabieren brachte.

Kathrin Lohmann studiert den Artikel und weiß im gleichen Augenblick, dass sie die Antwort auf ihre vielen Fragen endlich in den Händen hält: »Der war es!«

Es ist nicht einfach ein Gedanke oder ein Verdacht. Es ist eine Gewissheit.

Sie ruft die Kriminalpolizei in Delmenhorst an. Die Polizei geht ihrem Hinweis nach und stellt fest, dass Niels H. tatsächlich in jener Nacht Dienst hatte, als ihre Mutter starb. Doch die Staatsanwaltschaft wimmelt auch Kathrin Lohmann erst mal ab, der Mann sei schließlich schon verurteilt, was sie noch wolle, das bringe doch alles nichts. Aber Kathrin Lohmann gibt nicht auf. Sie kämpft allein, ruft immer wieder bei der Staatsanwaltschaft an und fordert, dass ihre Mutter exhumiert wird, herausgeholt wird aus dem Sarg im Grab, in dem man sie beerdigt hat. Zu teuer, heißt es seitens der Justizbehörden. Kathrin Lohmann lässt nicht locker und erreicht nach zahllosen Behördengängen schließlich doch noch ihr Ziel: Im Frühling 2009 schaufelt ein Bagger das Grab von Brigitte A. auf. Kathrin Lohmann steht daneben, allein, keiner kümmert sich um sie. Als sie hinab in die Grube blickt, sieht sie das viele Grundwasser im Grab, und sie fragt sich, ob man im Leichnam überhaupt noch Spuren finden kann.

Man kann.

Doch wieder vergeht mehr als ein Jahr, bis Kathrin Lohmann nach etlichem Nachfragen von den Behörden eine Antwort erhält. Als sie das Resultat der gerichtsmedizinischen Untersuchung endlich erhält, bringt es ihr Gewissheit: Sie hatte recht. Ihr Gespür hat sie nicht getäuscht: Im Körper ihrer toten Mutter finden die Rechtsmediziner Ajmalin, einen Wirkstoff, der im Medikament Gilurytmal enthalten ist. Dasselbe Mittel, das Niels H. dem Patienten Dieter M. gespritzt hat. Sie weiß jetzt: Ihre Mutter ist nicht eines natürlichen Todes gestorben. Sie wurde ermordet.

Doch noch immer hat das Warten für Kathrin Lohmann kein Ende. Sie erhält keine weiteren Informationen, weiß nicht, was oder ob überhaupt etwas unternommen wird. Erst fünf Jahre später – ihre Mutter ist mittlerweile seit elf Jahren tot – erfährt sie aus der Zeitung, dass Niels H. erneut vor Gericht gestellt wird. Ein neuer Prozess. Niemand hat ihr etwas gesagt. Sie weiß nicht einmal, ob es in dem neuen Gerichtsverfahren um ihre Mutter geht.

Als sie sich bei der Polizei danach erkundigt, rät man ihr dort, sich einen Anwalt zu nehmen. Also trifft sich Kathrin Lohmann mit einer Anwältin, gemeinsam reichen sie Nebenklage ein. Endlich kämpft Kathrin Lohmann nicht mehr allein um die Wahrheit und um Gerechtigkeit für ihre Mutter.

Nach der Öffnung des Grabes von Brigitte A. wurden aufgrund des Verdachts von anderen Angehörigen sieben weitere Leichen exhumiert. Im September 2014 wird Niels H. in Oldenburg erneut ein Prozess gemacht. Der Richter heißt wiederum Sebastian Bührmann. Niels H. muss sich dieses Mal wegen zweifachen Mordes, zwei Mordversuchen und gefährlicher Körperverletzung verantworten.

Kathrin Lohmann sitzt als Nebenklägerin in Oldenburg im Gerichtssaal, als Sebastian Bührmann das Verfahren eröffnet und mit der Befragung von Niels H. beginnt. In der nächsten Sekunde realisiert sie, wer der seltsame Mann war, der ihr damals vor elf Jahren am Telefon zunächst sagte, der Mutter gehe es »im Moment« gut, und der sie Stunden später anrief und erklärte, dass es nun schlecht um sie stehe. Sie erkennt seine Stimme wieder, als Niels H. zum ersten Mal das Wort ergreift.

*

Am 28. Februar 2015 wird Niels H. unter Feststellung der besonderen Schwere der Schuld vom Landgericht Oldenburg zu lebenslanger Haft verurteilt. Länger geht nicht. Doch schon vor der Urteilsverkündung ist klar, dass da noch nicht alles unter dem Teppich hervorgekehrt wurde, dass es einen weiteren Prozess geben muss. Denn auf einmal bricht Niels H. sein Schweigen. Erst jetzt, nach all den Jahren, drängt die Wahrheit ans Licht. Zumindest ein Stückchen davon.

Das Gerichtsverfahren und die eindringlichen Worte des Richters bringen etwas im Inneren des Angeklagten Niels H. in Bewegung. Wahrscheinlich ist es die Erkenntnis, dass es zu spät ist, dass alles vorbei ist, dass »lebenslang« endgültig ist. Vielleicht aber realisiert er tatsächlich erst jetzt, dass das, was er getan hat, viel größer, viel schlimmer, viel krasser ist, als er es sich bislang selbst eingestanden hat. Womöglich haben nicht nur alle anderen weggeschaut, sondern auch er selbst; er hat es sich schöngeredet, dass er »nur ein bisschen herummanipuliert hat«, dass er seine Opfer ja danach hat retten wollen. Es kann sein, dass er erst jetzt zu begreifen beginnt, was er getan hat.

Im Januar 2015, noch während des laufenden Verfahrens, vertraut sich Niels H. seinem Psychiater Konstantin Karyofilis an. Ihm sei »klar geworden, dass ich die ganze Zeit über mit einer Riesenlüge gelebt habe«, steht im handgeschriebenen Brief, den er Karyofilis übergibt und den dieser im Gerichtssaal vorliest. »Ich schäme mich sehr.« Es falle ihm immer schwerer, mit »dieser Last« umzugehen. Er versuche verzweifelt, sich zu erinnern, aber es gelinge nicht. Er, der so viele Menschen ums Leben gebracht hat, klagt über seine schlimmen Träume und schreibt: »Alle erwarten Aufklärung von mir, ich erwarte es ja auch von mir selbst.«

Niels H. spricht zunächst von rund dreißig weiteren Todesfällen auf der Intensivstation in Delmenhorst, bei denen er die Patienten »manipuliert« habe. Die Nachricht, die der Psychiater Konstantin Karyofilis dem Gericht überbringt, ist eine Sensation. Gegen Ende des Prozesses, als das Urteil fällt, stehen die Ermittlungen wieder ganz am Anfang. Zurück auf Feld eins.

*

Es ist ein kalter Januarmorgen im Jahr 2016, nicht nur wegen des winterlichen Wetters. Pastor Stephan Meyer-Schürg hält in der St.-Laurentius-Kirche in Delmenhorst vor rund zwanzig Kriminalbeamten eine Andacht. Sie stehen vor einer unangenehmen Aufgabe, die getan werden muss, auch wenn sie allen schwerfällt. Den Männern, die sie übernehmen, und auch den Angehörigen, die sich damit einverstanden erklärt haben.

An diesem Januarmorgen werden auf dem Friedhof vor der Kirche vier Gräber geöffnet. Gräber von Menschen, die zwischen Ende 2002 und Mitte 2005 im Krankenhaus Delmenhorst an Herzversagen gestorben sind. Wahrscheinlich, so der Verdacht, aufgrund einer »Manipulation« von Niels H. Er soll auch sie getötet haben.

Der Pastor bittet die Beamten, pietätvoll vorzugehen, die Würde der Toten nicht zu verletzen. Nahezu ein Ding der Unmöglichkeit, dabei geht es bei dieser Störung der letzten Ruhe gerade auch darum, den Opfern ihre Würde wieder zurück zu geben.

Es war ein langer Weg bis zu diesem Tag. Die Menschen, um die es hierbei geht, sind schon lange tot. Seit Niels H. vor fast einem Jahr während des zweiten Gerichtsverfahrens weitere Morde zugab, laufen die Ermittlungen endlich auf Hochtouren. Die Aktion braucht Zeit. Schon vor mehreren Monaten hat die neugebildete »SOKO Kardio« mit den Hinterbliebenen Kontakt aufgenommen. Obwohl es manche Angehörige geahnt haben mögen – es ist für sie gleichwohl ein Schock, als nach zehn Jahren die Polizei vor der Tür steht, um ihnen mitzuteilen, dass der Vater, der Bruder, die Mutter, die Schwester, der Sohn nicht eines natürlichen Todes gestorben, sondern mutmaßlich ermordet worden ist.

Und dass man den Leichnam exhumieren und untersuchen muss. Ein Sohn sagt, es fühle sich an, als ob sein Vater ein zweites Mal gestorben sei. Doch SOKO-Chef Arne Schmidt macht deutlich, dass der schwere Schritt notwendig ist.

»Es geht um die Ermordeten selbst. Sie verdienen Gerechtigkeit. Wir haben eine Verantwortung gegenüber jedem einzelnen Opfer.«

Der Termin, an dem die Exhumierungen auf dem Friedhof der St.-Laurentius-Kirche stattfinden, wurde streng geheim gehalten. In der Nacht zuvor haben die Beamten Sichtschutzwände aufgebaut und Teile des Friedhofes abgesperrt. Bereits am Vortag haben die Friedhofsangestellten die Grabsteine entfernt und die oberste Erdschicht über den Särgen bis auf eine Tiefe von einem Meter sechzig abgetragen.

Die letzte Erdschicht entfernen die Experten der Kriminalpolizei, da die Särge nach den vielen Jahren in der Erde in sich zusammengefallen sind. In dieser Gegend ist der Boden feucht, der Verwesungsprozess dauert länger als in trockener Erde. Die Überreste der Toten werden vorsichtig geborgen, auf eine Decke gelegt und im Transportsarg nach Oldenburg gebracht. Dort entnehmen Rechtsmediziner den sterblichen Überresten Proben, um sie auf Rückstände von Medikamenten zu untersuchen. Noch am selben Nachmittag werden die Überreste in neuen Särgen zurück zum Friedhof gefahren.

Die Angehörigen werden – anders als damals Kathrin Lohmann – von einem Care-Team betreut und waren bei der Exhumierung nicht zugegen. Jetzt aber warten sie auf dem Friedhof, um den Sarg in Empfang zu nehmen und den Verstorbenen ein zweites Mal zu beerdigen. Die Kirchenglocken läuten wie beim letzten Mal, Pastor Meyer-Schürg spricht am offenen Grab Abschiedsworte. Ruhet in Frieden.

Innerhalb von drei Jahren exhumiert die Polizei auf siebenundsechzig Friedhöfen hundertvierunddreißig Leichen. Die SOKO Kardio wertet fünfhundert Patientenakten aus, kontrolliert über achthundert Rettungsdienstprotokolle. Zahlreiche Fälle aber können nicht mehr abschließend untersucht werden, weil die Leichen nicht beerdigt, sondern im Krematorium verbrannt worden sind. Nur einer allein weiß, wie viele Opfer es gibt. Doch Niels H. tut sich schwer mit seiner Erinnerung.

*

Es ist der 25. Mai 2016, 10 Uhr morgens. Vernehmungstermin. Niels H. wird heute von SOKO-Chef Arne Schmidt und Oberstaatsanwältin Daniela Schiereck-Bohlmann verhört. Er will reden. Er will gestehen. Zumindest ein bisschen, wieder ein wenig mehr als bisher.

Die Ermittler sind gut vorbereitet. Sie haben Daten gesammelt, Listen geschrieben, Schaubilder erstellt, sie haben versucht, sich in der unvorstellbaren Menge an möglichen Taten eine Übersicht zu verschaffen: Patientennamen, Diagnosen, Todesdaten, Schichtzeiten. Die Tabellen sollen Niels H.s Erinnerung auf die Sprünge helfen.

Zwei Kameras sind auf sein Gesicht gerichtet. Das Verhör wird von einem medizinischen Gutachter und weiteren Beamten der Sonderkommission im Nebenraum mitverfolgt. Jede Regung im Gesicht, jeder Widerspruch wird ihnen auffallen.

Niels H. erklärt, das, was er sagen könne, werde er sagen, und begibt sich gemeinsam mit seinen Befragern auf eine Reise in seine düstere Vergangenheit, die er bisher so gut verdrängt hat.

Zuerst spricht er von »einigen Patienten« auf der Intensivstation Delmenhorst, gibt zunächst nur zu, was sich nicht länger leugnen lässt. Doch nach und nach bricht er sein Schweigen.

Er erinnert sich vorerst an dreißig Opfer, doch die Verhöre werden fortgeführt und die Zahl wächst weiter. An sechs Tagen, insgesamt über dreißig Stunden lang, wird Niels H. über mehrere Wochen hinweg verhört. Am 8. September fragen ihn die Ermittler nach

Renate R. Auch diesen Mord gesteht er, auch ihr hat er das todbringende Herzmittel verabreicht. Erst ganz am Schluss rückt Niels H. damit heraus, dass er nicht nur in Delmenhorst, sondern schon früher in Oldenburg gemordet hat. Er gesteht insgesamt dreiundvierzig Morde.

Doch die Ermittlungen und Exhumierungen zeigen, dass es noch viel mehr waren. Am Ende steht eine Zahl, die alle Befürchtungen übertrifft: Hundertdrei Opfer. Hundertdrei Morde. In einer Zeitspanne von weniger als fünfeinhalb Jahren. Doch das sind nur jene Opfer, bei denen die Manipulationen nachträglich nachgewiesen werden konnten. Die Polizei geht insgesamt von mehr als dreihundert Morden aus.

In drei Fällen ist Niels H. bereits verurteilt. In hundert Fällen wird neu Anklage erhoben.

*

»Es geht hier um einhundert Vorwürfe, um den Missbrauch an Patienten, der bis hin zum Tode führte«, sagt Richter Sebastian Bührmann im Oktober 2018, als Niels H. das dritte Mal als Angeklagter vor ihm sitzt. »Treffen diese Vorwürfe größtenteils zu?«

»Ja. Das, was zugegeben worden ist, so ist das auch.« Niels H. spricht mit dunkler, unaufgeregter Stimme.

»In der letzten Hauptverhandlung habe ich mit Ihnen intensiv gesprochen, das ist jetzt fast genau vier Jahre her. Ich habe mich in einem offenen Wort an Sie gewandt und Fallvariationen ausgebreitet, Ihnen die Gelegenheit zur Lebensbeichte gegeben, um reinen Tisch zu machen. Ich habe Ihnen erklärt, dass es wichtig ist für die Angehörigen. Dass Sie in diesem Punkt etwas Gutes tun könnten, indem Sie den Angehörigen in dem Schlimmen zumindest etwas Gewissheit geben. Ich habe Ihnen drastisch vor Augen geführt, dass es für das Strafmaß keine Rolle spielt, ob es zehn oder hundert Tote waren, weil mehr als lebenslang nicht geht. Heute frage ich Sie: Sie haben damals mit Delmenhorst einigermaßen reinen Tisch gemacht – aus welchem Grund haben Sie Oldenburg verschwiegen?«

»Ich habe damals aus reiner Überzeugung gehandelt, dass in Oldenburg nichts war. Im Zuge der Therapie und der Gutachten stellte sich allerdings heraus, dass ich in Bezug auf die Taten in Oldenburg nicht an einem Gedächtnisverlust gelitten habe. Aber das war halt irgendwo tief verborgen, ich habe mich nicht damit auseinandergesetzt. Als ich dann anfing, die Dimension zu überblicken, war das die reine Scham. Es war kein taktisches Gelüge, die Strafe war ja da, aber diese Zahlen, die jetzt auf dem Tisch liegen, die kamen erst später, als ich begann, mich mit den Krankengeschichten auseinanderzusetzen. Da fing es an, dass ich es mir selber zugestehen konnte: Auch in Oldenburg habe ich manipuliert.«

»Aber die Zahl war ja schon vorher sehr hoch und an sich unvorstellbar. Da gibt es ja keine Scham mehr. Warum machten Sie an diesem Punkt dicht, nachdem Sie in Delmenhorst die Karten auf den Tisch gelegt hatten? Es hätte keinen Unterschied gemacht, auch Oldenburg zu gestehen.«

»Ich war lange Zeit nicht dazu in der Lage. Ich hatte große Probleme, mich mit Oldenburg auseinanderzusetzen, weil ich mir jahrelang gesagt habe, in Oldenburg, da war nichts. Und wenn da was gewesen wäre, dann hätte man mir das nicht nachweisen können. Ich wollte mich einfach nicht damit beschäftigen. Für mich war damals klar, dass ich da nichts getan habe. Es war völlig weg. Was nicht heißt, dass ich nicht irgendeine Ahnung hatte, es war aber erfolgreich verpackt. Und als ich dann damit begann … Es war einfach nicht greifbar, sondern in einer tiefen Schublade verborgen. Es kam erst zum Vorschein, als ich von der Polizei die ganzen Krankenakten erhielt und mich das erste Mal richtig mit Oldenburg auseinandergesetzt habe, mit den ganzen … Menschen. Es war so, wie wenn man einen riesigen Knoten löst. Ich konnte mich anhand von Kleinigkeiten wieder erinnern, nach und nach kam alles ans Tageslicht. Nach dem letzten Prozess war ich motiviert, dass ich all jenen, denen ich Antworten geben kann, auch Antworten geben werde.«

»Die Frage, die wir uns alle stellen, ist: Wie viel können wir Ihnen heute glauben? Wir haben hier zahlreiche Angehörige sitzen, die jetzt denken: Wie viel davon stimmt, was Herr H. uns hier sagt …«

»Das ist nachvollziehbar, und das kann ich auch verstehen. Nach der intensiven Beschäftigung mit den Sachen kann ich nur sagen: Das ist es, was wirklich war, was wirklich geschehen ist. Dass ich Oldenburg nicht eher zugegeben habe, liegt daran, dass ich damals überzeugt war, dort nichts getan zu haben. Ich wollte es nicht wissen, aber mir war klar, das ist etwas Überdimensionales, das übersteigt meine Kräfte, damit will ich nichts zu tun haben. Nichts fühlen, einfach nicht da sein, mich nicht damit auseinandersetzen.«

*

»Ihre Schuld ist unfassbar«, sagt Richter Sebastian Bührmann zu Niels H. Es ist der 6. Juni 2019, der Tag des Urteils, auf den so viele Angehörige gewartet haben. Wieder sind die Plätze in der Weser-Ems-Halle gut gefüllt, obwohl klar ist, wie das Strafmaß nach dem siebenmonatigen Prozess ausfallen wird. Für viele Nebenkläger ist es wichtig, das Verdikt direkt vom Richter zu hören, um endlich einen Schlussstrich ziehen zu können. Um zur Ruhe zu kommen. Nicht allen wird es gelingen.

Das Landgericht Oldenburg spricht Niels H. wegen fünfundachtzig weiterer Morde schuldig. Das Gericht sieht es als erweisen an, dass Niels H. einunddreißig Patientinnen und Patienten in Oldenburg und vierundfünfzig Patientinnen und Patienten in Delmenhorst getötet hat. Seine Opfer waren zwischen vierunddreißig und sechsundneunzig Jahre alt, einige waren schwer krank, andere standen kurz vor ihrer Entlassung aus dem Krankenhaus, in dem sie hätten geheilt werden sollen, nicht getötet. Niels H. wird zum zweiten Mal zu einer lebenslangen Haft verurteilt und mit einem lebenslangen Berufsverbot belegt. Das Gericht stellt eine besondere Schwere der Schuld fest, wonach eine vorzeitige Haftentlassung nahezu unmöglich ist. Lebenslang kann im wörtlichen Sinn lebenslang bedeuten.

In fünfzehn der angeklagten Fälle spricht das Gericht Niels H. »im Zweifel für den Angeklagten« frei. In fünf Fällen in Oldenburg und in zehn Fällen in Delmenhorst hätten die Indizien nicht für eine Verurteilung gereicht, sagt Sebastian Bührmann zu den Nebenklägern.

»In keinem dieser Fälle können wir sagen, dass wir überzeugt sind, dass Herr H. Ihre Angehörigen *nicht* getötet hat. Aber wir wissen es nicht sicher. Damit entlassen wir Sie genau in die Ungewissheit, die für Sie so quälend sein muss.«

Richter Bührmann hätte gerne Antworten für alle Angehörigen geliefert.

»Doch einen Teil des Nebels, der über diesem Verfahren liegt, können wir nicht lichten. Das erfüllt uns selbst auch mit einer gewissen Trauer.«

In seiner Urteilsbegründung versucht Sebastian Bührmann die Dimension dieses Kriminalfalls in Worte zu fassen. Immer wieder richtet er sich dabei direkt an den Täter.

»Das Verfahren und Ihre Taten sprengen jegliche Grenzen und überschreiten jeglichen Rahmen«, sagt Bührmann zu Niels H. »Ich kam mir vor wie ein Buchhalter des Todes.«

Um die Schuld des Täters fassbarer zu machen, beginnt Bührmann zu rechnen. Er hält Niels H. vor, wie hoch seine Strafe in den USA ausfallen würde, wo anders als in Deutschland die Strafen für einzelne Taten addiert werden. Bührmann multipliziert die Anzahl der Morde mit fünfzehn Jahren Freiheitsstrafe, er blickt Niels H. an und sagt: »Herr H., das wären tausendzweihundertfünfundsiebzig Jahre Freiheitsstrafe. Das gibt eine Ahnung von dem, was ich unfassbar nenne.«

Tatsache sei, dass manchmal die schlimmste Fantasie nicht ausreiche, um die Wahrheit zu beschreiben.

»Herr H., Ihre Taten sind unbegreiflich. Es sind so viele! Es ist so viel, dass der menschliche Verstand kapituliert angesichts der schieren Anzahl der Taten, die Sie Woche für Woche, Jahr für Jahr begangen haben.«

Niels H. akzeptiert das Urteil des Landesgerichts Oldenburg nicht und legt Revision ein, die vom Bundesgerichtshof verworfen wird. Am 11. September 2020 ist das Urteil gegen Niels H. rechtskräftig.

*

Zurück bleibt eine große Leere. Nicht nur die Taten und das Ausmaß dieses Falles machen fassungslos. Auch die Tatsache, dass niemand sie verhindert hat. Gut möglich, dass die größte Mordserie der Bundesrepublik Deutschland niemals aufgedeckt worden wäre, hätte nicht Kathrin Lohmann in ihrer verzweifelten Hartnäckigkeit immer wieder bei der Staatsanwaltschaft Druck gemacht. Gut möglich auch, dass Niels H. nach seiner ersten Haftstrafe erneut getötet hätte, denn spätestens im Herbst 2016 wäre seine Strafe wegen Mordversuchs an Dieter M. vollständig verbüßt gewesen. Obwohl ich versucht habe, die Geschichte von Niels H. und seinem Töten in Worte zu fassen, lässt sie auch mich sprachlos zurück.

Bevor ich am Abend des letzten Prozesstages nach

Hause reise, wo ich versuchen werde, den Prozess wieder aus meinem Kopf zu kriegen, ihn hinter mir zu lassen, um mich neuen Themen zuzuwenden, statte ich Hartmut, dem Vermieter meines Gästezimmers, in seiner kleinen Bar im Erdgeschoss des Hauses einen Besuch ab. Ich schreibe das hier nieder, weil hinter jeder Reportage Geschichten stecken, die nie erzählt werden, Begegnungen und Gespräche, die keinen Eingang in die Zeitungsartikel finden. Das hier ist eine von ihnen.

Ich setze mich also erschöpft an Hartmuts Bartresen, ich habe ihm tags zuvor versprochen, kurz reinzugucken, und ein Glas Wein wird mir sicher guttun. Ich mag Hartmut auf Anhieb, er ist ein altertümliches Oldenburger Urgestein. In seiner Bar herrscht striktes Handyverbot, greift jemand trotzdem zum Mobiltelefon, schmeißt er eine Knallerbse. Zum Glück habe ich meines im Zimmer gelassen.

Wie es so war in der Halle, will Hartmut wissen. Also erzähle ich ihm vom Prozess, dass ich, obwohl ich versuche, die professionelle Distanz zu wahren, doch betroffen bin, dass es mich traurig gemacht hat, der ganze Fall, die gesamte Geschichte, das unermessliche Leid der Angehörigen.

Als ich mit meiner Schilderung zu Ende bin, sagt Hartmut: »Da hab ich ja noch mal Glück gehabt.« Er nimmt einen großen Schluck Bier und fügt an. »Ich hab ihn nämlich auch überlebt, den Niels H.«

Als Hartmut sich vor einigen Jahren einen Herzkatheter in Oldenburg legen lassen musste, geschah dies exakt während der Zeit, in der Niels H. dort arbeitete.

Hartmut weiß nicht, ob er ihm begegnet ist, aber möglich wäre es gewesen – und vielleicht ist es ja auch passiert. Obwohl er damals nichts von den schrecklichen Verbrechen und der lauernden Gefahr auf der Intensivstation ahnte, wollte er nur eines: raus aus der Klinik. Er fand alles grauenhaft, er fand alles unhygienisch. »Ich war zuvor in anderen Krankenhäusern, und die Zustände im Klinikum Oldenburg waren damals schrecklich. Ich sah, wie und mit welchen Lappen das Personal dort putzte, das Essen war ungenießbar, und der Umgang mit den Patienten ... Ich wollte einfach nur weg.«

Hartmut meint das ernst. Auch wenn er übertreiben mag, weil er nicht der Typ Mann ist, der sich gefügig gibt und in einem Nachthemd in einem Krankenhaus die Füße stillhält. Aber ich glaube ihm, wenn er sagt, dass er fürchtete, kränker aus dem Krankenhaus rauszukommen, als er reingekommen war. Also rief Hartmut seinen Bruder an und sagte: »Hol mich hier raus!«

Der Bruder weigerte sich, das sei illegal, und als Hartmut daraufhin seine Sachen packte und selbst die Flucht ergriff, wurde er von einer Pflegerin resolut daran gehindert.

»Irgendwie haben die mich elektronisch überwacht«, ist er überzeugt.

Doch am nächsten Tag wurde er schließlich vorzeitig entlassen, auf eigenen Wunsch und gegen den Willen der Verantwortlichen.

»Zum Glück«, meint er.

Uns ist beiden klar, dass er nicht nur Gefahr lief, kränker aus dem Spital rauszukommen, als er zuvor war – sondern dass ein beträchtliches Risiko bestand, dass er gar nicht mehr nach Hause zurückgekehrt wäre.

Es dauerte eine Weile, bis er das begriffen hat. Zu Beginn, sagt Hartmut, sei das in Oldenburg keine große Geschichte gewesen. Man ging davon aus, dass es nur ein Opfer gegeben hatte, später dann drei, dann sechs. Erst nach und nach wurde klar, dass es viel mehr waren. Doch noch immer blieb das Verbrechen irgendwie zu abstrakt, zu absurd, zu groß und wohl auch zu unfassbar, um wahr zu sein.

Jetzt aber ist der Prozess das Gesprächsthema in der Stadt, das Stadttheater hat ihn sogar ins Programm genommen und künstlerisch umgesetzt. Jeder kennt jemanden, der ein Opfer kannte. Fast scheint es, als mache erst das Gerichtsverfahren den Menschen in Oldenburg bewusst, was Hartmut hinter seinem Bartresen in Worte fasst: »Es ist verrückt, aber es hätte jeden von uns treffen können – jeden, der notfallmäßig ins Krankenhaus gebracht oder dort operiert werden musste.«

Später erzählt Hartmut dann noch – das Stichwort Gefängnis hat ihn darauf gebracht –, wie er in Griechenland mal im Knast gelandet sei, weil er in der Hosentasche seiner uralten Shorts ein Beutelchen mit sechs Gramm altem, mehrfach gewaschenem und längst vergessenem Haschisch bei sich trug, das dem Drogenspürhund am Flughafen in die Nase stach. Doch das ist eine andere Geschichte. Während ich ihr lausche, denke ich: Gut, dass unser Leben im Kleinen trotz der großen Schrecken weitergeht.

Eine falsche Wahrsagerin, präparierte Kichererbsen und ein ungültiges Geständnis

Nasrin schreit nicht. Als der erste Schuss fällt, versucht sie noch davonzurennen. Doch sie kommt nicht weit. Die Person schießt wieder und wieder, fünf Schüsse zerreißen die Stille, drei treffen Nasrins Kopf. Das ist mehr als »nur« ein Mord, das ist eine Hinrichtung. Nasrin stürzt auf den Asphalt und bleibt liegen. Keine fünfzig Meter von ihrer Wohnung entfernt, in der ihre beiden Söhne schlafen. Shayan* ist zwölf, Arif* fünf Jahre alt, als sie ihre Mutter verlieren.

Während Nasrin stirbt, erwacht der neue Tag. Es ist halb sechs Uhr in der Früh, der 19. Oktober 2009, in einem ruhigen Wohnquartier in Zürich-Oerlikon. Auf die Schüsse folgt eine bedrückende Ruhe, als würde die Welt einen Moment lang den Atem anhalten, bis die Vögel mit Verzögerung ihren Morgengesang fortsetzen. Nur ein paar Frühaufsteher sind schon wach. Einer von ihnen schaut aufgeschreckt durch die Schüsse zum Fenster hinaus und sieht einen Mann davonrennen. Er ruft die Polizei.

---

* Namen geändert

Nasrin war auf dem Weg zur Arbeit. Letzte Nacht, kurz vor Mitternacht, ist sie mit ihrem Mann und ihren beiden Söhnen von einem fünftägigen Kurzurlaub auf Mallorca zurückgekehrt. Um sechs Uhr früh hätte sie heute ein Schuhgeschäft am Flughafen Zürich aufschließen sollen, sie ist dort die stellvertretende Filialleiterin. Sie, die in Bangladesch Jura studiert hat und als Rechtsanwältin tätig gewesen ist, musste sich in der Schweiz von ganz unten hocharbeiten, da ihre Ausbildung hier nichts zählte. Zuerst der Job bei McDonalds hinter der Theke, dann verschiedene Anstellungen als Kellnerin und Verkäuferin. 1996 ist sie in die Schweiz gekommen, mit achtundzwanzig Jahren, kurz nach ihrer arrangierten Heirat mit Humayun, der schon länger hier lebt und wie sie Bengale ist.

Nasrin ist ausnehmend hübsch. Seidenschwarz das lange Haar, klare, dunkle Augen, zierliche Figur. Auf allen Fotos lächelt sie. Doch glücklich war sie nicht.

Die Quartierstraße in Zürich-Oerlikon grenzt direkt an den Friedhof. Als die Polizei und der Notarzt eintreffen, liegt Nasrin auf dem Gehsteig in ihrem Blut. Der Arzt versucht sie zu reanimieren, um sechs Uhr gibt er auf und erklärt Nasrin R., einundvierzig Jahre alt, für tot.

Die Polizisten wissen schnell, wer das Opfer ist; Nasrin wurde nichts gestohlen, die Geldbörse steckt in ihrer Tasche, in der sich auch ihr Führerschein befindet. Sie wohnt gleich um die Ecke. Die Situation am Tatort lässt vermuten, dass sie auf dem Weg zum Wagen war, als ihr jemand aufgelauert hat. Sie wollte wohl gerade ihren silbergrauen Honda Accord aufschließen, als der erste Schuss fiel. Die Blutspuren auf der Straße und dem Gehsteig zeugen davon, dass Nasrin vergebens versuchte zu entkommen. Sie muss ihrem Mörder ins Gesicht gesehen haben, bevor sie starb.

*

Ich sehe den Mann, der möglicherweise ihr Mörder ist, neun Jahre nach der Tat zum ersten Mal. Er trägt blaue Jeans, dunkles Jackett, helles Hemd, das Haar dicht und schwarz, schwere Ringe unter den Augen. Obwohl er fast eins achtzig misst, wirkt er eher gedrungen, alles an ihm ist viereckig, der Körper, selbst der Kopf.

Humayun R. war Nasrins Ehemann und ist der Vater ihrer Söhne. Neun Jahre lang hat die Polizei gegen ihn ermittelt: Zunächst saß er für sieben Monate in Untersuchungshaft, dann wurde er mangels Beweisen wieder freigelassen, nur um Jahre später erneut für sieben Monate in Untersuchungshaft genommen zu werden. Bis schließlich doch noch Anklage gegen ihn erhoben und er vor das Bezirksgericht Zürich gestellt worden ist.

Hier sitzt er nun, zwei Reihen vor mir. Bilder von früher zeigen, dass er mal ein attraktiver Mann gewesen sein muss. Heute ist er es nicht mehr. Er macht einen verlebten, niedergeschlagenen, müden und nicht gerade freundlichen Eindruck.

Es ist der 22. August 2018, als Gerichtspräsident Sebastian Aeppli den Prozess gegen ihn eröffnet. Nur ein paar wenige Journalisten sind gekommen, drei Kollegen und ich werden über den Fall berichten, der nach einem klassischen Beziehungsdelikt aussieht.

Neben uns sitzen die Angehörigen. Die drei ältesten Söhne des Angeklagten sind gekommen; die beiden Söhne aus Humayuns erster Ehe und Nasrins Sohn Shayan, er ist mittlerweile einundzwanzig Jahre alt. Als ich sie sehe, denke ich, dass es bei jedem Tötungsdelikt immer mehrere Opfer gibt, und zwar auf beiden Seiten: Nicht nur die Hinterbliebenen der Getöteten, auch die Angehörigen der Täter sind Opfer, auch sie erfahren einen Verlust und einen dramatischen Bruch im Leben. Humayuns und Nasrins Söhne sind Opfer im doppelten Sinne: Die Mutter ist tot, kaltblütig ermordet worden, und der Vater ist wegen eben dieses Mordes angeklagt.

Alle seine Söhne sagen, ihr Vater könne das nicht gewesen sein. Sie trauen ihm die Tat nicht zu.

Die Staatsanwältin Françoise Stadelmann sieht das anders.

Der Beschuldigte Humayun R. hat vorsätzlich einen Menschen getötet, wobei er besonders skrupellos handelte, namentlich sein Beweggrund, der Zweck der Tat oder die Art der Ausführung besonders verwerflich waren, steht in ihrer Anklageschrift. Der Tatvorwurf lautet: *Im Bereich vor ihrer Wohnung trat der Beschuldigte, welcher Nasrin R. aus der Wohnung gefolgt war, an sie heran und schoss mit einer Waffe mindestens fünf Mal aus einer nicht mehr eruierbaren, jedoch kurzen Distanz auf seine Gattin, wobei sie mindestens fünf Schussverletzungen durch das Kaliber 7,65 mm*

Browning des Fabrikats »GECO« erlitt; nämlich einen Gesichtsdurchschuss, wobei es sich hierbei um einen relativen Naheschuss, das heißt aus einer Distanz von wenigen Zentimetern bis maximal 30 bis 40 Zentimetern, handelt, einen Kopfschwartendurchschuss mit Streifschuss am darunter liegenden Gehirnschädel, einen Kopfsteckschuss, einen inkompletten Bauchdurchschuss sowie einen Durchschuss der rechten Hand und einen solchen des rechten Oberschenkels. Durch diese Schusstreffer wurde Nasrin R. dermaßen verletzt, sodass sie noch vor Ort ihren schweren Verletzungen erlag. Insbesondere führte der Kopfsteckschuss am Hinterkopf mit der durch Sekundärgeschosse bedingten Hirnstammzerstörung zu einem zentralen Regulationsversagen, was unmittelbar zum Tod von Nasrin R. führte. Der Beschuldigte wusste, dass Schüsse gegen den Körper der Geschädigten, insbesondere gegen den Kopf- und Oberkörperbereich, deren Tod bewirken können, wobei er die Tötung von Nasrin R. wollte, zumindest aber bewusst in Kauf nahm.

So technisch klingt der Mordvorwurf im Fachjargon. Hinter den emotionslosen Sätzen steht das brutale Ende eines Lebens, das noch lange nicht fertig gelebt war, stehen die Leben zweier Söhne, die fortan ohne Mutter aufwachsen mussten, und das des Ehemannes, der sich nicht vom Verdacht befreien kann, seine eigene Frau erschossen zu haben und über dessen Schuld oder Unschuld hier nun verhandelt wird.

Humayun R. ist dreiundsechzig, wie er an diesem Tag vor Gericht steht, er war dreizehn Jahre älter als seine zweite Frau Nasrin. Er wirkt bedrückt, als die

Anklage verlesen wird, sagt ja, er habe deren Inhalt verstanden. Er kennt den Vorwurf, weiß, dass die Ermittler und die Staatsanwaltschaft seit neun Jahren denken, er sei der Täter.

»Haben Sie Ihre Ehefrau erschossen«, fragt Richter Aeppli zum Auftakt des Prozesses.

»Nein«, antwortet Humayun R.

»Haben Sie jemanden beauftragt, Ihre Frau zu erschießen?«

»Nein.«

»Wissen Sie, wer Ihre Frau erschossen hat?«

»Nein, das weiß ich nicht.«

*

Am 19. Oktober 2009, kurz vor halb acht, klingelt es zweimal bei der Familie von Humayun R. Die Polizei steht vor der Tür; vier Männer in Uniform, vier in Zivil. Einer reicht Humayun seine Visitenkarte, fragt ihn, ob er Humayun R. sei, und lässt sich dessen Ausweis zeigen.

»Wo ist Ihre Frau?«, will er wissen.

»Sie ist arbeiten gegangen«, antwortet Humayun.

Dann sagt der Polizist: »Es tut mir leid. Ihre Frau ist tot.«

Humayun bricht in Tränen aus. Auf seine Fragen nach dem Wie und dem Warum erhält er keine Antwort, die Polizisten wollen nichts dazu sagen, noch nicht. Sie halten sich bedeckt und verweisen auf den psychologischen Dienst – zu oft sind Tränen nicht echt.

Zu oft ist der Partner der Täter, wenn eine Frau gewaltsam ums Leben gebracht wird.

Humayun erzählt den Polizisten, um fünf habe Nasrins Wecker geklingelt, leise nur, sie habe keinen tiefen Schlaf. Eine halbe Stunde später habe sie ihm Tschüss gesagt, ihn dabei kurz berührt. Dann sei er wieder eingeschlafen, bis gerade eben, auch die Söhne wurden erst durch das Klingeln der Polizei geweckt. Sie haben die Schüsse, die ihre Mutter töteten, nicht gehört.

Humayun wird polizeilich untersucht. Weder an den Händen noch an seiner Kleidung finden sich Blutspuren. Doch bei der zweiten Untersuchung sichern die Kriminalisten an ihm zwei Schmauchspurpartikel. Einen an der rechten Hand, einen am Ärmel seines Kittels.

Zwei Schmauchspurpartikel sind zu wenig, sie haben keine Aussagekraft, könnten durch eine zufällige Kontamination dorthin gekommen sein. Es müssten mindestens vier Partikel gefunden werden, wenn man darauf schließen wollte, dass eine Person gerade erst geschossen hat.

Drinnen in der Wohnung finden die Ermittler keinen Hinweis darauf, dass der Ehemann etwas mit dem Tod seiner Frau zu tun hat. Draußen vor dem Haus ist die Straße abgesperrt, die Polizei hat um Nasrins Leiche ein weißes Zelt aufgebaut. Ein Großaufgebot ist vor Ort. Humayun erfährt nun doch, dass seine Frau getötet wurde, mehr sagt man ihm nicht. Als er wenig später am Fenster seiner Hochparterre-Wohnung mit einem Freund spricht, der draußen im Garten steht, schießt ein Reporter eine Fotografie; sie zeigt Humayuns verzerrtes, tränennasses Gesicht. *Sind diese Tränen echt?,* wird tags darauf unter dem Bild in der Zeitung stehen.

Der Mittag ist bereits vorbei, als die Polizisten Humayun mit auf die Wache nehmen. Als Erstes erhält er das Informationsblatt der Opferhilfe für Angehörige, dann beginnen die Fragen, und Humayun erzählt sein halbes Leben.

1983 flüchtete er aus Bangladesch in die Schweiz, er hatte dort einer politischen Jugendorganisation angehört, die verfolgt wurde. In der neuen Heimat heiratete er eine Spanierin, sie haben zwei Söhne, junge Erwachsene schon, irgendwann dann folgte die Scheidung. Seit dem 18. Januar 1996 war Humayun mit Nasrin verheiratet. Die Schwester von Nasrin kannte die Nichte von Humayun, die Familie hat vermittelt. Eine arrangierte Ehe: Die Hochzeit fand in Bangladesch statt, gefolgt von Nasrins Nachzug in die Schweiz.

Ja, sagt Humayun, es sei eine gute Ehe gewesen.

»Wir hatten keine Probleme.«

Das Familienleben war bestens organisiert. Arbeitete Nasrin in der Frühschicht, übernahm Humayun im Restaurant, in dem er als Kellner tätig war, die Abendschicht. Auf diese Weise konnte immer jemand nach den Kindern schauen.

Heute hätte Nasrin von sechs bis halb vier gearbeitet, seine Schicht hätte um drei begonnen, doch stattdessen sitzt er jetzt in einem Büro der Polizei und beantwortet die vielen Fragen. Seinen Arbeitgeber hat er angerufen, gesagt, dass er heute nicht mehr kommen kann. Er ahnt da noch nicht, dass er nie mehr dort arbeiten wird.

»Wer wusste, dass Ihre Frau Frühschicht hatte?«, fragt der Polizist.

»Nur ich und meine Frau und ihre Chefin.«

Humayun erzählt dem Ermittler, dass sie vorher in den Ferien waren. Schöne Ferien seien das gewesen. Er verneint die Frage, ob seine Frau bedroht wurde. Sie habe keine Feinde gehabt. Auch er nicht.

Der Polizist will wissen, ob es außereheliche Affären gab. Humayun erzählt von einem Mann, der seiner Frau vor drei Jahren seine Visitenkarte gegeben hatte, sie kannten sich vom Betriebsrestaurant. Aber das war alles, mehr sei da nicht gewesen, keine sexuelle Affäre, da sei er sicher, zu hundert Prozent. Auch sei das schon lange her. Und nein: »Ich hatte auch keine Beziehung zu einer anderen Frau.«

Während Humayun in der ersten Befragung über seine gute Ehe spricht, geht auf dem Polizeiposten ein Anruf ein. Michael B. sagt, er rufe wegen der erschossenen Frau an. Er sei ein Schweizer Banker, und habe gehört, dass es sich bei dem Opfer um Nasrin R. handeln soll. Michael B. sagt dem Polizisten, dass er seit drei Jahren eine Affäre mit Nasrin habe.

»Sie haben mich noch nicht gefragt, wie Ihre Frau getötet wurde«, sagt der Polizist zu Humayun.

»Wie, weiß ich nicht. Man erklärte mir, mehr könne man nicht sagen.«

»Wollen Sie es wissen?«

»Ja.«

»Sie wurde erschossen.«

»Was, wie? Erschossen?«

Humayun weint.

Dann unterbricht der Polizist die Einvernahme, er wird hinausgerufen. Nach wenigen Minuten ist er zurück.

»Ich muss Ihnen mitteilen, dass Sie verhaftet werden.«

*

Humayun bezieht eine Zelle im Untersuchungsgefängnis. Seine beiden Söhne werden in einem Kinderheim untergebracht. Die Polizei ermittelt.

Am Tatort findet die Spurensicherung fünf Hülsen des Fabrikats GECO, Kaliber 7,65 mm Browning. Die gezündeten Patronenhülsen werden unter einem sogenannten Komparator-Makroskop miteinander verglichen. Das Resultat zeigt klar: Sie alle weisen die gleichen Verfeuerungsspuren auf, die beim Abschuss entstehen, sie wurden also mit ein und derselben Waffe abgefeuert, von der jede Spur fehlt. Siebzig Polizisten suchen das Gelände und die Straßen um den Tatort akribisch ab. Später steigen Polizisten in die Kanalisationsschächte im Quartier. Doch die Tatwaffe bleibt verschwunden.

Nicht nur Nasrins Ehemann, auch ihr Liebhaber Michael B. steht unter Verdacht, wird verhaftet, polizeilich befragt und wieder laufen gelassen. Ebenso die brasilianische Ehefrau des Liebhabers, die spanische Exfrau von Humayun und seine beiden Söhne aus erster Ehe. Alibiprüfungen werden durchgeführt, es ergibt sich kein dringender Tatverdacht.

Zur gleichen Zeit gehen bei der Polizei anonyme Hinweise ein: Ein gewisser Mahbub habe ebenfalls mitgemacht bei der Tat. Mahbub und dessen Ehefrau werden umgehend verhaftet und befragt. Ohne Resultat. In Humayuns Bekanntenkreis kommt es in den nächsten Tagen zu etlichen weiteren Einvernahmen und Hausdurchsuchungen. Zudem macht das Gerücht die Runde, dass der Mord über Italien organisiert worden sei – also wird ein Freund Humayuns aus Venedig durch die italienische Polizei befragt, der kurz vor der Tat noch bei der Familie R. zu Besuch war. Und der Humayun einen Gefallen schuldet: Humayun hat ihm zur Flucht aus Bangladesch verholfen. Doch auch diese Spur bringt keine neuen Erkenntnisse.

Die Ermittlungen reichen von Zürich-Oerlikon über Atlanta in den USA bis nach Dhaka und Chittagong in Bangladesch. Nasrins Schwester erzählt, Nasrin habe gemeinsam mit den Kindern – aber ohne Mann – zu ihr in die USA auswandern wollen. Humayun habe sie getötet, um ihre Flucht zu verhindern. Tatsächlich finden die Ermittler Bankauszüge, die belegen, dass Nasrin ihrer Schwester eine größere Geldsumme überwiesen hat. Auch Freundinnen von Nasrin berichten von einer zerrütteten Ehe: Humayun habe Nasrin ständig angerufen, er sei verzweifelt gewesen, er habe geweint, gedroht, dass etwas passieren würde, er habe sie sogar einmal gewürgt.

Die Ermittler stellen ein kleines Notizbuch sicher. Die Einträge sind in Humayuns Handschrift verfasst. Monate vor der Tat hat er darin festgehalten: »Der Mann, der in meinem Leben Feuer angezündet hat, muss diese Welt verlassen. Für meine Frau und meine Kinder werde ich töten und dann glücklich sein.«

Als ein Polizist Humayun mit den Sätzen konfrontiert, winkt er ab; er sei wütend und betrunken gewesen, als er das geschrieben habe.

In Humayuns Computer stößt die Polizei auf eine weitere Spur: Einige Monate vor Nasrins Tod wurde mit dem Computer im Internet nach Schusswaffen gegoogelt. Acht Tage später hat Humayun vom Konto seines Sohnes 1 300 Franken abgehoben.

Humayun behauptet, er habe nicht im Internet nach einer Waffe gesucht, das müsse sein Sohn oder seine Frau gewesen sein, denn er kenne sich mit Computern gar nicht aus – obwohl er im Rahmen eines Arbeitslosenprojektes einen Computerkurs besucht hatte. Es wird eng für Humayun. Die Schlinge scheint sich zuzuziehen.

Die Ermittler schreiben eine Belohnung von bis zu 10 000 Franken für Hinweise aus, die zur Klärung des Tötungsdelikts führen. Sie hoffen, dass jemand aus Humayuns Umfeld sein Schweigen bricht, weil das Geld zu verlockend ist. Doch die Polizei kann das Geld behalten – keiner der eingehenden Hinweise bringt sie dem Täter näher.

Wochen vergehen, Monate. Humayun sitzt in Untersuchungshaft, seine Söhne sind im Heim. Trotz des großen Aufwands, den die Ermittler betreiben, kommen sie nicht weiter. Sie hegen einen tonnenschweren Verdacht – den Verdacht, dass Humayun seine Frau selbst getötet oder jemanden mit dem Mord beauftragt hat. Doch sie haben keinen einzigen Beweis.

Am 27. Mai 2010 sagt die Staatsanwältin zu Humayun R.: »Sie werden morgen aus der Haft entlassen.«

*

Hier könnte die Geschichte zu Ende sein. Das ist sie aber nicht, eigentlich fängt sie erst richtig an. Oder anders formuliert: Hier beginnt eine weitere Geschichte, die dieses Verbrechen in sich birgt und die mein journalistisches Interesse überhaupt erst geweckt hat. Es geht bei diesem Kriminalfall nämlich um weit mehr als um ein mögliches Beziehungsdelikt zwischen einem betrogenen Ehemann und seiner untreuen Frau. Um mehr als ein tragisches Liebesdrama, in dem eine Frau wegen einer arrangierten Ehe nach Europa kommt und sich hier neu verliebt – eine Liebe, die verboten ist und die tragisch endet. Hinter diesem Fall steht auch die wilde Geschichte der wohl außergewöhnlichsten, kreativsten und längsten verdeckten Ermittlung, die es in der Schweiz je gegeben hat. Sie dreht sich um präparierte Kichererbsen, um gute und um böse Geister, um blutige Zeichen aus dem Jenseits und um allerlei anderen Hokuspokus.

Es ist der 28. Mai 2010, um acht Uhr früh, als die Aktion mit dem Namen »Feuer« ihren Anfang nimmt. In dem Moment, in dem Humayun nach mehr als sieben Monaten aus der Untersuchungshaft entlassen wird.

*

Humayun weiß, dass die Freiheit trügerisch ist. Die Staatsanwältin hat ihm klargemacht, dass er noch immer unter Verdacht steht. Jede Woche muss er sich bei den Behörden melden. Seinen Reisepass erhält er nicht zurück, ebenso seine alte Arbeitsstelle und auch seine zwei Kinder nicht. Der Kellner-Job ist weg, er wurde neu besetzt, während er im Untersuchungsgefängnis saß. Seine Söhne müssen vorerst im Heim bleiben, weil die Staatsanwaltschaft befürchtet, Humayun könnte sie entführen und mit ihnen ins Ausland flüchten. Erst nach einem langwierigen juristischen Kampf und weiteren fünfzehn Monaten werden Shayan und Arif zu ihrem Vater zurückkehren dürfen.

Zum Glück hat er seine Wohnung behalten können, wenigstens das. Bevor er sie aufsucht, begibt sich Humayun unmittelbar nach seiner Entlassung in eine Telefonzelle, um einen Anruf zu erledigen. Am gleichen Tag lässt er auch seine Festnetznummer wieder freischalten und beschafft sich eine Prepaid-SIM-Karte fürs Handy.

Es ist ihm bewusst, dass er die Polizisten, die hinter ihm her sind, noch nicht los ist. Das Verfahren gegen ihn ist nicht eingestellt, es läuft weiter. Ihm ist wohl klar, dass er unter Beobachtung steht. Aber Humayun ahnt nicht, dass er fortan total überwacht wird.

In der Schweizerischen Strafprozessordnung steht unter dem Kapitel *Geheime Überwachungsmaßnahmen*, dass Post und Telefone überwacht werden dürfen und ein Beschuldigter abgehört werden darf, wenn *der dringende Verdacht besteht, dass er eine Straftat begangen hat* und *wenn die Schwere der Straftat die Überwachung rechtfertigt*. Die Überwachung muss durch ein Zwangsmaßnahmengericht genehmigt werden.

In Humayuns Wohnung haben die Ermittler Mikrofone versteckt, sein Auto ist ebenfalls verwanzt. Ein Dolmetscher schreibt alle aufgenommenen Gespräche nieder, die mit Nasrins Tod in Zusammenhang stehen, und übersetzt sie. Die Tonqualität ist oft mangelhaft, da im Hintergrund stets der Fernseher oder das Radio läuft und dazwischenfunkt. Auch Humayuns verschiedene Telefonanschlüsse werden abgehört, mehrere Mobilfunkanschlüsse, der Festnetzanschluss, ebenso die Leitungen jener Verwandten und Bekannten, mit denen er regelmäßig in Kontakt steht.

Die Ermittler wissen jederzeit, wo sich Humayun aufhält, sie kriegen praktisch jedes Wort mit, das er spricht.

Und das, was sie zu hören bekommen, ist aufschlussreich.

Humayun ist alles andere als der trauernde Witwer, wie es zu erwarten wäre. Im Gegenteil; gegenüber seinen Verwandten und Freunden spricht er abgrundtief schlecht über seine tote Ehefrau. Er hat in den Akten den Nachrichtenaustausch zwischen ihr und ihrem Liebhaber einsehen können, inklusive der Fotos, die sie ihm geschickt hat. Er ist entsetzt und schweigt nicht etwa beschämt, sondern lässt es seine Leute wissen. Nie nennt er dabei Nasrins Namen, stattdessen bezeichnet er sie als »Schlampe«, »Kranke«, »Nutte« und »Nuttentochter, die den Tod verdient hat«. Sagt, drei Jahre lang habe er die Kranke ertragen müssen, die ihn immer wieder erniedrigt habe.

Drei Jahre lang hat die Affäre zwischen Nasrin und Michael B. gedauert.

Humayun erzählt seinen Freunden, er habe immer wieder versucht, sie zu bessern. Fast jede Woche habe er von Bekannten eine Nachricht erhalten, dass Nasrin ihn betrüge. Wie ein Hund sei er gewesen, klagt Humayun in den abgehörten Gesprächen. Er habe so sehr gelitten, so viel Schmerz ertragen, die »Nutte« habe ihm sehr wehgetan, es sei gut, dass sie gestorben sei.

Schließlich sagt er zu einer Verwandten: »Wann rebelliert ein Soldat? Ein Soldat rebelliert dann, wenn er an der Wand steht und nicht mehr kann. Alles hat seine Grenzen.« Und weiter: »Egal, wer betrügt, die Strafe für einen Betrüger ist der Tod, nichts anderes.«

Die Polizei lauscht immer mit. Abhörprotokolle füllen mehrere Bundesordner. Sie machen nicht nur deutlich, dass Humayun keineswegs trauert, sie zeigen auch, dass er Angst hat. Angst um sich und um seine Söhne, um die gemeinsame Zukunft. Und: Er fürchtet sich vor bösen Geistern.

»Wie geht es Ihnen?«

»Es geht mir gut. Wie geht es Ihnen?«

»Mit Gottes Segen geht es mir auch gut. Haben Sie meinen Fall angeschaut?«

»Ja, ich weiß alles über Sie.«

»Werde ich irgendwelche Probleme haben?«

»Nein, Sie werden keine Probleme haben. Ich habe nichts Schlechtes gesehen. Es müsste alles erledigt sein. Aber warten Sie ab und schauen Sie, was kommt.«

»Wie meinen Sie das?«

»Ich werde den Fall heute Nacht mit den Geistern anschauen und noch einmal eine Fürbitte für Sie organisieren. Aber ich bin sicher, dass Sie ein positives Resultat erhalten.«

»Sie meinen, es wird alles gut werden?«

»Mit Gottes Hilfe wird alles gut.«

Humayuns Gesprächspartner sitzt in Bangladesch. Er nennt sich Fakir und behauptet, die Zukunft vorhersagen zu können. Humayun glaubt ihm jedes Wort, er scheint sehr abergläubisch zu sein, das ist den Ermittlern, die mithören, schnell klar. Immer wieder ruft er den Fakir an, um sich von ihm Schutz zu erbitten. Er bittet um Spezialgebete, damit er so schnell wie möglich von »seinem Fall befreit« werde.

Zu Hause hängt Humayun im Auftrag des Wahrsagers Talismane in den Zimmern auf, die er drei Mal täglich ins Wasser tauchen muss. Auch um den Hals trägt er an einer Kette einen Glücksbringer, der ihn vor dem bösen Geist und dessen Fluch beschützen soll.

Ein Aberglaube, der in Bangladesch nichts Außergewöhnliches ist und der in unserer westlichen Welt im besten Falle mitleidiges Kopfschütteln auslöst. Humayun jedoch wird sein Aberglaube zum Verhängnis.

*

Neun Jahre später, als Humayun R. vor dem Richter auf dem Platz des Angeklagten sitzt, trägt er den Talisman noch immer um den Hals. Er sollte Rede und Antwort stehen, doch seine Aussagen fallen immer knapper aus, je mehr Fragen der Richter ihm stellt.

»Sie haben zu Beginn der Untersuchung gelogen«, hält Richter Sebastian Aeppli Humayun R. vor. »Sie behaupteten, Ihre Frau führe keine außereheliche Beziehung. In einem abgehörten Telefongespräch erklärten Sie hingegen, dass Sie seit drei Jahren von der Affäre wussten.«

»Ja.«

»Zuerst haben Sie ebenfalls bestritten, den Liebhaber Ihrer Frau in einer E-Mail bedroht zu haben – in einem der Telefongespräche haben Sie aber einer Verwandten von der Drohung erzählt.«

»Ja.«

»Wir kennen all Ihre Telefongespräche. Es ist immer dasselbe: In der Befragung streiten Sie etwas ab und erst sobald man Ihnen eine Aufnahme vorhält, geben Sie es zu.«

»Ich kann dazu nichts sagen.«

»Zunächst haben Sie geleugnet, Ihre Frau als ›Nuttentochter‹ bezeichnet zu haben. Doch auch dabei wurden Sie abgehört, wir wissen, dass Sie das gesagt haben.«

»Ich war wütend«, meint Humayun R.

»Sie haben Ihre Verwandten über die Affäre Ihrer Frau informiert und ihnen die E-Mails gezeigt, die Ihre Frau mit ihrem Liebhaber ausgetauscht hat. Warum?«

»Ich wollte sie informieren, sie sollten es wissen.«

»Wollten Sie den Verwandten und Bekannten zeigen, wie ›schlecht‹ Ihre Frau war?«, fragt Sebastian Aeppli.

»Ich habe sie nicht umgebracht, ich habe auch niemanden beauftragt, das zu tun, ich bin unschuldig.«

»Sie sagten in einem abgehörten Gespräch: ›Die Strafe für einen Betrüger ist der Tod, nichts anderes.‹ Was meinten Sie damit?«

»Ich war wütend, darum habe ich das gesagt.«

Immer wieder erhält der Richter Antworten, die keine Antworten auf seine Fragen sind. Es ist ihm anzumerken, dass ihn das nervt. Einmal wirft er die Hände in die Luft, als ergebe das hier alles keinen Sinn. Also wechselt er das Thema.

»Sie haben mehrmals einen Wahrsager in Bangladesch angerufen. Haben Sie ihn jemals gefragt, wer Ihre Frau umgebracht hat?«

»Ich kann mich nicht daran erinnern.«

»Denken Sie denn, dass ein Wahrsager das wissen könnte?«

»Das könnte sein.«

»Aufgrund der abgehörten Telefongespräche gehe

ich davon aus, dass Sie die Frage nach dem Täter nie gestellt haben.«

»Ja, ich denke, dass ich sie nie gestellt habe.«

»Das erstaunt mich, dass Sie einerseits glauben, ein Wahrsager könnte das wissen – und andererseits die Frage nie stellten.«

»Ich kann mir selbst nicht erklären, warum ich die Frage nie gestellt habe.«

»Haben Ihre Söhne jemals gefragt, wer ihre Mutter getötet hat?«

»Nein.«

»Denken Sie, dass Ihre Söhne Sie das einmal fragen werden?«

»Ja, das kann passieren. Es könnte sein, dass der ältere Sohn mich das fragen wird.«

»Was werden Sie ihm antworten?«

»Dass ich es nicht weiß.«

*

Vier Jahre früher, April 2014. Nasrin ist seit viereinhalb Jahren tot, und es ist stiller geworden um den ungelösten Fall. Scheinbar stiller geworden. Die Ruhe trügt.

Humayun ist noch immer arbeitslos. Seit seiner Entlassung aus der siebenmonatigen Untersuchungshaft hat er keine feste Anstellung mehr gefunden. Seine Wohnung zahlt das Sozialamt, er und seine Söhne leben von der Sozialhilfe und den Halbwaisenrenten. Das Leben bleibt schwierig. Und über allem hängt das schwelende Verfahren ungewissen Ausgangs wie ein Damoklesschwert.

Dafür findet Humayun einen neuen Freund. Orhan taucht in seinem Leben auf, wie neue Menschen manchmal im Leben anderer auftauchen: Er ist der Bekannte eines Freundes, der die beiden einander vorstellt.

Der gemeinsame Bekannte heißt Nadim*, der in Oerlikon einen kleinen Laden mit integriertem Schnellimbiss führt. Orhan, ein Deutscher mit türkischen Wurzeln, trinkt dort hin und wieder einen Kaffee, hält einen Schwatz, lernt den Besitzer näher kennen. Orhan ist zum ersten Mal in der Schweiz, er lebt in Deutschland und hat in Zürich etwas zu erledigen. Er fragt Nadim, ob es in der Nähe eine Moschee gebe. Damit ist das Eis gebrochen. Nadim lädt ihn ein, gemeinsam beten zu gehen.

In der Moschee treffen Nadim und Orhan auf Humayun, der sich ihnen anschließt. Man betet zusammen. Man geht gemeinsam etwas trinken. Man kommt miteinander ins Gespräch. Man versteht sich.

Es ist kein Zufall, dass sich Humayun und Orhan auf Anhieb sympathisch sind; die beiden Männer haben eine ähnliche Leidensgeschichte. Auch Orhan wurde von seiner Frau betrogen, mehr noch, sie ist mit ihrem Liebhaber durchgebrannt, von Deutschland in die Schweiz, darum ist er hier, um nach ihr zu suchen. Auch er hat Angst, seinen Sohn zu verlieren – an die Frau, die ihn verlassen hat. Orhan vertraut seinem neuen Freund an, dass er sie am liebsten töten würde, schließlich habe er wegen ihr sein Gesicht verloren.

---

* Name geändert

Der Deutsche ist Frachtvermittler, er transportiere Waren, vor allem Diamanten, erzählt er Humayun.

Alle paar Wochen reist Orhan fortan in die Schweiz, mal kommt er mit dem Wagen, mal fliegt er nach Zürich. Jedes Mal, wenn er da ist, besucht er Nadim im Geschäft und trifft sich auch mit Humayun. Die Freundschaftsbande werden enger. Bald holt Humayun Orhan am Flughafen ab. Bald bietet Orhan dem arbeitslosen Humayun kleine Jobs an; er lässt sich von ihm vom Hotel ins Zentrum fahren, hin und wieder nimmt er ihn als Begleitung oder als Chauffeur mit, wenn er Diamanten an seine Kunden liefert.

Humayun hat Angst, dass es sich dabei um illegale Geschäfte handeln könnte, er weiß, dass er sich nichts erlauben darf, das Verfahren gegen ihn ist immer noch anhängig. Doch Orhan beruhigt seinen Freund, zeigt ihm die Zertifikate, versichert ihm, dass alles im Rahmen des Gesetzes abgewickelt werde und dass er ihn niemals in Schwierigkeiten bringen würde.

Eine Lüge.

Orhan leiht Humayun auch Geld, der will die Schulden mit Chauffeurdiensten wieder abarbeiten. Die beiden sehen sich alle paar Wochen. Sie treffen sich in Nadims Laden, trinken gemeinsam Kaffee, gehen zusammen beten oder fahren auch mal über die Grenze nach Deutschland, um dort günstig einzukaufen. Hin und wieder kocht Humayun für seinen Freund und bringt ihm das Essen in Aluschalen vorbei; zuerst zum Hotel, in dem er absteigt, später im Appartement, das er gemietet hat. Man wird sich vertraut und vertraut einander.

Das Jahr 2014 neigt sich dem Ende zu. Humayun und Orhan sind auf der Rückfahrt von einem Übergabeort, an dem sie Diamanten abgeliefert haben. Da beginnt Humayun zu erzählen; von seiner Geschichte, dass er in Untersuchungshaft gesessen hat, dass seine Frau erschossen worden ist – nachdem sie eine Affäre mit einem Schweizer Banker hatte, der ihr den »Kopf kaputt gemacht« hat. Humayun berichtet, dass seine Söhne zwei Jahre lang im Heim waren, wie sehr er unter der Trennung gelitten hat, und dass das Verfahren gegen ihn noch immer läuft. Bis heute müsse er für Reisen ins Ausland eine Bewilligung einholen. Humayun beklagt sich gegenüber Orhan, dass seine Frau das nicht hätte tun dürfen, fremdgehen, ihn betrügen, das mache man nicht, wenn man zusammen Kinder habe. Seine Frau habe ihre Religion, ihre Kultur, ihre Kinder und ihn, Humayun, verraten.

Humayun kennt Orhan nun schon seit fast einem Jahr. Er fragt ihn, ob er nicht weitere Transportfahrten für ihn unternehmen könnte, um etwas Geld zu verdienen. Falls er ihm genug Vertrauen entgegenbringe. Orhan versichert Humayun, dass er das tue, und er stellt die Gegenfrage.

»Vertraust du mir?«

»Ja, ich vertraue dir«, antwortet Humayun. »Zu hundert Prozent.«

*

Es ist Ende Februar 2015. Orhan und Humayun sitzen gemeinsam mit Nadim in dessen Laden. Orhan klagt.

Seine Auseinandersetzung mit der Noch-Ehefrau wird immer harscher. Jetzt will sie plötzlich doch das Kind, das Orhan in die Türkei entführt und bei seinen Eltern untergebracht hat. Und sie verlangt 250 000 Euro – wenn er nicht zahle, werde sie ihn anzeigen. Allen drei Männern ist klar, wer hier die Böse und im Unrecht ist: die Frau. In ihren Augen sind immer die Frauen schuld.

Während des Gesprächs kommt Nadim irgendwann auf die Astrologie zu sprechen. Auf die schwierigen Jahre würden wieder gute Jahre folgen, erklärt er tröstend. Doch Orhan ist nicht überzeugt. Als Muslim glaubt er nicht an Horoskope. Nadim erwidert, dass selbst im Koran von Dschinn die Rede sei, von guten und von schlechten Geistern. Humayun behauptet ebenfalls, dass Dschinn wirklich existierten. Er fürchtet sich vor den bösen. Nadim erklärt, die Dschinn würden mit uns zusammenleben, sie seien aber nicht sichtbar. Wenn uns jedoch ein schlechter Dschinn erscheine, sei der Anblick derart abscheulich, dass wir sofort den Verstand verlieren und verrückt werden würden.

Die Diskussion der drei Männer wird ernsthaft geführt, keiner macht sich über den anderen lustig. Da ringt sich auch Orhan zu einem Geständnis durch: Er habe vor drei Jahren in Holland eine Wahrsagerin aufgesucht, die exakt das vorhergesehen habe, was ihm nun widerfahren sei. Er glaubt, dass sie tatsächlich in die Zukunft sehen kann. Überdies sagt sie, sie könne mit Geistern Kontakt aufnehmen. Orhan fühlt sich ermutigt durch die beiden Freunde, er will die Wahrsagerin erneut aufsuchen und nach seiner Zukunft befragen.

In den nächsten Wochen ist die Wahrsagerin zwischen Humayun und Orhan immer mal wieder Thema. Humayun leistet weiterhin Chauffeurdienste für Orhan. Orhan lädt Humayun zum Dank gemeinsam mit seinen Söhnen zu einem Wochenende ins Tessin ein, in den Süden der Schweiz, wo man sich beinahe schon in Italien wähnt. So nah sind sich die beiden. Humayun nennt Orhan Bruder. Wenn er von ihm spricht, sagt er: »Er ist ein guter Freund.«

Der gute Freund hat eines Tages gute Neuigkeiten. Der Zufall will es, dass die Wahrsagerin Susan, auf die Orhan so große Stücke hält, in der Schweiz weilt, sie befindet sich in Zürich auf Durchreise. Orhan will unbedingt ein Treffen mit ihr vereinbaren. Er fragt Humayun, ob er ihn begleiten wolle. Der lässt sich nicht zweimal bitten.

*

Das erste Treffen mit Susan findet in einer Zürcher Hotellobby statt. Die Frau, die in ihren Alltagskleidern so gar nicht wie eine Wahrsagerin aussieht, fragt Humayun, was sie für ihn tun könne. Die Holländerin hat wie Orhan türkische Wurzeln, Orhan muss übersetzen.

Er leide seit Jahren große Qualen, erzählt Humayun. Die Staatsanwaltschaft ermittle gegen ihn und er möchte, dass das Ganze endlich ein Ende finde. Dafür benötige er ihre Hilfe. Er wünsche sich nichts mehr, als dass das Verfahren gegen ihn eingestellt werde.

Die Wahrsagerin gibt sich zuversichtlich, dass sie ihm in dieser Angelegenheit helfen kann. Man vereinbart einen Termin in Humayuns Wohnung.

Anfang Juni ist es so weit. Susan, die Wahrsagerin, besucht Humayun zu Hause. Dieses Mal trägt sie keinen kurzen Rock, sondern ein langes, schwarzes Gewand. Orhan ist mit von der Partie, er übernimmt erneut die Rolle des Übersetzers. Humayun bittet Susan, seinen »Fall« dahingehend zu beeinflussen, dass dieser so schnell wie möglich erledigt sei.

Die Session beginnt. Als Erstes legt die Wahrsagerin für Humayun die Tarot-Karten. Sie wird nachdenklich, als sie sie studiert, meint, es sei nicht einfach, Humayun zu helfen. Denn Susan liest in den Karten, dass sich die Polizei in den nächsten Tagen wieder bei ihm melden wird, um ergänzende Fragen zu stellen. Die Sache ist also noch nicht ausgestanden. Er solle ruhig bleiben, rät Susan ihrem Kunden.

Nach der Session wandelt sie mit einem Topf, gefüllt mit warmem Wasser und Knoblauchzehen, durch die Zimmer, um die Wohnung spirituell zu reinigen und von den bösen Geistern zu befreien. Diese scheinen mächtig zu sein; sie bricht danach beinahe vor Erschöpfung zusammen. Der Schutz, sagt sie, werde nur für etwa eine Woche reichen.

Es dauert nicht lange, bis tatsächlich geschieht, was die Wahrsagerin vorhergesehen hat: Die Polizei ruft an.

Humayun soll zum ersten Mal nach über einem Jahr erneut befragt werden. Doch das ist noch längst nicht alles. Die Wahrsagerin lässt Humayun via Orhan mitteilen, dass ihn die Polizei auf eine bestimmte Stadt oder auf ein bestimmtes Land sowie auf eine Geldüberweisung ansprechen werde.

Genau so geschieht es.

Wieder behält die Wahrsagerin recht: Die Polizei befragt Humayun über seine Reisen nach Bangladesch und zu der Überweisung, die seine verstorbene Frau an ihre Schwester in den USA getätigt hatte. Die übersinnlichen Kräfte der Wahrsagerin sind überwältigend, ihre präzisen Vorhersagen grenzen an ein Wunder.

Der Haken an der Sache ist: Humayun ist der Einzige in dem unlustigen Spiel, der an Wunder glaubt.

*

In der Welt der bitteren Realität ist die Wahrsagerin eine Betrügerin; sie kann nicht in die Zukunft sehen. Dass sie die nächsten Schritte der Ermittler dennoch ganz genau kennt, hat einen einfachen Grund: Auch sie ist eine Polizistin, eine niederländische mit türkischen Wurzeln, die von den Zürcher Kollegen als Undercover-Ermittlerin engagiert worden ist. Genauso wie der Mann, der sich Orhan nennt, der aber nicht Orhan heißt. Er ist kein Diamantenhändler, er hat seinen Sohn nicht in die Türkei entführt, er trägt keinen Scheidungskampf aus und er ist Humayun ganz bestimmt kein guter Freund – er ist ein deutscher Polizist, der für die Zürcher Polizei als verdeckter Ermittler im Einsatz steht. Doch all das ahnt Humayun nicht. Er hegt nicht den geringsten Verdacht.

In der Schweizerischen Strafprozessordnung steht unter dem Abschnitt verdeckte Ermittlung: *Verdeckte Ermittlung liegt vor, wenn Angehörige der Polizei unter Verwendung einer durch Urkunden abgesicherten falschen Identität (Legende) durch täuschendes Verhalten zu Personen Kontakte knüpfen mit dem Ziel, ein Vertrauensverhältnis aufzubauen und in ein kriminelles Umfeld einzudringen, um besonders schwere Straftaten aufzuklären.*

Nach jedem Treffen mit Humayun oder Nadim liefert der verdeckte Ermittler mit dem Tarnnamen Orhan einen Rapport bei seinen Schweizer Kollegen ab. Die Zürcher Polizei hat bewusst nach einem muslimischen Ermittler gesucht, weil sie wusste, dass er so einfacher und näher an die Zielperson herankommt. Sie hat ebenso bewusst eine Polizistin in eine Wahrsagerin verwandelt, weil aufgrund der abgehörten Telefongespräche klar war, dass der Aberglaube Humayuns schwacher Punkt ist. Auch, dass beide verdeckte Ermittler im Ausland leben – Orhan in Deutschland, Susan in den Niederlanden – ist mit Bedacht gewählt: In der kleinen Schweiz wäre die Gefahr zu groß, dass der verdeckte Ermittler im Beisein der Zielperson jemandem begegnet, der ihn kennt, ihn mit richtigem Namen anspricht und dadurch unbeabsichtigt auffliegen lässt.

Achtzehn Monate lang spielt Orhan den guten Freund. Achtzehn Monate lang lügt Orhan Humayun ein falsches Leben vor. Am Ende, wenn alles vorbei sein wird, werden sich Humayun und Orhan über dreißig Mal getroffen haben. So lange hat in der Schweiz wohl noch nie eine verdeckte Ermittlung gedauert. So viel Raffinesse, List und Kreativität haben die Verantwortlichen wohl selten an den Tag gelegt.

*

Als ich als Journalistin das erste Mal von der Aktion »Feuer« hörte, war ich im ersten Moment beeindruckt. Weil die Ermittler in diesem nicht gerade spektakulären Fall – ein bengalischer Ehemann bringt mutmaßlich seine untreue Ehefrau um – nichts unversucht ließen und eine enorme Ausdauer bewiesen, um den möglichen Täter zu überführen. Als die Staatsanwältin Humayun nach sieben Monaten aus der Untersuchungshaft entließ, weil sie keine Beweise hatte, dachten die Ermittler noch lange nicht ans Aufgeben. Keine Idee war ihnen zu abwegig, kein Aufwand zu groß, um diesen Mordfall doch noch zu klären. Damit Nasrins Tod nicht ungesühnt bleibt. Im Namen der Gerechtigkeit.

Das hat mich berührt – gerade, weil das Delikt keine großen Wellen geschlagen und sich nicht lange in den Schlagzeilen gehalten hat. Dass die Ermittler sich so sehr ins Zeug legten, macht deutlich, dass für sie jedes Opfer gleich viel zählt, egal aus welcher Gesellschaftsschicht, aus welchem Land, aus welchem Umfeld es stammt.

Im zweiten Moment aber fragte ich mich: Darf die Polizei das überhaupt? Mit einem Verdächtigen ein derart hinterlistiges Spiel treiben? Was wäre, überlegte ich, wenn Humayun tatsächlich das ist, was er seit dem ersten Moment behauptet, was, wenn er wirklich unschuldig ist? Würde ihm dann nicht eine ungeheuerliche Ungerechtigkeit widerfahren? Aber ich greife vor. Die Geschichte ist auch hier noch lange nicht zu Ende.

*

Wir schreiben August 2015. Die Wahrsagerin Susan hat ein ungutes Gefühl. Sie lässt Humayun über Orhan ausrichten, er werde Probleme bekommen. Bald. Also trifft man sich wieder, erneut zu dritt, dieses Mal in Lausanne in der französischen Schweiz. Humayun ist nervös, ängstlich, er will für sich und seine Söhne erneut Schutz erbitten.

Doch es wird für ihn kein gutes Treffen.

Susan hat sich das schwarze Gewand übergezogen. Sie zündet Kerzen an, legt Fotos von Humayun und seinen Söhnen unter eine mit Wasser gefüllte Schale, in der sich eine Nadel befindet, und beschwört sie gestenreich. Sie prophezeit Humayun, dass sein Leben den Bach runtergehen könnte, dass seine Söhne ihn verlassen würden, dass sie mit Drogen in Kontakt kommen könnten. Drei Stunden dauert die Session, und auf einmal befindet sich noch jemand anderes im Raum: Ein Geist taucht auf, es könnte die Seele der toten Nasrin sein. Das behauptet zumindest Susan, sie will wissen, wie Humayun seine Frau Nasrin genannt hat.

Er nannte sie Poppi.

Susan versucht, mit Poppi in Kontakt zu treten. Und es gelingt. Nasrin, so die Wahrsagerin, wolle sich bei Humayun entschuldigen, für das, was sie ihm angetan habe. Sie liebe ihn noch immer, aber sie sei wütend, dass sie ihre Kinder nicht aufwachsen sehen könne.

Humayun verharrt regungslos. Auch er habe Nasrin sehr geliebt und liebe sie immer noch, sagt er laut.

Susan ist still, lauscht. Gibt weiter, was der Geist ihr sagt: Nasrin weiß, wer für ihren Tod verantwortlich ist.

Auf einmal ist es Humayun, der zu erzählen beginnt; dass sie gemeinsam auf Mallorca waren, dass Nasrin am Morgen nach der Rückkehr ermordet wurde, während er geschlafen hat, dass er erst von der Polizei und aus der Zeitung erfahren hat, was geschehen ist. Und dass er glaubt, die Frau von Nasrins Liebhaber stecke hinter dem Mord. Denn die ist Brasilianerin. »Und das sind gefährliche Menschen.«

Doch all das lässt Susan nicht gelten. Nasrins Geist lüge nicht. Sie gebe nur weiter, was der Geist ihr sage, und sie spüre, dass er böse werde. Denn er könne so keine Ruhe finden. Nasrins Geist habe Humayun ein Zeichen geschickt. Ein Blutzeichen. Ob er es nicht erhalten habe?

»Nein«, sagt Humayun. Er denkt nach, doch es fällt ihm nichts ein.

Die Wahrsagerin hält inne. »Ich sehe eine Pistole.« Nasrins Geist zeige ihr, was wirklich geschehen sei an dem verhängnisvollen Tag, dem letzten ihres Lebens.

»Der Geist soll mich in Frieden lassen. Ich übernehme die Verantwortung«, sagt Humayun. Erneut bittet er die Wahrsagerin darum, ihn und seine Söhne zu schützen.

Es ist offensichtlich, dass Humayun für die Wahrsagerin ein schwieriger Fall ist. Sie erklärt ihm, sie könne ihm für maximal eine weitere Woche Schutz gewähren, doch dafür müsse er seinen Teil beitragen. Sie werde Kichererbsen vorbereiten und mit einem Gebet belegen, die werde sie ihm zukommen lassen. Die Erbsen solle Orhan an den richtigen Orten verteilen, Humayun müsse mitmachen, weil sonst der Schutz nicht wirke.

Während drinnen der Geist einer Toten beschworen wird, schleicht draußen auf dem Parkplatz ein Polizist um die Autos. Er entdeckt Orhans Wagen und hält inne. Als er sicher ist, dass ihn niemand beobachtet, drückt er seine rot eingefärbte Hand auf die Beifahrertür. Genau so, wie er es schon früher einmal getan hat. Damals hat Humayun die Farbkleckse einfach weggewischt. Vielleicht ein Lausbubenstreich, hatte er sich gedacht, und sich nicht weiter darüber den Kopf zerbrochen.

Drinnen neigt sich die Session dem Ende zu. Zum Schluss zündet die Wahrsagerin Susan ein Papier an, das sich wie von Zauberhand in Luft auflöst – ein Scherzartikel aus dem Spielzeugladen, doch Humayun glaubt, es sei Magie. Beeindruckt verabschiedet er sich.

Als er kurz darauf in Orhans Auto steigen will, erstarrt er. An der Beifahrertür erkennt er eine rote Hand. Ein Blutzeichen des Geistes! Er zeigt Orhan den Handabdruck, und dann fällt ihm ein, dass er einen solchen schon mal gesehen hat, auf seinem eigenen Wagen. Die seltsamen Flecken waren kein Lausbubenstreich, das realisiert er jetzt, sondern Zeichen, die ihm seine tote Frau geschickt hat.

Humayun muss dies unbedingt der Wahrsagerin erzählen. Sie kehren zu ihrer Wohnung zurück und sie lässt sich von Humayun den Handabdruck zeigen. Für sie ist es ein klarer Fall; das ist das Zeichen. Humayun beginnt zu beten. Mit ungutem Gefühl und großen Sorgen machen sich die beiden Männer Orhan und Humayun auf den Nachhauseweg.

Im Wagen schweigen sie eine Weile. Humayun beginnt, Gebete vor sich hin zu murmeln. Er fasst Orhan am Arm. Plötzlich ergreift er dessen Handy, schaut es sich genau an, gibt es ihm zurück. Orhan legt es gut sichtbar in die Ablage.

»Was soll ich tun?«, fragt Humayun.

»Du musst dich befreien«, rät Orhan.

»Freiheit oder Gefängnis«, sagt Humayun. Er zögert einen Moment. »Bist du sicher, dass die Wahrsagerin keine Polizistin ist?«

Orhan lacht. Unmöglich! Die Wahrsagerin habe sehr spezielle Kunden – die sie kaum hätte, wenn sie Polizistin wäre. Er wischt Humayuns Verdacht weg und fragt ihn, ob er ihm denn nicht vertraue.

»Doch, ich vertraue dir.«

Und dann, so schildert es der falsche Freund später in seinem Rapport, erklärt Humayun: »Ich nehme die Schuld auf mich. Ich bin verantwortlich.«

*

Das Schweizerische Bundesgericht schrieb am 21. März 2017 in einem Urteil zu einem anderen Fall: *Die verdeckte Ermittlung darf nicht zu einer Umgehung des Aussageverweigerungsrechts führen. Eine solche Umgehung liegt vor, wenn der verdeckte Ermittler unter Ausnützung des geschaffenen Vertrauensverhältnisses in einer vernehmungsähnlichen Weise dem Beschuldigten Fragen unterbreitet, die diesem bei der Einvernahme gestellt wurden oder hätten gestellt werden sollen, und ihn zur Aussage drängt.*

*

Am nächsten Tag. Orhan und Humayun treffen sich in Zürich-Oerlikon in einem Schnellimbiss.

»Orhan, ich habe nachgedacht«, sagt Humayun, kaum sitzen sie gemeinsam an einem Tisch. »Ich will jetzt Ruhe haben. Ich war es. Ich habe es alleine gemacht, kein Killer.«

So erzählt es später der verdeckte Ermittler, von dem Humayun noch immer meint, er sei sein Freund. Sein Bruder.

Orhan blickt sich erschrocken im Lokal um. Er ermahnt Humayun, leise zu sein, es sind noch andere Gäste da.

»Ich habe es alleine gemacht«, wiederholt der unbeeindruckt. »Ich will nur noch Schutz für mich und meine Kinder.« Er bittet Orhan, die Wahrsagerin anzurufen und ihr das mitzuteilen.

Nach dem Telefongespräch sagt Orhan, er fahre sofort nach Lausanne, um die schützenden Kichererbsen abzuholen, sodass sie noch heute Abend das Ritual zu Humayuns Schutz abhalten könnten.

Ein paar Stunden später ist Orhan von seinem angeblichen Besuch bei der falschen Wahrsagerin zurück. Er übergibt Humayun sechs Räucherstäbchen – jede Nacht Punkt Mitternacht müsse er eines anzünden. Er steckt ihm auch einen gefalteten Zettel zu – den solle er ebenfalls um Mitternacht verbrennen. Schließlich zeigt er ihm das Säckchen mit den magischen, mit Wachs präparierten Kichererbsen, die Humayun nicht berühren darf. Die Wahrsagerin hat ihnen aufgetragen, die Erbsen überall dorthin zu legen, wo etwas geschehen ist. Zwei Erbsen tragen eine spezielle Markierung. Die erste Erbse sollen sie an der Stelle deponieren, wo die Pistole gekauft worden ist, die zweite dort, wo sie nach der Tat versteckt wurde.

Orhan fährt Humayun in seine Straße, die zugleich der Tatort ist. Er klaubt eine der zwei besonderen Erbsen aus dem Säckchen und fragt, wo die Pistole entsorgt worden sei. Humayun weist auf einen Busch, der zwischen dem Tatort und seiner Wohnung liegt. Er habe die Waffe nicht vergraben, sondern sie nur in das Gebüsch geworfen. Danach sei er direkt nach Hause gerannt. Orhan drückt die markierte Erbse neben dem Busch in die Erde. Eine Handvoll weiterer Erbsen verteilt Orhan unter Humayuns Anleitung zwischen dem Busch und dem Gehsteig, wo Nasrin gestorben ist. Wo genau er auf seine Frau geschossen habe, fragt Orhan. Humayun zeigt ihm die Stelle, tritt ein paar Schritte zurück und weist Orhan an, er solle hier gleich mehrere Erbsen hinlegen. Als sie verteilt sind, will Orhan von Humayun wissen, wo er die Waffe nach dem Kauf gelagert hatte.

»Im Keller.« Er werde es ihm zeigen.

Gemeinsam steigen die beiden Männer die Kellertreppe hinab. Auf einem Regal steht eine Kartonschachtel, in der die Waffe vor der Tat gelegen haben soll. Orhan legt eine Erbse hinein.

Es ist nur noch eine weitere übrig, die zweite mit der speziellen Markierung. Humayun und Orhan setzen sich erneut ins Auto. Sie fahren ins Stadtzentrum an die Langstrasse, das Ausgehviertel Zürichs. Sie parken den Wagen, steigen aus, nur wenige Schritte sind es bis zum Ziel. Humayun weist Orhan an, die Erbse vor *Jeanettes Bar* auf den Boden zu legen – dort habe er die Waffe von einem Unbekannten gekauft. Für 1200 Franken.

Auf dem Nachhauseweg sind beide eine Weile still. Bis Orhan das Schweigen bricht.

»Hat deine Frau noch etwas gesagt, bevor sie starb?«

»Zu schnell. Keine Chance, gleich Tschak Tschak Tschak Tschak, sie konnte nichts sagen«, erzählt Humayun. »Inschallah, jetzt wird alles gut.«

Er ist sicher, dass er und seine Söhne nun unter Schutz stehen und ihnen nichts mehr passieren kann.

Eine Woche später wird Humayun von der Polizei zur Einvernahme vorgeladen und erneut verhaftet. Dort erfährt er, wer sein guter Freund und Bruder wirklich ist: ein Polizist.

*

»Er war ein Freund von mir. Ich wusste nicht, dass er ein Polizist ist«, sagt Humayun R., als er vor dem Richter steht.

Er scheint es noch immer kaum glauben zu können, dass Orhan nicht der ist, der er vorgab zu sein. Er spricht, als ob er seinen Freund, der nie sein Freund war, noch immer vermisst.

»Sie haben damals dem verdeckten Ermittler gesagt: ›Ich bin verantwortlich, ich habe es alleine gemacht. Es war kein Killer.‹ Also haben Sie zugegeben, Ihre Frau umgebracht zu haben«, stellt Richter Sebastian Aeppli fest.

»Nein. Ich habe nichts getan. Ich habe das nur gesagt, weil Orhan mich unter Druck gesetzt hat. Er meinte, ich müsse das machen, sonst würden meine Kinder leiden und Drogen nehmen.«

»Der Staatsanwältin haben Sie bei der Einvernahme aber etwas ganz anderes erzählt. Da haben Sie kein Wort darüber verloren, dass Sie unter Druck gesetzt worden sein sollen. Stattdessen erklärten Sie, Sie hätten vor Orhan geblufft. Sie wollten ›Eier zeigen‹ und beweisen, dass Sie ein ›starker Mann‹ seien – darum hätten Sie Orhan erklärt, dass Sie Nasrin getötet haben.«

»Orhan hat mir gesagt, er könne für 40 000 Franken einen Killer der Mafia engagieren. Er hat Druck gemacht, und ich habe geblufft. Das war in Lausanne, nicht während der Rückfahrt.«

»Auf dieser Autofahrt sollen Sie den verdeckten Ermittler gefragt haben, ob die Wahrsagerin eine Polizistin sei. Er sagt, Sie hätten auch sein Handy kontrolliert. Das passt nicht zu Ihrer Aussage, dass er Sie unter Druck gesetzt haben soll oder dass Sie bluffen wollten.«

»Daran kann ich mich nicht erinnern.«

»Sie haben ihn also nicht gefragt, ob die Wahrsagerin eine Polizistin sein könnte?«

»Nein, das ist falsch.«

Humayuns Version sieht in vielen Punkten ganz anders aus als jene des verdeckten Ermittlers. Die Erzählungen stimmen nur überein, wenn es um ihre vermeintliche Freundschaft, um die Diamantenlieferungen, um gemeinsame Ausflüge, die Treffen in Nadims Laden geht. Doch sobald die Wahrsagerin ins Spiel kommt, will Humayun die Besuche ganz anders erlebt und vieles nicht gesagt haben.

Zum Beispiel die Sache mit den Kichererbsen. Das habe sich anders abgespielt, behauptet Humayun. Orhan habe die Erbsen rund um den Tatort verteilt, weil die Wahrsagerin das vorgegeben habe. Er, Humayun, habe aufgrund der Tatortfotos gewusst, wo Nasrins Leiche gelegen hatte. Die Aussage zur Waffe im Gebüsch will er erfunden haben. Hätte er die Waffe wirklich dort versteckt, hätte sie ja wohl jemand gefunden. Und die Erbse in der Kiste im Keller? Humayun bestreitet, in den Keller hinabgestiegen zu sein. Jemand, vermutlich Orhan, müsse die Erbse dort versteckt haben, er habe ihn nämlich nach dem Keller gefragt. An die Langstrasse seien sie anschließend nur gefahren, um etwas trinken zu gehen, nicht um eine Erbse zu deponieren.

»Ich habe mit der Tötung meiner Frau nichts zu tun«, beteuert Humayun immer wieder.

*

»Humayun R. ist im Sinne der Anklage des Mordes schuldig zu sprechen und zu einer Freiheitsstrafe von sechzehn Jahren zu verurteilen.« Mit diesen Anträgen beginnt die Staatsanwältin Françoise Stadelmann ihr Plädoyer. Für sie gibt es keinen Zweifel, dass Humayun R. am 19. Oktober 2009 um 5.30 Uhr seine damals einundvierzigjährige Frau Nasrin R. erschossen hat. Auch das Motiv ist für sie klar: »Er war zerfressen vor Eifersucht und fühlte sich erniedrigt.«

Die Staatsanwältin räumt zwar ein, dass sie keinen Sachbeweis in der Hand hat – dafür aber etliche Indizien, die ein klares Bild ergeben würden. Die Aussagen aus den abgehörten Gesprächen, die Einträge in seinem Notizbuch … allein aufgrund dieser Indizien könne jeder Zweifel an Humayuns Schuld ausgeschlossen werden. Trotzdem habe sie sich zusätzlich entschieden, Zwangsmaßnahmen zu ergreifen und zwei verdeckte

Ermittler einzusetzen. Mit Erfolg: »Nach über eineinhalb Jahren ist es den verdeckten Ermittlern gelungen, den schweren Verdacht vollends zu erhärten.« Es möge seltsam anmuten, dass sich Humayun R. auf den Hokuspokus eingelassen habe. »Die verdeckten Ermittler haben seinen Aberglauben ausgenutzt und ihn exakt an diesem Punkt abgeholt.« Man könne sich fragen, ob der Einsatz fair gewesen sei. Doch genau so sei es im Rechtsstaat vorgesehen: Ein verdeckter Ermittler dürfe sich das Vertrauen eines Beschuldigten erschleichen und ausnutzen, um eine schwere Straftat aufzuklären. Das sei hier geschehen.

»Unser Vorgehen ist gesetzlich gegeben«, sagt Stadelmann. Von einer Drucksituation könne keine Rede sein. »Orhan hat sich ihm nie aufgedrängt, er hat nie zu ihm gesagt, dass seine Kinder in Gefahr seien, der Beschuldigte ist nie dazu gedrängt worden, ein Geständnis abzulegen. Sein Geständnis war eine kontrollierte Handlung und erfolgte aus freien Stücken.«

»Humayun R. wurde mit Tricks, Drohungen und Täuschungen dazu gebracht zu sagen, er habe seine Frau erschossen«, hält dessen Verteidiger Andreas Leuch in seinem Plädoyer entgegen. »Humayun R. ist hinterhältig und absolut illegal in ein falsches Geständnis hineinmanipuliert worden.« Er habe etwas gestanden, das er nicht getan habe, um sich und seine Kinder zu schützen, weil die Wahrsagerin eine Gefahr vorgetäuscht habe, die nicht vorhanden war. »Humayun hatte Angst um sich und seine Kinder – diese Angst haben die verdeckten Ermittler geschürt, indem sie behaupteten, ein Geist befinde sich in der Wohnung, und dieser Geist sei böse geworden.« Aufgrund seines Aberglaubens habe Humayun den Geist als reale Bedrohung wahrgenommen. Von einer spontanen, unaufgeforderten Aussage könne keine Rede sein. Für Leuch ist offensichtlich, dass Humayun unter Druck gesetzt worden ist.

»Diese Geschichte hier«, sagt er, »erinnert mich eher an Polanskis Film *Rosemaries Baby* als an eine polizeiliche Ermittlung. Diese Vorgehensweise tritt den Rechtsstaat mit Füßen und ist meilenweit von einer juristischen Verwertbarkeit entfernt.«

Das Geständnis sei nicht nur falsch, sondern auch unglaubwürdig. Leuch führt als Beispiel die Waffe an, die angeblich in einen Busch neben den Tatort geworfen wurde – die aber nie gefunden worden ist, obwohl siebzig Beamte vier Stunden lang die Umgebung des Tatorts danach abgesucht haben. »Das kann also nicht stimmen.«

Für Rechtsanwalt Leuch ist Humayun R. ein unschuldiger, harmloser, älterer Herr, der sein Bestes gibt, um seinen Söhnen ein guter Vater zu sein. Er fordert für seinen Klienten einen Freispruch und fast 850 000 Franken Entschädigung und Genugtuung für die fünfzehn Monate, die er insgesamt in Untersuchungshaft gesessen hat, für die zweiundzwanzig Monate und neunzehn Tage, die seine Kinder im Heim verbracht haben, und für die lange Zeit der Arbeitslosigkeit während des Verfahrens.

»In dieser Ermittlung wurde jeder Stein drei Mal umgedreht – und kein einziger Beweis wurde gefunden. Darum gibt es nur einen Schluss: Humayun R. ist es nicht gewesen, er ist unschuldig.«

*

Am 23. August 2018 spricht Richter Sebastian Aeppli sein Urteil. Das Geständnis, das Humayun R. gegenüber dem verdeckten Ermittler abgelegt hat, lässt er nicht gelten. Es sei nicht verwertbar, weil es unter Druck entstanden sei. Die verdeckten Ermittler hätten die Angst des Mannes vor Geistern ausgenutzt und ihn damit dazu gebracht zu gestehen.

»Sie haben mit ihrem Vorgehen das Gebot eines fairen Verfahrens verletzt.«

Obwohl Richter Aeppli das Geständnis nicht anerkennt, spricht er den Angeklagten schuldig des Mordes an seiner Frau Nasrin. Er erachtet es aufgrund der Indizien als erwiesen, dass Humayun R. seine Frau erschossen hat. Eifersucht sei sein Motiv gewesen.

Sebastian Aeppli verurteilt Humayun zu vierzehn Jahren Freiheitsstrafe, wegen der langen Verfahrensdauer zwei Jahre weniger, als von der Staatsanwältin gefordert. Auch auf einen weiteren Antrag der Staatsanwältin geht Aeppli nicht ein: Humayun R. wird nicht auf der Stelle verhaftet und in eine Zelle gebracht. Denn sein Verteidiger hat bereits Berufung angemeldet, das heißt, es geht in eine zweite Runde vor der nächsthöheren Instanz.

September 2020. Der Prozess vor dem Zürcher Obergericht zwei Jahre nach dem ersten Urteil bringt eine

Wende. Der vorsitzende Richter Rolf Naef geht mit Richter Aeppli einig, dass das Geständnis Humayun R.s gegenüber dem verdeckten Ermittler mit dem falschen Namen Orhan nicht verwertet werden darf.

»Eine Wahrsagerin zu engagieren, ist zwar originell«, sagt Rolf Naef, »aber rechtsstaatlich höchst fraglich.« Die beiden verdeckten Ermittler seien zu weit gegangen. »Sie haben den Beschuldigten bewusst getäuscht, das Maß der Einwirkung wurde bei Weitem überschritten.« Das Vorgehen sei eines Rechtsstaates unwürdig.

Darum werden beim Prozess vor dem Obergericht keine Fragen zu den Resultaten der verdeckten Ermittlungen zugelassen. Und ohne diese Resultate kommt das Gericht unter dem Vorsitz von Rolf Naef zu einem anderen Urteil als die Vorinstanz.

»Vermutungen und Wahrscheinlichkeiten reichen für einen Schuldspruch nicht aus«, erklärt er. Die Tatwaffe sei nicht gefunden worden, obwohl die Polizei innerhalb von Minuten vor Ort war und die Umgebung absuchte. »Das spricht eher für eine Dritttäterschaft, ein Auftragsmord kann nicht ausgeschlossen werden.« Auch dass beim Beschuldigten nicht mehr Schmauchspurpartikel gefunden worden seien, spreche gegen ihn als Täter, ebenso wie der Tatort direkt vor der eigenen Haustür.

Trotzdem glaubt auch Naef nicht an Humayuns Unschuld. »Der Beschuldigte hat mit großer Wahrscheinlichkeit etwas mit dem Mord zu tun, aber es fehlen die Beweise. Die Indizienkette ist zu dünn für eine Verurteilung.« Darum spricht der Richter Humayun R. in dubio pro reo – im Zweifel für den Angeklagten – vollumfänglich frei. Humayun erhält 660 000 Franken Schadenersatz und 150 000 Franken Schmerzensgeld.

So könnte die Geschichte elf Jahre nach dem Mord an Nasrin R. enden. Doch das tut sie nicht.

*

Die Staatsanwaltschaft hat im Frühjahr 2021 gegen das Urteil des Zürcher Obergerichts Beschwerde eingereicht. Jetzt muss das höchste Gericht der Schweiz entscheiden. Wann das Bundesgericht sich mit dem Tötungsdelikt an Nasrin R. befassen wird, ist offen. Falls es die Beschwerde ablehnt, bleibt Humayun ein freier Mann. Falls es die Beschwerde gutheißt, kann es den Fall zurück ans Obergericht weisen, das erneut über Humayuns Schuld oder Unschuld verhandeln muss.

Das also ist die Geschichte, die sich um eine arrangierte Ehe dreht und um eine verbotene Liebe, die im Tod endete. Um einen Supercoup der Polizei, die mit immenser Ausdauer jahrelang ermittelte und mit kreativer List schließlich doch noch ein Geständnis erwirkte, das letztlich aber womöglich unbrauchbar bleibt. Es ist die Geschichte einer als Polizistin verkleideten Wahrsagerin, eines falschen Freundes und eines abergläubischen Mordverdächtigen, der den Verdacht nie von sich abwenden konnte. Die Geschichte von zwei Söhnen auch, die ihre Mutter verloren haben und die um ihren Vater kämpften, an dessen Unschuld sie bis heute glauben.

Neununddreißig Bundesordner füllen die Akten im Fall Nasrin R. Sieben Personen hat die Polizei im Verlauf des Verfahrens verhaftet und wieder freigelassen. Zweihundertfünfzig Menschen hat sie als Zeugen oder Auskunftspersonen befragt, etliche Rechtshilfegesuche in verschiedenen Ländern auf mehreren Kontinenten gestellt, Hunderte Telefongespräche abgehört und übersetzt. Knapp vierzig Mal wurde Humayun von der Polizei und der Staatsanwältin einvernommen. Über 1,6 Millionen Franken hat das Verfahren bis heute gekostet. Zu Schadenersatz und Schmerzensgeld von fast 800 000 Franken für Humayun R. addiert sich noch einmal dieselbe Summe für polizeiliche Untersuchungen, Expertisen, Gerichtsgebühren, Anwaltshonorare et cetera.

Humayun R. ist mittlerweile sechsundsechzig Jahre alt.

»Ich bin ein kranker Mensch, ich habe Diabetes, Bluthochdruck, Prostataprobleme, und ich brauche eine Sauerstoffmaske beim Schlafen«, sagte er, als er letztmals vor Gericht stand. »So ist mein Leben.«

Am Schluss bleibt die alles entscheidende Frage, wie weit die Polizei gehen darf, um einen mutmaßlichen Mörder zu überführen. Ich kann keine Antwort liefern. Es obliegt dem höchsten Gericht in der Schweiz, das zu entscheiden. Und wie so oft in meiner Funktion als

Gerichtsreporterin bin ich auch in diesem Fall froh, dass ich einzig berichten und nicht richten muss. Ich beneide keinen Richter. Denn die Entscheide, die er fällen muss, verändern immer Leben.

Das letzte Kapitel dieser Geschichte ist noch nicht geschrieben. Ganz egal, wie es ausgehen mag – es ist zu viel Zeit vergangen. Ein Verfahren, das über zwölf Jahre dauert, ein Verdacht, der die ganze Zeit über jemandem schwebt, verhindert ein normales Leben.

Bis das letzte Urteil gefällt ist, gilt für Humayun R. die Unschuldsvermutung und der Mordfall an Nasrin R. als ungeklärt – und je nach Ausgang darüber hinaus.

Bonnie und Clyde aus dem Dorf

Ihre Augen sind auf den Boden gerichtet. Corine und Thomas versuchen, sich nicht anzublicken. Das, was sie mal verbunden hat, ist weg. Keine Liebe mehr. Aber auch kein Hass, auf jeden Fall ist keiner spürbar.

Ihre Gesichter sind von unauffälliger Durchschnittlichkeit, Allerweltsgesichter, die man gleich wieder vergisst, wenn man sie einmal gesehen hat. Nur ihre Blässe fällt mir auf, sie verrät, dass die beiden die Sonne nicht oft auf der Haut gespürt haben in den letzten Monaten.

Sie trägt ihr Haar lang und blond und zusammengebunden, er seines dunkel und kurz und streng zurückgekämmt. Beide strahlen diese einfache Biederkeit aus, die manch einem anhaftet, der ein unaufgeregtes Leben führt.

Der Eindruck täuscht. Das Ehepaar, Jahrgang 1989 und 1990, sitzt in einem Gerichtssaal im zürcherischen Bülach, angeklagt des zweifachen Mordes und zahlreicher weiterer Delikte. Achtundvierzig Seiten umfasst die Anklageschrift. Sie liest sich wie eine wild zusammenfabulierte Räubergeschichte mit brutalem Ausgang. Oder wie ein billiger Abklatsch des Drehbuchs von *Fargo*.

Drei Gedanken drängen sich mir bei der furchtbaren Lektüre in den Kopf: Wie sinnlos diese Morde waren!

Wie dilettantisch, wahnsinnig, dumm! Und dann: Wie nur hat es so weit kommen können?

*

Alles hätte gut sein können. Das war es eine Zeitlang auch, zumindest dem Anschein nach. Sie ist neunzehn, als sie ihn heiratet. Er zwanzig. Corine und Thomas sind verliebt, sie ziehen zusammen, sie kriegen zwei Kinder, zwei Mädchen. Als kleine Familie leben sie in einem kleinen Häuschen neben einem Bauernhaus im beschaulichen Utzigen im Berner Mittelland. Ein Ort mitten in der Schweiz, er zählt keine fünftausend Einwohner, hundertachtundvierzig Bauernhöfe, ein Altersheim. Das einzige Restaurant *Zum durstigen Bruder* ist seit ein paar Jahren geschlossen.

Das Zuhause von Corine und Thomas sieht aus wie das Sujet eines Wandkalenders, der Ende des Jahres von der Bäckerei zu jedem Brot gratis mitgegeben wird: rundherum Dorfidylle und Wald und grüne Hügel. Selbst der Schäferhund fehlt nicht in der Bilderbuchfamilie. Thomas hat viele Pläne. Er will sein eigener Chef sein, er will viel Geld verdienen, er macht sich selbstständig: ein Transportunternehmen. Der Start ist harzig, damit haben sie gerechnet, ein Verlustgeschäft in den ersten Jahren, auch das war ihnen klar. Corine kümmert sich um die »Milchbüchleinrechnung«, wie Thomas es nennt, er meint damit die Buchhaltung, die eher amateurhaft als professionell geführt wird. Nach dem schwierigen Start wird es nicht einfacher. Die Zahlen bleiben rot. Die Schulden wachsen.

»Die Ehe mit einem Chauffeur ist nicht gerade einfach. Sie hat sehr viel für mich gemacht und ist immer zu mir gestanden«, sagt Thomas über Corine.

»Wir waren zehn Jahre zusammen und haben viel zusammen durchgemacht. Es war immer ein Auf und Ab. Aber im letzten Jahr haben wir uns verloren«, sagt Corine über sich und Thomas.

»Wir haben uns nicht oft gestritten, aber wir sind beide temperamentvoll. Wir haben die Dinge angesprochen, wenn etwas im Raum stand, es war nicht so, dass es plötzlich einen großen Knall gab«, erzählt Thomas.

»Wir haben nicht mehr miteinander reden können. Es hat jedes Mal Streit gegeben, wenn ich ihn darauf hinwies, dass unsere finanziellen Probleme immer größer wurden. Ich hatte kein eigenes Einkommen und war von ihm abhängig. Er war dominant, es musste alles nach seinem Willen geschehen«, erzählt Corine.

»Ich habe das nicht so empfunden. Wenn sie das so sagt, dann muss sie das so empfunden haben, aber aus meiner Sicht war das nicht so«, sagt er.

»Wir wirkten nach außen wie ein erfolgreiches Transportunternehmen und ein glückliches Ehepaar, dabei sind wir in Wirklichkeit in Schulden ersoffen, und ich bin fremdgegangen.«

Wenn Corine spricht, klingt ihre Stimme dünn, ein Faden in der Luft, kaum hörbar.

*

Meist wird man nicht von einem Tag auf den anderen zum Mörder. Auch nicht in diesem Fall. Noch stehen wir am Anfang der irreal anmutenden Geschichte. Noch ist die Welt nicht ganz aus den Fugen geraten. Noch geht es für Thomas und Corine einzig darum, finanziell auf einen grünen Zweig zu kommen.

»Angefangen hat es mit Krediten, die wir nicht mehr zurückzahlen konnten. Am Anfang haben wir beide gearbeitet und hatten zwei Einkommen. Dann kamen die Kinder, und ich gab meinen Job auf. Trotzdem haben wir auf dem gleichen Standard weitergelebt wie zuvor. Das ist natürlich nicht aufgegangen. Irgendwann ist mir das alles über den Kopf gewachsen«, erzählt Corine.

Redet Corine von ihrem Mann, sagt sie Herr K. Spricht er über sie, nennt er sie Frau K. Als hätten sie nicht nur sich, sondern auch ihre Vornamen verloren.

»Ich habe gar nicht mehr richtig mitgekriegt, was finanziell alles lief. Frau K. hat mich zwar darauf angesprochen, aber das interessierte mich nicht, ich wollte es schönreden, die Verantwortung nicht tragen. Wir mussten das Geld zurückzahlen, obwohl wir kein Geld hatten. Es war ein Teufelskreis, aus dem wir nicht mehr rauskamen.«

Darum, sagt Thomas, habe er sich nach einer gewissen Zeit auf »die Kriminalitäten« eingelassen.

Thomas fängt als Krimineller klein an. Es ist Frühling 2013, ein kalter Märztag, als er mit Gewalt das eigene Küchenfenster aufwuchtet.

»Das war unser allererstes Delikt«, erzählt Corine. »Er hat einen Einbruch simuliert, die Polizei gerufen und der Versicherung den Schaden gemeldet. Ich hatte keinen Schmuck und keine wertvollen Sachen, aber wir haben einfach alles angegeben und geschaut, ob es funktioniert.«

Es funktioniert. Auf der Schadensmeldung an die Versicherung führen Corine und Thomas auf, dass ihnen eine Pistole, ein Vakuumierer, ein PC, ein iPad mit Zubehör, eine Uhr, drei Sparschweine, Bargeld, Briefmarken und ein Tresor gestohlen worden seien. Schadenssumme: 7672.90 Franken. Die Versicherung bezahlt den gesamten Betrag. Für Corine und Thomas ist es leicht verdientes Geld, das sie bitter nötig haben. Doch es genügt nicht.

Gut zwei Jahre später versucht Thomas es erneut. Sein zweites Delikt begeht er gemeinsam mit einem Freund.

»Ich lernte Markus während meiner Ausbildung kennen, wir arbeiteten am gleichen Ort. Aus meiner Sicht waren wir sehr eng befreundet. Ich habe ihm auch Persönliches anvertraut, zum Beispiel wenn ich Probleme hatte in der Ehe«, berichtet Thomas.

Markus ist ein arbeitsloser Automechaniker. Bei sich zu Hause in Recherswil bastelt er privat hin und wieder an Wagen herum und bezieht daneben Arbeitslosengeld. Er hat eine Frau, ein kleines Kind, sie leben in einem Einfamilienhaus mit vier Zimmern. Das gemeinsame Einkommen reicht knapp, Ende des Monats steht der Kontostand auf null. Die Familie lebt von der Hand in den Mund.

Wer von den beiden Freunden die Idee hat, ist unklar, aber plötzlich ist sie da in ihren Köpfen, und sie geht nicht mehr weg. Markus hat einen Lieferwagen geleast. Er will vorzeitig aus dem Vertrag rauskommen, und vielleicht lässt sich gleichzeitig noch etwas Kohle machen. Thomas und Markus verkaufen den Lieferwagen, der ihnen gar nicht gehört, nach Serbien. In der Schweiz meldet Markus den Wagen als gestohlen, ebenso einen Laptop und Navigationsgeräte im Wert von 1953 Franken, die sich angeblich im Wagen befunden haben. Thomas tritt als Zeuge auf, der gegenüber der Versicherung den Diebstahl beschreibt.

Die beiden wirken wenig überzeugend. Wegen »zahlreicher Ungereimtheiten« weigert sich die Versicherung zu bezahlen.

Ein Scheitern.

Doch Thomas braucht Geld. Dringend. Also versucht er es wieder, dieses Mal auf andere Art und Weise. Auf der Webseite www.swisstruck.ch stößt Thomas auf ein Inserat; ein Lastwagen der Marke Volvo für 16 400 Franken. Er trifft sich mit dem Besitzer und unternimmt eine Probefahrt. Mündlich schließen die beiden einen Kaufvertrag ab; Thomas will bar bezahlen, sobald er den auf seinen Namen überschriebenen Lastwagen abholt.

Als er tags darauf den LKW holen geht, hat er das Geld nicht dabei. Er behauptet, er habe nicht so viel Bargeld mit sich führen wollen, weil er mit dem Zug angereist sei. Er werde den Betrag aber sofort überweisen, sobald er wieder zu Hause sei. Der Besitzer hat sich im Voraus bei einem Kollegen erkundigt, der mit Thomas Geschäfte gemacht hat. Thomas scheint zahlungsfähig zu sein. Darum übergibt er ihm vertrauensvoll den Lastwagenschlüssel.

Ein Fehler.

Thomas hat nicht vor, den Kaufpreis jemals zu bezahlen. Als der rechtmäßige Lastwagenbesitzer bei Thomas das Geld eintreiben will, wehrt sich dieser mit juristischen Mitteln. Er behauptet, er habe sehr wohl bezahlt. Im nächsten Schritt müsste der Streit um den gestohlenen Lastwagen vor Gericht ausgehandelt werden – doch da der Besitzer eine Sicherheitsleistung entrichten müsste, sieht er davon ab. Thomas' Plan geht auf. Er hat einen Lastwagen gekriegt, ohne ihn zu bezahlen.

Wenige Monate später wollen Thomas und Corine mit Hilfe von Markus den VW-Passat als gestohlen melden, den sie selber benutzen, der aber eigentlich Thomas' Mutter gehört. Wieder ein Versicherungsbetrug. Sie stellen es sich einfach vor, aber es stellt sich als schwieriger heraus als gedacht. Thomas fährt den Wagen nach Murg in Deutschland, versteckt ihn in einem Lagerschuppen und meldet ihn bei der Polizeistelle in Müllheim als gestohlen. Zurück zu Hause gibt er den Diebstahl bei der Versicherung an. Doch die ist skeptisch und zieht den Wagenschlüssel ein. Markus und Thomas fahren zurück nach Deutschland. Obwohl Markus ein neues Zündschloss einbaut, wagt es Thomas nicht mehr, den Wagen zu benutzen. Darum stecken sie den VW-Passat im deutschen Laufenburg in Brand.

Der Wagen ist weg – und die Versicherung zahlt den gemeldeten Schaden von 10 300 Franken nicht: »Aufgrund zahlreicher Ungereimtheiten und des damit einhergehenden Verdachts des Versicherungsbetrugs.«

Doch Thomas gibt nicht auf. Das nächste Mal betrügt er einen LKW-Fahrer um mehrere zehntausend Franken, dem er eine Anstellung verspricht. Er zahlt Schulden nicht zurück, versucht sich überall ums Zahlen zu drücken. Als gar nichts mehr geht, sucht sich Thomas wieder eine Anstellung. Doch auch das tut er nicht, ohne zu betrügen: Er fälscht Arbeits- und Lehrabgangszeugnisse, um sich einen Job als Fahrer zu erschleichen. Die Stelle erhält er trotzdem nicht; er verpasst den Termin für den Probearbeitstag.

Zwei Monate später wird Thomas zum Mörder.

*

Auszug aus der Anklageschrift:

Zu einem nicht genau bekannten Zeitpunkt zwischen dem 25.4.2016 und dem 27.4.2016 kamen Thomas K., Markus N. und Corine K. überein, Dzemal K. unter einem Vorwand an den Wohnort von Thomas K. zu locken. Diesen Plan fassten die Beschuldigten, weil Thomas K. bei Dzemal K. Geld und Waren – womit gemäß Angabe der Beschuldigten Drogen (Marihuana) gemeint sind – eintreiben wollte, da Thomas K. und Corine K. der Ansicht waren, dass Dzemal K. im Rah-

men seiner Tätigkeit im Drogenhandel Bargeld in Höhe von zirka 40 000 Franken und Drogen in einer unbekannten Menge unterschlagen hatte, die eigentlich Thomas K. und Corine K. zugestanden hätten. Thomas K., Markus N. und Corine K. kamen dabei überein, dass Markus N. gegenüber Dzemal K. bewusst wahrheitswidrig vortäuschen würde, dass er dessen nicht mehr fahrfähiges Fahrzeug BMW M3 in eine Autogarage transportieren würde. Thomas K. hatte dabei den Plan gefasst, Dzemal K. an seinem Wohnort in einem Hinterhalt aufzulauern, ihn zu überwältigen, zu fesseln, ihn gefangen zu halten und ihn auf diese Weise dazu zu bringen, ihm Auskunft über den Verbleib der geschuldeten Gelder und Drogen zu geben.

*

Dzemal ist ein Bekannter. Nicht gerade ein Freund, aber doch ein Kollege von Thomas und Markus, man hat hin und wieder miteinander zu tun gehabt; mit Autos gehandelt, gemeinsam kleinere Geschäfte abgewickelt, nicht immer im legalen Bereich. Es ist unklar, ob Thomas gemeinsam mit Dzemal tatsächlich mit Drogen gehandelt hat und ob dieser ihm wirklich Geld schuldete. Eine angebliche Hanfplantage hat die Polizei nie gefunden, auch sonst gibt es keine Hinweise auf ein Drogengeschäft oder darauf, dass Dzemal Thomas Geld geschuldet hätte.

Gut möglich also, dass Thomas die Geschichte um den Drogendeal und die Schulden frei erfunden hat. Weil er die Sache, wie bereits früher die Geldprobleme, schönreden will, keine Verantwortung übernehmen will. Womöglich will er selbst nicht wahrhaben, dass es keinen wirklichen Grund gab für Dzemals Entführung, dass es ihm nur ums Geld ging und vielleicht sogar einzig ums Töten.

»Ich habe die Frau beauftragt, die Kinder irgendwo betreuen zu lassen. Sie hat nicht nachgefragt, warum. Ich hätte ihr wohl auch keine Antwort gegeben«, erzählt Thomas.

»Bei der Planung war ich nicht eingeweiht, ich habe ein paar Tage vorher erfahren, dass ich mit den Kindern das Haus verlassen soll. Herr K. wollte mich bei seinen Geschäften nicht dabeihaben, er weiß, dass ich keine Ahnung habe, und ich rede nicht so gern, also hält er mich da raus«, behauptet Corine.

Überdies kommt es ihr gerade recht, dass ihr Mann sie fortschickt. Sie lässt sich nicht zweimal bitten. Denn das bedeutet für sie geschenkte Zeit, die sie mit ihrem Liebhaber verbringen kann, mit dem sie sonst immer nur am Handy hängt. Corine bringt die beiden Mädchen, sie sind erst drei und vier Jahre alt, zu den Großeltern, wo sie auch übernachten werden. Danach fährt sie nicht sofort nach Hause zurück.

»Ich habe einen Freifahrtschein erhalten, um mich mit meiner Affäre zu treffen, ohne zu lügen oder eine Ausrede erfinden zu müssen. Ich habe das zu meinem Vorteil ausgenutzt und mir nichts dabei gedacht.«

So vergnügt sich Corine mit ihrem Lover im Solbad, als ihr Ehemann beginnt, seinen mörderischen Plan umzusetzen.

Thomas weist Markus an, was zu tun ist. Markus hat sich bis dahin um den Wagen von Dzemal gekümmert. Jetzt teilt er ihm mit, dass er dessen BMW M3 nicht reparieren kann. Der Wagen sei nicht mehr fahrtüchtig. Markus und Thomas bieten Dzemal ihre falsche Hilfe an: Sie versprechen ihm, seinen kaputten BMW gegen einen Vorschuss von vierhundert Franken in eine Werkstatt zur Reparatur zu bringen. Er ist einverstanden.

Am 27. April 2016, irgendwann zwischen 22.40 und 23.30 Uhr, holt Markus Dzemal bei ihm zu Hause in Bern ab. Sie laden den BMW M3 auf den Anhänger, den Markus an seinen Ford Ranger angekuppelt hat und mit dem er den Wagen angeblich in die Werkstatt bringen will. Doch vorher will Markus den Vorschuss von vierhundert Franken einkassieren. Dzemal hat nicht genug Geld dabei. Also legen sie beim Geldautomaten an der Poststelle Breitenrain einen Stopp ein. Als das Finanzielle geregelt ist, fahren die beiden weiter nach Boll. Vor dem Verkaufsladen *Landi* kuppeln sie den Anhänger ab und lassen ihn mit dem BMW dort stehen. Markus sagt zu Dzemal, er müsse noch rasch etwas bei Thomas abholen. Dzemal bleibt nichts anderes übrig, als mit ihm mitzufahren, er hat ja selbst kein Auto. Es gibt keinen Grund für Argwohn, keinen Grund zur Vorsicht. Ein kleiner Umweg nur.

Corine ist aus dem Solbad zurück zu Hause in Utzigen. »Als ich heimkam, erfuhr ich, dass Thomas mit Dzemal unterwegs ist und dass sie zu uns kommen. Herr K. sagte, er wolle mit Dzemal reden, weil der ihm Geld schulde. Ich habe mir keine Gedanken darüber gemacht, wie das Gespräch ablaufen wird«, behauptet sie.

Angeblich ohne dass ihr dabei etwas merkwürdig erscheint, hilft sie ihrem Mann, sich auf den späten Besuch vorzubereiten. Dabei geht es um Vorbereitungen der besonderen Art: Corine und Thomas fahren ihre beiden Autos, einen Ford Ranger und einen Subaru Legacy, zur Milchsammelstelle in Utzigen und verstecken sie dort, sodass es aussieht, als wäre bei ihnen keiner zu Hause. Zurück in der Wohnung schalten sie alle Lichter aus, schließen auch die Fensterläden. Und warten auf ihr Opfer.

Als Markus und Dzemal vor dem Haus aus dem Auto steigen, tritt Thomas aus dem Hinterhalt und zielt mit einer Beretta, Modell 71, Kaliber 22 LR, auf Dzemals Brust. Er reicht Markus ein Paar Handschellen, mit denen er Dzemal fesselt. Sie schaffen ihre Geisel ins Haus, wo Corine wartet und den Schäferhund beruhigt, damit er nicht zu bellen beginnt.

»Ich hatte zwar eine Pistole dabei, aber Gewalt war keine geplant«, behauptet Thomas.

»Ich ging nie davon aus, dass etwas Schlimmes passieren würde«, erklärt Corine.

»Ich habe höchstens mit dem Einsatz eines Pfeffersprays gerechnet«, sagt Markus.

*

Auszug aus der Anklageschrift:

Thomas K. verbrachte den mit Handschellen an seinen Händen gefesselten Dzemal K. in das Kinderzimmer im oberen Stockwerk des Hauses und legte ihn auf eine Matratze am Boden. Anschließend installierte Thomas K. die Kamera eines Babyphones, sodass er Dzemal K. über die Kamera beobachten konnte, während dem er gemeinsam mit Corine K. im Wohnzimmer saß. Zwischenzeitlich ging Thomas K. mit dem nach wie vor mit Handschellen gefesselten Dzemal auf die Toilette. Dabei drückte er Corine K. die Pistole Beretta in die Hände und wies sie an, dafür zu sorgen, dass Dzemal K. nicht flieht oder sich sonst wie gegen die Gefangenschaft auflehnt. Corine K. hielt die Pistole in ihren Händen und richtete diese auf den Boden, während dem Thomas K. Dzemal K. zur Toilette und anschließend zurück ins Kinderzimmer führte. Thomas K. und Corine K. hielten Dzemal K. sodann mit Handschellen gefesselt über die Nacht im Kinderzimmer gefangen.

*

Von den Schulden und den Drogen ist auf einmal keine Rede mehr – falls sie überhaupt je Thema waren. Plötzlich geht es vor allem darum, den BMW M3 zu klauen. Ein Gebrauchtwagen, reparaturbedürftig, Wert 12 000 Franken. Während Dzemal Stunden voller Angst und Qualen verbringt, versuchen die drei anderen, an möglichst viel Geld zu kommen.

Eine halbe Stunde nach Mitternacht verlässt Markus das Haus, um Dzemals Auto auf dem Anhänger zu holen. Anschließend fährt er Corine zweimal zur Milchsammelstelle, um die beiden versteckten Autos zurückzubringen. Noch in der Nacht versucht Markus, den geraubten BMW im Internet zu verkaufen.

Thomas hat in der Zwischenzeit am Schlüsselbund von Dzemal einen weiteren Autoschlüssel gefunden. Er passt zum Wagen von Dzemals Vater, es ist ein alter Mercedes E 320 CDI, Wert 4 000 Franken.

Während Thomas auf Dzemal aufpasst, fahren Corine und Markus nach Bern und stehlen dort auch das Auto des Vaters. Corine kehrt mit dem Mercedes zurück nach Hause, Markus fährt direkt heim zu Frau und Kind, die nicht ahnen, dass der Partner und Vater in dieser Nacht zum Verbrecher geworden ist.

Bin jetzt zu Hause, schreibt Markus an Thomas in einer Kurznachricht. Es ist 2.10 Uhr.

Gut, vielen Dank. Ich wünsche Dir eine gute Nacht, antwortet Thomas.

Markus: *Danke, Dir auch. Viel Spaß.*

Viel Spaß …

Während des SMS-Austauschs liegt Dzemal gefesselt im Kinderzimmer auf dem Boden. Der erst Fünfundzwanzigjährige wird die Nacht nicht überleben.

*

Auszug aus der Anklageschrift:

Zu einem nicht genau bekannten Zeitpunkt am 28. April 2016 zwischen 3:00 und 10:00 Uhr erteilte Thomas K. Dzemal K. mehrere Faustschläge ins Gesicht, wodurch

Dzemal K. einen Bruch des Nasenbeins sowie des linken Stirnfortsatzes des Oberkiefers erlitt. Anschließend tötete Thomas K. den nach wie vor gefesselten Dzemal K., indem er ihm Mund und Nase mit Klebeband verschloss und wartete, bis Dzemal K. tot war.

Thomas K. handelte vorliegend besonders grausam, indem er Dzemal K. vor dessen Tod stundenlang an seinem Wohnort gefangen hielt, sodass Dzemal K. über eine sehr lange Zeitdauer von mindestens drei und maximal neuneinhalb Stunden an großen Angstzuständen litt. Auf diese Weise verursachte der Beschuldigte Dzemal K. übermäßig viele Qualen, welche zur bloßen Tötung nicht notwendig gewesen wären. Thomas K. tötete Dzemal K. sodann auf besonders grausame Weise, indem er ihm die Atemwege mit Klebeband verschloss, wodurch Dzemal K. bei vollem Bewusstsein langsam und qualvoll erstickte.

*

Es gibt Momente in einem Gerichtssaal, in dem jeder weiß, dass jemand lügt. Außer vielleicht der Lügner selbst, der sich selbst etwas vormacht und sich an seine Lüge klammert, weil die Wahrheit so schwer zu ertragen ist.

Als Thomas auf dem Stuhl des Angeklagten sitzt, tischt er dem Gericht eine Geschichte auf, die niemand glauben kann. Wir Zuhörer schauen uns halb irritiert, halb belustigt an, während er erzählt, Corine starrt auf den Boden, Markus schüttelt immer wieder den Kopf, schlägt sich mit der flachen Hand gegen die Stirn. Einige Anwälte zucken resigniert mit den Schultern.

Thomas sitzt vor dem Richter und verlangt nach einer Pause. Er muss Insulin spritzen und erklärt, wegen Unterzuckerung werde er bis zu fünf Mal am Tag bewusstlos. Heute aber ist es ihm nicht anzumerken. Nachdem er sich versorgt hat, präsentiert er dem Gericht seine Erklärung für den Mord an Dzemal, die in Sachen Glaubwürdigkeit mit der Fabel über den Osterhasen mithalten kann.

Thomas' Geschichte geht so: Er hat Dzemal nicht freiwillig umgebracht. Er wurde dazu gezwungen. Und zwar von der serbischen Mafia.

Dzemal sei nämlich Mitglied der Drogenmafia gewesen. Im Auftrag der serbischen Mafia sollte Thomas den BMW stehlen und verkaufen, das Geld sollte er den Serben anschließend übergeben. Sie seien dann aber am nächsten Morgen plötzlich selbst bei ihm zu Hause aufgekreuzt und hätten verlangt, dass er Dzemal von den Handschellen und den Kabelbindern befreie.

»Dann haben die Serben Dzemal aufgefordert, mich mit dem Messer zu töten, doch als er auf mich zukam, haben sie ihn geschlagen und er fiel plötzlich hin«, behauptet Thomas.

Ein serbischer Geschäftsmann habe ihm dann befohlen, Dzemal zu töten, sonst müssten er selbst und seine Familie sterben. Er sei mit vorgehaltener Waffe gezwungen worden, Dzemal die Nase zuzukleben, sodass er erstickte.

Die Geschichte über die Serbenmafia ist voller Ungereimtheiten und Widersprüche. Nichts ergibt einen Sinn. Doch Thomas hält unbeirrt daran fest.

»Mit einer Abreibung habe ich gerechnet, aber nicht, dass es zu einem Tötungsdelikt kommt«, erklärt Thomas. »Gewalt war keine geplant. Aber der Tötungsakt als solcher ist unbestritten. Ich habe ihn getötet, weil ich einen Auftrag hatte.«

Auf die Mafia-Geschichte angesprochen, erklärt Corine: »Ich würde diese Serbengeschichte gerne glauben – aber ganz ehrlich gesagt, glaube ich sie nicht. Ich kann mir einfach nicht vorstellen, dass es stimmt. Es geht alles nicht auf. Auch habe ich nie einen Serben bei uns gesehen.«

Der Mitangeklagte Markus sagt: »Hören Sie doch auf mit dieser serbischen Mafia, das ist alles Scheiße, ich kann das Wort Mafia nicht mehr hören, den Bullshit gibt es sicher nicht.«

*

Dzemal ist tot. Qualvoll erstickt. Weil die Täter seinen Gebrauchtwagen haben wollten.

»Durch den Kampf gab es nicht nur Blut von ihm an meinen Kleidern, sondern auch Blut von mir an seinen Kleidern«, erzählt Thomas.

Es ist klar, dass der Tote nicht im Kinderzimmer liegen bleiben kann. Also zerrt Thomas die Leiche nach draußen, legt sie auf eine Plane und schleift sie in einen Fahrzeuganhänger.

Etwa um acht Uhr früh verlässt Corine das Haus. Sie meint, Dzemal liege noch immer gefesselt und geknebelt im Kinderzimmer. Nachschauen tut sie nicht. Nachfragen auch nicht.

»Ich war ziemlich knapp dran, ich musste die Kinder bei meiner Mutter abholen. Sie hatte einen Termin, und ich musste mich beeilen«, erzählt sie. »Ich sagte zu Herrn K., dass Dzemal weg sein müsse, wenn ich mit den Kindern zurückkomme. Er sagte: ›Klar, mach ich.‹ Über das weitere Vorgehen hat er mich nicht informiert. Ich bin davon ausgegangen, dass er Dzemal zurück nach Bern bringt. Ich habe mir aber nicht wirklich Gedanken darüber gemacht.«

Die ganze Aktion sei so oder so sinnlos gewesen.

»Als ich zurückkam, hat mich Herr K. orientiert, dass er Dzemal getötet habe.«

Es sind Sätze wie diese, die bei mir hängen bleiben. Weil sie so sachlich klingen und ihr Inhalt so schrecklich ist. Sitze ich im Gerichtssaal, gibt es immer wieder Augenblicke, in denen ich Dankbarkeit verspüre: Ich bin dankbar dafür, dass ich als Berichterstatterin hier bin und nicht als Angeklagte. Oder gar als Opfer. Ich bin glücklich, dass mein Leben bisher anders verlaufen ist, dass niemand meinen Bruder entführt hat, dass niemand mir selbst etwas angetan hat – und dass nicht ich eines Morgens nach Hause kam und mein Partner mir mitteilte, dass er gerade jemanden getötet habe. Der Grat zwischen Recht und Unrecht, zwischen Schuld und Unschuld kann sehr schmal sein.

»Als ich es ihr gesagt habe, ist sie wortlos davongegangen«, berichtet Thomas.

»Ich war geschockt, ich konnte es zuerst nicht ernst nehmen, weil ich das nicht erwartet hätte. Ich fragte, wo Dzemal sei. Herr K. antwortete, draußen im Anhänger. Also bin ich runtergegangen. Der Anhänger stand direkt vor der Hintertür, dort steht er sonst nie. Das war die Bestätigung. Ich habe nicht nachgeschaut. Ich habe die Leiche nicht gesehen.«

Corine wird immer wieder von Schluchzern geschüttelt.

*

Am Morgen nach der Tat bewahrt Corine die Fassung – obwohl draußen vor dem Haus ein Fahrzeuganhänger steht, in dem ein ermordeter Mann liegt.

»Ich habe keine Fragen gestellt zum Tötungsdelikt. Ich meine, das ist nicht eine Nachricht, die man jeden Tag erhält. Anders als allgemein angenommen, will man die Details gar nicht kennen, wenn man selber betroffen ist.«

Corine kümmert sich um die Kinder, während Thomas überlegt, wie er die Leiche loswerden könnte.

Da kommt ihm eine Idee. Am Nachmittag zieht er los, um einen Bagger zu mieten. Corine fährt derweil mit den Kindern zum Straßenverkehrsamt, um den Fahrzeugbrief des Mercedes umzuschreiben. Sie will nicht alleine mit der Leiche zu Hause bleiben.

Es ist Ende April, noch brechen die Nächte früh herein. Zwischen halb neun und neun Uhr abends beginnt Thomas draußen vor seinem Haus, mit dem Bagger ein etwa drei Meter tiefes Loch zu graben. Die Nachbarn wohnen zu weit entfernt, als dass einer etwas merkt. Falls doch jemand etwas feststellt, denkt er sich womöglich nichts dabei, wenn bei einem Bauernhof abends im Dunkeln Baggerlärm zu vernehmen ist. Oder aber er hört lieber weg, weil man sich in die Angelegenheiten der Nachbarn nicht einmischt, weil es einfacher erscheint, nichts gehört und nichts gesehen zu haben.

Als Thomas tief genug gegraben hat, entkleidet er Dzemals Leiche bis auf die Unterhose, ein T-Shirt und die Socken. Gemeinsam mit seiner Frau Corine trägt er sie eingerollt in der Plastikplane zum ausgehobenen Grab. Sie werfen den Leichnam hinein. Danach schüttet Thomas das Loch wieder mit Erde zu.

»Ich stand beim Begraben der Leiche daneben. Ich hätte helfen sollen, aber ich konnte mich nicht überwinden«, sagt Corine.

»Ich habe sie gefragt, ob sie mir hilft, aber sie ist mir nur im Weg gestanden, ich habe dann alleine fungiert«, erzählt Thomas.

»Er hat mich zusammengeschissen, weil ich im Weg stand. Am Schluss habe ich das Klebeband, das noch im Anhänger lag, in einen Abfallsack gestopft.«

*

Thomas ist gerade zum Mörder geworden. Doch das bereitet ihm offensichtlich keine allzu großen Sorgen. Er scheint sich sehr sicher zu sein, auch damit ungeschoren davonzukommen. Wahrscheinlich wäre er das sogar, wenn er innegehalten hätte. Wenn ihn das Töten wieder zur Vernunft gebracht hätte. Wenn ihm ein Mord genügt hätte.

Corine will von Thomas wissen, was sie sagen soll, wenn jemand nach Dzemal fragt. Er meint, sie solle einfach auf ihn verweisen.

»Sag, du seist nicht da gewesen. Du weißt von nichts.«

Ob und wann Thomas Markus informiert, dass er Dzemal ermordet hat, ist nicht klar. Die Aussagen darüber gehen auseinander. Markus behauptet, es nicht gewusst zu haben.

»Thomas sagte mir, Dzemal sei nach Serbien gefahren, das machte für mich Sinn.«

Selbst wenn Markus die Wahrheit sagen sollte – es muss ihm zumindest seltsam vorkommen, dass Dzemal plötzlich als vermisst gilt. Seine Freunde suchen nach ihm, posten in den sozialen Medien Vermisstenmeldungen. Thomas schickt Markus Screenshots von Einträgen auf Dzemals Facebook-Profil. Seine Familie bittet um Hinweise über den Verbleib von Dzemal. Sie macht sich große Sorgen.

Und Thomas macht sich lustig. Per WhatsApp schickt er Markus und Corine Fotos von Klebebandrollen und versieht sie mit einem breit lachenden Emoji.

»Es klingt makaber, aber wir haben uns lustig darüber gemacht, was man alles mit Klebeband anstellen kann«, gibt Corine zu.

Thomas und Markus halten am Plan fest, den Mercedes und den BMW nach Serbien zu verkaufen. Nur: Vom BMW fehlt der Fahrzeugbrief, Dzemal hat ihn nicht bei sich getragen, und im Wagen haben sie ihn nicht gefunden. Markus versucht deshalb mehrmals, Dzemals Vater anzurufen. Er will ihm weismachen, den Wagen von Dzemal gekauft zu haben – bevor Dzemal verschwunden ist.

Die Mörder schrecken nicht davor zurück, den Vater anzulügen, dessen Sohn sie gerade umgebracht haben.

*

Auszug aus der Anklageschrift:

Am 30. April 2016 trat Seval K., Bruder des getöteten Dzemal K., telefonisch mit Markus N. in Kontakt, da Markus N. mehrfach versuchte, auf das Festnetztelefon von Dzibo K., Vater des getöteten Dzemal K., anzurufen. Markus N. erklärte Seval K. anlässlich des Telefonats bewusst wahrheitswidrig, dass er den BMW M3 von Dzemal K. abgekauft habe und Dzemal K. ihm noch den Fahrzeugausweis habe vorbeibringen wollen, was er aber nicht getan habe. Seval K. äußerte sich gegenüber Markus N., dass er den Fahrzeugausweis nicht herausgebe, bevor Dzemal K. wieder auftauche. Er glaube nicht, dass Dzemal K. sein Fahrzeug verkauft habe.

Am 2.5.2016, um circa 19 Uhr, erstellte Thomas K. an seinem Wohnort einen Kaufvertrag für den BMW M3 von Dzemal K. Markus N. gab Thomas K. dabei im Rahmen eines WhatsApp-Chats die Angaben des Fahrzeugs bekannt, welche im Kaufvertrag aufgeführt werden mussten. Thomas K. schrieb diese Angaben in den Kaufvertrag und fügte als Verkäufer Dzemal K. und als Käufer Markus N. ein. Anschließend imitierte er die Unterschrift von Dzemal K. auf dem Vertrag.

*

Dzemals Bruder gibt nach. Obwohl Dzemal nach wie vor vermisst wird und er keine Ahnung hat, was mit ihm passiert sein könnte, akzeptiert er den Kaufvertrag, den Markus ihm per WhatsApp schickt. Seval erkennt ihn nicht als Fälschung. Als Corine gleichentags bei ihm in Bern klingelt, übergibt er ihr den Fahrzeugbrief für den BMW M3.

Doch der Verdacht bleibt. Der Verdacht, dass sein Bruder seinen Wagen nicht freiwillig verkauft hat. Der Verdacht, dass ihm etwas angetan wurde. Seval meldet sich bei der Polizei.

»Die Kantonspolizei Bern hat einmal angerufen«, erinnert sich Markus. Was er am Telefon genau gesagt hat, weiß er nicht mehr. Vielleicht, dass Dzemal in Serbien sei. Vielleicht auch nicht. Auf jeden Fall hat er behauptet, dass er keine Ahnung hätte. Nichts gesehen, nichts gehört. Aber auf einmal will er die beiden Wagen sehr schnell loswerden, den Mercedes und den BMW, bloß weg damit, über die Grenze nach Serbien.

Die Berner Kantonspolizei nimmt Ermittlungen auf. Es geht für sie vorerst um einen Vermisstenfall. Doch die

Polizisten kommen nicht weiter, gelangen zu keinem Ergebnis. Die Anzeige landet irgendwann auf dem Stapel der ungelösten Fälle.

Dzemals Bruder Seval hingegen gibt nicht auf. Er ruft Markus erneut an, insistiert, will wissen, wo Dzemal ist.

»Ich weiß nicht mehr genau, was ich ihm erzählt habe, ich habe seine Fragen einfach so gut es ging beantwortet«, erzählt Markus. »Seval behauptete, dass Thomas seinen Bruder umgebracht habe, ich erwiderte, das könne gar nicht sein.«

Seval meldet sich ebenfalls bei Thomas, doch auch hier stößt er auf nichts als Lügen. Er merkt, dass etwas nicht stimmt. In einer Nachricht schreibt er Thomas: *Wenn du meinen Bruder getötet hast … Gott sei dir gnädig, ich bin es nicht.*

»Als mir Thomas einen Screenshot dieser Nachricht schickte, machte ich mir langsam Sorgen«, sagt Markus.

Doch keiner verliert die Nerven. Geradezu unverfroren, kalt und kühn reagieren Thomas und Markus, als Seval an einem Sonntagnachmittag unangemeldet bei Thomas zu Hause auftaucht und ihn erneut mit dem Mordvorwurf konfrontiert: Thomas ruft die Polizei.

»Seval war nicht aggressiv, er war friedlich, aber er brachte wieder seine Vorwürfe vor, es wurde etwas hitzig beim Reden, also dachte man sich, es sei besser, die Polizei anzurufen. Die sind dann auch gleich vorgefahren«, berichtet Markus.

So kommt es, dass die Polizei in jenem Haus auftaucht, in dessen Kinderzimmer Dzemal das Leben genommen wurde und in dessen Garten seine Leiche vergraben liegt. Die Polizei fährt vor, weil ausgerechnet Dzemals Mörder sie gerufen hat, damit sie ihn schützt.

Seval erklärt den Beamten, dass er seinen Bruder Dzemal suche, dass er vermute, Thomas habe Dzemal umgebracht. Doch er findet kein Gehör. Die Beamten weisen Seval zurecht, sagen ihm, sie bräuchten »schon noch etwas mehr zu diesen Vorwürfen«.

Doch mehr hat Seval nicht.

Also schicken ihn die Polizisten nach Hause und machen ihm klar: Er ist hier nicht gerne gesehen und soll sich nicht wieder blicken lassen.

Hätten sie den Verdacht von Dzemals Bruder ernst genommen, hätte wahrscheinlich ein Leben gerettet werden können. Doch Dzemal bleibt vermisst. Er wird erst gefunden werden, nachdem ein Radfahrer über einen Monat später gut hundert Kilometer weit entfernt auf eine andere Leiche stößt.

*

Auszug aus der Anklageschrift:

Zu einem nicht genau bekannten Zeitpunkt Ende Mai/Anfang Juni 2016 fasste Thomas K. den Entschluss, mit Pascal E., der im Internet einen Lastwagen der Marke Volvo zu einem Preis von Fr. 59 460.00 zum Verkauf ausgeschrieben hatte, in Kontakt zu treten und mit ihm einen Termin für eine Probefahrt zu vereinbaren. Effektiv hatte Thomas K. den Entschluss gefasst, Pascal E. anlässlich der Probefahrt unter Einsatz einer Schusswaffe zum Widerstand unfähig zu machen, ihn in einem Anhänger zu fesseln und an seinen Wohnort zu transportieren, ihn zum Unterschreiben des Kaufvertrages für den Lastwagen zu zwingen und ihn dann zu töten. Den Lastwagen wollte Thomas K. für seine eigenen Zwecke verwenden und sich dadurch einen Vermögensvorteil zukommen lassen, auf welchen er keinen Anspruch hatte.

Mit Corine K. und Markus N. kam Thomas K. zu einem nicht genau bekannten Zeitpunkt Ende Mai/Anfang Juni 2016, spätestens jedoch am Vormittag des 3. Juni 2016 überein, dass sich Corine K. und Markus N. an der Überwältigung, Fesselung und Entführung von Pascal E. unter Einsatz einer Schusswaffe durch Thomas K. sowie dem Entwenden des Lastwagens beteiligen würden.

*

Pascal E. wird sterben, weil er einen Lastwagen verkaufen will. Weil er sich am Abend des 2. Juni 2016 mit einem Kaufinteressenten trifft, der sich als Thomas vorstellt. Weil er mit ihm für den nächsten Tag eine Probefahrt vereinbart. Und weil er sich dabei nichts Böses denkt, so wie sich niemand etwas Böses dabei denken würde. Pascal E. führt eine Einmann-Transportfirma für Kies- und Aushubfahrten. Er wird nur sechsunddreißig Jahre alt.

»Herr K. sagte mir, wir gehen einen Lastwagen klauen, ich müsse mitkommen«, sagt Corine. »Ich habe protestiert, ich hatte die Kinder dabei, ich hatte andere Pläne. Doch er habe ihr gesagt, es sei keine große Sache. Herr K. meinte, ich müsse nicht viel machen, nur das Auto fahren.«

Zu diesem Zeitpunkt weiß Corine ganz genau, dass ihr Mann schon einmal getötet hat, sie hat ihm dabei zugeschaut, als er Dzemals Leiche verscharrte. Sie muss also zumindest ahnen, dass er es wieder tun könnte. Und doch macht sie bei seinem wahnsinnigen Plan mit.

Warum?

Corine sagt Sätze wie: »Obwohl unsere Beziehung nicht mehr gut war, habe ich immer alles für Herrn K. gemacht, ich habe mich immer bemüht, seine Ansprüche und Wünsche zu erfüllen.« Oder: »Ich bin es gewohnt, das zu machen, was von mir verlangt wird. Vielleicht protestiere ich zunächst, aber am Schluss mache ich es doch.« Corine erklärt, nach außen hin sei sie als starke Persönlichkeit aufgetreten. »Aber ich muss mich immer rückversichern, ich habe nicht wirklich eine eigene Meinung. Ich passe mich immer dem Umfeld an.«

Corines Mann Thomas sagt, seine Frau habe keine Angst vor ihm gehabt.

Sie erklärt: »Es gibt viele Definitionen von Angst. Ein gewisser Respekt war sicher da. Er hat eine große Klappe gehabt, immer, allen gegenüber. Aber bis Ende April habe ich ihn nie gewalttätig erlebt.«

Corine K. führt hinter Thomas' Rücken ein Doppelleben. Sie berichtet, dass sie stark übergewichtig war und massiv abgenommen hat – so wie auch Thomas und Markus, Dutzende von Kilos haben sie verloren, weil sich alle ein Magenband einsetzen ließen.

»Ich habe ein neues Körpergefühl gewonnen, ich bin von den Leuten anders wahrgenommen worden.« Corine schildert, wie sie sich veränderte und wie sie schließlich begann fremdzugehen. Zuerst hat sie nur mit anderen Männern gechattet, Online-Bekanntschaften, die sie nicht persönlich kannte. Dann hat sie sich mit ihnen getroffen. Zuerst mit einem, dann mit mehreren. Einmal flog sie auf, doch Thomas hat ihr verziehen.

»Dass es noch weitere Männer gab, hat er erst jetzt erfahren. Das war mein kleines Geheimnis. Am Anfang war es gedacht, um ihn eifersüchtig zu machen, aber das hat nicht geklappt. Die Sache ist dann aus dem Ruder gelaufen, und ich war selbst schockiert, welches Ausmaß das Ganze angenommen hat. Aber in dieser Zeit gehörte das zu meinem Alltag.«

Nicht nur dem Richter, auch uns Prozessbeobachtern drängt sich die Frage auf, ob Corine K. tatsächlich so ahnungslos war, wie sie tut. War sie die naive Frau, die gedankenlos alles machte, was ihr Mann ihr sagte? Oder spielte sie bei den Verbrechen nicht doch eine wichtigere Rolle, indem sie im Hintergrund die Fäden zog?

Der Richter versucht mit seinen Fragen eine Antwort zu finden, doch auch er tut sich schwer. Corine K. ist nicht fassbar. Ihre Persönlichkeit erscheint mir verschwommen, wie eine unscharfe Fotografie, auf der ein Mensch nur schemenhaft erkennbar ist. Ist Corine K. eine Mitläuferin, die schlicht den falschen Mann geheiratet hat und von ihm mit in den Abgrund gezogen wurde? Oder war sie Teil eines Paares, das nur in dieser fatalen Symbiose so weit hat gehen können – während jeder für sich allein nie zu den Taten fähig gewesen wäre? Fast so wie bei dem berühmt-berüchtigten Verbrecherpaar Bonnie und Clyde?

Die Frage nach der Rolle der Partnerinnen von Verbrechern ist nicht neu. Oft schon habe ich im Gerichtssaal gesessen und gedacht: Warum hat sie bloß mitgemacht? Warum hat sie nicht Stopp gesagt? Und warum um Himmels willen hat sie ihn nicht einfach verlassen – spätestens in dem Moment, als ihr Mann zum Mörder wurde?

»Auf diese Frage gibt es mehr als eine Antwort, gleichzeitig gibt es keine einfache Antwort«, sagt Corine. »Es klingt so einfach: Dein Mann hat jemanden umgebracht, pack deine Sachen und geh. Aber so einfach ist es nicht. Die Kinder, das Einkommen … Ich habe mich auch gefragt, warum ich geblieben bin. Aber bei mir hat es einfach nicht Klick gemacht, darum bin ich geblieben.«

*

Es macht auch nicht Klick, als Thomas ihr sagt, dass sie gemeinsam einen Lastwagen stehlen werden.

Corine ist gerade mit den Kindern unterwegs, als ihr Mann sie anruft. Sie kann die Kleinen so kurzfristig niemandem geben, muss sie mitnehmen, doch nicht einmal das hält sie davon ab, bei dem mörderischen Plan mitzumachen, von dem sie behauptet, nichts gewusst zu haben.

In den Wochen nach dem Mord an Dzemal K. reden Corine und Thomas, die einst ein verliebtes Paar waren und sich den Traum von Haus und Familie und Hund erfüllten, kaum mehr miteinander. Es ist eine Zeit des Schweigens und der Kälte. Ein Weitermachen, als wären sie seelenlose Holzmarionetten, die ein funktionierendes Ehepaar mit Kindern mimen. Der Mord an Dzemal K. steht zwischen ihnen und hat alles, was mal war, zerstört. Sie leben stumm nebeneinanderher, und trotzdem geht keiner weg, sagt keiner Stopp, informiert niemand die Polizei. Stattdessen führen sie ihr tödliches Spiel fort.

»In der letzten Phase haben wir nicht groß geredet, in den meisten Fällen hieß es von ihrer Seite her: ›Ja, dann mache ich es halt‹«, sagt Thomas über Corine.

Es ist der 3. Juni 2016. Am Abend zuvor hat Thomas mit Pascal E. eine Probefahrt mit dem Lastwagen vereinbart, ein roter Volvo, den er angeblich kaufen will. Treffpunkt ist heute um vier Uhr nachmittags bei Pascal E. im zürcherischen Niederhasli.

Thomas, Markus und Corine sind mit drei Autos dorthin unterwegs. Im Wagen von Corine sitzen auf dem Rücksitz ihre zwei kleinen Mädchen.

»Sie waren gerade dabei, die Farben zu lernen. Wir hatten Büchlein dabei, sie konnten im Auto CDs hören und Filme schauen – die Kinder waren es gewohnt, dass wir unterwegs waren.« Corine schiebt nach, leiser jetzt: »Ich weiß, ich bin nicht die perfekte Mutter gewesen.«

Sie behauptet, sie habe sich vorgestellt, dass der Lastwagen-Diebstahl im gleichen Rahmen ablaufen werde wie beim letzten Mal: Den Lastwagen holen und einfach nicht bezahlen. Also setzt sie sich in den Wagen und fährt Richtung Zürich, wieder stellt sie keine Fragen, auch nicht sich selbst.

Markus sitzt allein im Auto, mit dem gleichen Ziel: die Abstellhalle von Pascal E. Die Fahrt nach Niederhasli dauert etwa eineinhalb Stunden. Markus legt unterwegs einen Halt ein; im *Military Megastore* in Zuchwil kauft er eine große Packung Kabelbinder, ein paar Neopren-Einsatzhandschuhe SWAT sowie ein Klappmesser der Marke Puma Tec.

Zufall, behauptet Markus. Er habe sowieso Kabelbinder gebraucht, zum Befestigen der Nummernschilder. Er will keine Ahnung gehabt haben, dass damit jemand gefesselt werden sollte.

»Mein Job war: den gestohlenen Lastwagen weiterzuverkaufen und ihn zum Käufer zu bringen«, erzählt Markus. Dafür hat ihm Thomas eine Beteiligung von 10 000 Franken versprochen, fast ein Viertel des ganzen Erlöses. Doch der hohe Betrag für den kleinen Gefallen kommt Markus nicht seltsam vor.

»Ich dachte, warum nicht mal ohne großen Aufwand 10 000 Franken verdienen – aber ich wäre nie im Leben mitgegangen, wenn ich gewusst hätte, was passieren wird.«

Schutzbehauptung oder Wahrheit? Es ist nicht die einzige Frage, auf die es in diesem Fall wohl nie eine Antwort geben wird.

»Ich dachte, dass es gleich abläuft wie beim letzten gestohlenen Lastwagen, dass Thomas einfach behauptet, er habe ihn bezahlt«, sagt Markus. »Das wäre Betrug gewesen. Es ist zwar nicht sauber, wenn man jemandem etwas wegnimmt, ich habe das auch nicht gern. Aber, böse gesagt, damit hätte ich leben können.«

Wie zynisch sich das anhört im Nachhinein.

Zwischen Bern und Zürich treffen sich Markus und Thomas auf einem Parkplatz. Markus lässt seinen Wagen stehen und steigt zu Thomas in dessen Ford Ranger, an den ein Anhänger der Marke Humbaur HAT 2000 angekuppelt ist.

Derselbe Anhänger, in dem die Leiche von Dzemal K. versteckt worden war.

Noch unterwegs schreibt Markus bereits verschiedene potenzielle Käufer an, um ihnen den Lastwagen anzubieten, noch bevor sie ihn überhaupt gestohlen haben.

In Niederhasli treffen sich die beiden Männer mit Corine. Sie haben sich in der Nähe der Abstellhalle von Pascal E. verabredet, gerade weit genug entfernt, dass sie außer Sichtweite sind. Die drei kuppeln den Anhänger an den Subaru um, obwohl Corine keinen Fahrausweis dafür hat und nur ungern mit Anhänger fährt. Thomas weist sie an, zu warten und ihnen zu folgen, sobald sie mit dem Lastwagen an ihr vorbeifahren. Sie soll darauf achten, immer genügend Abstand einzuhalten, damit Pascal E. nichts merkt.

Pascal E. schöpft nicht den geringsten Verdacht. Warum sollte er auch? Markus und Thomas treffen mit leichter Verspätung bei ihm ein. Nach ein paar freundlichen Worten montieren die beiden Männer die mitgebrachten Händlerkontrollschilder* an den Lastwagen. Sie vereinbaren mit Pascal E., dass Markus ihn zuerst fahren wird, er ist der Automechaniker, er kennt sich aus. Also setzt sich Markus hinters Steuer, Pascal E. nimmt auf dem Beifahrersitz Platz. Thomas fährt mit dem Ford Ranger hinterher.

Als sie an Corines Subaru vorbeifahren, startet sie den Motor und nimmt die Verfolgung auf.

In Bachenbülach macht Markus mit dem Lastwagen auf einem Parkplatz Halt. Hinter ihm steigt Thomas aus dem Ford, um ebenfalls in die Fahrerkabine des Lastwagens zu steigen. Corine parkt den Subaru mit dem Anhänger in einiger Entfernung, sodass man sie nicht sehen kann. Markus bleibt auf dem Fahrersitz, Thomas sitzt nun auf dem Beifahrersitz, und Pascal E. ist auf die Matratze geklettert, die sich dahinter befindet. Von dort aus erklärt er das Innenleben der Fahrerkabine.

»Pascal E. saß in der Mitte zwischen uns. Er war sehr stolz auf sein Fahrzeug, ich muss sagen, es war auch wirklich in einem sehr guten Zustand.« Thomas

---

* das Schweizer Pendant zu den roten Überführungskennzeichen in Deutschland

spricht, als würde er von einem Sonntagsausflug auf eine Automesse erzählen. »Dann hat Markus N. mich angeschaut, und ich habe die Waffe gezogen und Herrn E. gesagt, er solle sich hinten auf das Bett legen.«

*

Auszug aus der Anklageschrift:

Sodann nahm Thomas K., wie vorgängig geplant, eine geladene, gesicherte Pistole Beretta, Modell 71, Kaliber 22 LR, hervor und zielte mit dieser auf die Bauchregion von Pascal E., weshalb dieser keinen Widerstand leistete. Markus N. fesselte die Hände von Pascal E. auf Anweisung von Thomas K. mit Handschellen. Weiter umwickelte Markus N. die Knie und die Füße von Pascal E. mit Klebeband. Thomas K. umwickelte die Augen von Pascal E. mit zwei bis drei Lagen Klebeband. Sodann nahm Thomas K. das Mobiltelefon von Pascal E. aus dessen Hostentasche an sich und schaltete den Flugmodus ein. Dies tat er in der Absicht, dass es später nicht möglich sein wird, die Antennenstandorte des Mobiltelefons von Pascal E. zu eruieren. Anschließend setzte sich Thomas K. um circa 17.10 Uhr ans Steuer des Lastwagens und lenkte diesen auf die Autobahn in Richtung Bern. Markus N. fuhr mit dem Personenwagen Ford Ranger und Corine K. mit dem Personenwagen Subaru Legacy sowie dem angehängten Anhänger dem Lastwagen hinterher. Um circa 17.35 Uhr hielt Thomas K. den Lastwagen auf dem Rastplatz Büsisee in Zürich an. Markus N. und Corine K. folgten Thomas K. auf den Rastplatz, wo die Beschuldigten das weitere Vorgehen besprachen.

*

»Ich war überrascht, als Thomas plötzlich die Pistole zog«, behauptet Markus. »Es war total gegen die Abmachung. Ich habe noch versucht, etwas entgegenzuhalten. Doch Thomas sagte: ›Mach, was ich sage.‹ Ich höre die Worte heute noch. ›Leg ihm die Handschellen an.‹ Pascal E. hat sich gar nicht gewehrt.«

Pascal E. liegt gefesselt und geknebelt hinter der Fahrerkabine, während Thomas mit dem Lastwagen Richtung Norden fährt. Er sucht einen abgelegenen Parkplatz, wo kaum jemand vorbeikommt. Corine folgt mit den Kindern im Subaru, Markus im Ford Ranger.

Was ihnen dabei wohl durch den Kopf gehen mag?

Corine und Markus hätten auf der Strecke mehrere Gelegenheiten, die Polizei zu informieren. Ein Anruf würde genügen. Unterwegs kommen sie auch an einer Zentrale der Verkehrspolizei vorbei, ein kleiner Umweg von fünf Minuten. Doch weder Corine noch Markus kommt es in den Sinn, Pascal E.s Leben zu retten. Es wäre so einfach gewesen.

»Ich war in einer Situation, in der ich mich nicht befinden wollte«, sagt Markus. »Ich war überfordert. Irgendwann dachte ich, ich mache einfach nicht mehr mit. Ich fuhr an einer Autobahnausfahrt vorbei und überlegte abzubiegen. Aber ich hatte Herrn K. am Telefon. Er sagte, ich hätte den Lastwagen ja schon zum Verkauf ausgeschrieben, es kämen schon Angebote rein, er gebe sonst mir die Schuld. Ich stand unter Druck. Wenn sich Herr K. etwas in den Kopf gesetzt hat, lässt er sich nicht mehr davon abbringen.«

»Nach dem ersten Zwischenstopp hatte ich das Gefühl, dass etwas nicht in Ordnung ist«, erzählt Corine. »Herr K. sagte mir, der Lastwagenfahrer liege hinter der Fahrerkabine auf dem Bett. Da hatte ich den Verdacht, dass er vielleicht nicht freiwillig dort liegt.«

Doch Corine schaut nicht nach. Auch Hilfe holt sie keine.

»Ich kann nicht mehr sagen, warum ich nicht gefragt habe. Ich hatte meine Kinder bei mir, ich musste mit einem Anhänger im Stau fahren, musste diese Baustelle passieren, das waren die Probleme, die ich in dem Moment hatte. An Herrn E. habe ich da leider nicht gedacht.«

Kurz vor sieben hält Thomas mit dem Lastwagen auf einem Parkplatz in Oeschgen, einem kleinen Dorf keine fünf Kilometer vor der deutschen Grenze. Markus kuppelt den Anhänger vom Subaru wieder an den Ford an. Corine reklamiert, beschwert sich bei Thomas, er habe die Kinder durcheinandergebracht und sie würden weinen. Doch er geht nicht darauf ein.

Thomas übergibt Corine das Mobiltelefon von Pascal E. und weist sie an, dieses bei dessen Einstellhalle in Niederhasli zu deponieren, dort, wo sie den Lastwagen abgeholt haben. Gleichzeitig tauschen Thomas und Corine ihre Mobiltelefone aus, für den Fall, dass die Polizei später mittels einer Auswertung der Funksignale ihre Spuren verfolgen sollte. Es soll so aussehen, als ob Pascal E. und Thomas nach der Probefahrt gemeinsam nach Niederhasli zurückgefahren sind und er mit seinem Verschwinden nichts zu tun hat. Anschließend könne sie nach Hause fahren.

Während Corine aufbricht, um das Handy zu deponieren und falsche Spuren zu legen, fahren Markus und Thomas nach Magden, ein Dorf südlich von Lörrach. Es ist mittlerweile zwanzig vor acht. Sie halten auf einem abgelegenen Kiesplatz an. Markus und Thomas öffnen die Kühlerhaube des Lastwagens, um eine Panne nachzustellen.

Da ruft Corine an, sie telefoniert mit Markus, weil sie mit Thomas das Handy getauscht hat. Sie diskutieren darüber, wo genau sie das Telefon deponieren soll.

»Ich habe das Handy in einem Säckchen erhalten. In den Fernsehserien sieht man jeweils, wie man Spuren verwischt. Ich habe das Säckchen abgewischt, um meinen Mann zu schützen, ich wusste ja nicht genau, was geschehen ist. Und ich achtete darauf, dass meine Fingerabdrücke nicht darauf sind.«

Schließlich legt Corine das Telefon in der Nähe der Abstellhalle an den Rand eines Kornfelds.

»Ich weiß nicht, warum ich das so gemacht habe. Ich habe auch den Flugmodus wieder ausgeschaltet, ich wollte ja, dass das Handy gefunden wird.«

Danach steigt Corine in den Subaru und macht sich

mit den zwei kleinen Mädchen auf den Nachhauseweg.

Zur gleichen Zeit wird Pascal E. bereits vermisst. Es ist ein Freitagabend. Freitagabends trinkt er immer an seinem Arbeitsort mit den LKW-Fahrern ein Bier, während sie Würste auf dem Grill braten. Pascal E. ist immer dabei. Doch heute warten seine Kollegen vergebens auf ihn.

*

Auszug aus der Anklageschrift:

Thomas K. und Markus N. öffneten gemeinsam die Motorhaube des Lastwagens, sodass es gegenüber vorbeifahrenden Fahrzeugen aussehen würde, als habe man eine Panne. Thomas K. transportierte sodann den immer noch gefesselten Pascal E. vom Lastwagen in den Anhänger, während dem Markus N. Schmiere stand und schaute, dass niemand kommt. Markus N. hielt dabei die Pistole Beretta, Modell 71, Kaliber 22 LR, in den Händen, welche ihm von Thomas K. übergeben worden war. Als Thomas K. Pascal E. aus dem Lastwagen die Treppe hinab transportierte, stützte Markus N. Pascal E. zudem für einen kurzen Moment mit seinen Händen an dessen Brust, sodass dieser nicht nach vorne fiel. Weiter öffnete Markus N. die Plache des Anhängers und legte diese nach oben, sodass Thomas K. Pascal E. in den Anhänger legen konnte. Im Anhänger befestigte Thomas K. Pascal E. mit Spanngurten. Nachdem Markus N. Thomas K. darauf hingewiesen hatte, dass Pascal E.

im Anhänger schreien könnte und man ihn dabei allenfalls hören könnte, klebte Thomas K. den Mund von Pascal E. mit Klebeband zu.

*

Mit dem gefesselten, geknebelten, mit Spanngurten fixierten Pascal E. im Anhänger schlagen Thomas und Markus einen Weg der deutschen Grenze entlang Richtung Osten ein. In Gansingen stellen sie den Lastwagen bei der Firma Esmatrans ab; von hier aus will ihn Markus am nächsten Tag verkaufen. Markus schließt die Tür ab und steigt zu Thomas in den Ford Ranger, um sich auf den Rückweg zu machen.

Auch Corine befindet sich auf dem Nachhauseweg. Die drei vereinbaren unterwegs einen weiteren Treffpunkt: eine Tankstelle im solothurnischen Egerkingen. Es ist mittlerweile zehn Uhr abends, als die drei wieder aufeinandertreffen.

»An der Tankstelle hat Herr E. noch gelebt«, sagt Markus. »Thomas hat gesagt, er fahre jetzt mit ihm nach Hause nach Utzigen. Dort werde er ihn bearbeiten. Mit bearbeiten meine ich: Er wird auf ihn einreden, damit er den Kaufvertrag unterzeichnet. Er wird ihm sagen, dass wir zu dritt seien und dass wir das Gegenteil erzählen werden, sollte er behaupten, wir hätten den Lastwagen geklaut.«

»In Egerkingen dämmerte es mir«, berichtet Corine. »Als sie den Lastwagen nicht mehr dabeihatten, habe ich mir Gedanken darüber gemacht, was mit dem Besitzer passiert ist. Ich fragte mich, ob der wohl im Anhänger drin ist. Aber ich habe weiterhin nur gemacht, was mir gesagt worden ist, ich habe nichts hinterfragt.«

An der Tankstelle tauschen Corine und Thomas erneut die Mobiltelefone, sodass jeder wieder sein eigenes hat.

»Ich war froh, dass ich mein Telefon zurückhatte«, erzählt Corine. »Ich wusste, dass sich darin ein paar Sachen befanden, die ich Herrn K. verheimlicht hatte. Auch war ich wie auf Entzug, weil ich ein paar Stunden lang nicht chatten konnte. Das war für mich wie eine Sucht damals, ein Überdruckventil. Es gibt Leute, die trinken Alkohol, andere nehmen Drogen, bei mir war es das Chatten.«

Während Corine ans Chatten denkt und genervt ist, weil das Ganze so lange dauert, lässt sich Thomas nicht aus der Ruhe bringen.

»Herr K. war relativ entspannt, er ging zu den Mädchen, hat mit ihnen geplaudert, hat das Sandwich entgegengenommen, das ich ihm gebracht habe … Daher ist es mir gar nicht aufgefallen, dass die Situation völlig außer Kontrolle geraten ist. Ich habe nicht viel mit ihm geredet. Ich habe mir in dem Moment gar nicht überlegt, dass Herr E. schon tot sein könnte.«

Pascal E. lebt noch, als Thomas abends um zehn auf dem Parkplatz einer Tankstelle mit seinen Kindern plaudert und ein Sandwich verdrückt. Wahrscheinlich hört er die Stimmen draußen vor dem Anhänger. Er weiß weder, wo er ist, noch was mit ihm passiert. Er weiß einzig, dass er gefesselt und geknebelt und fixiert ist, weil er den falschen Menschen Vertrauen geschenkt hat. Er muss unsagbare Ängste ausstehen.

Die drei brechen auf. Thomas fährt mit seinem Ford und dem Anhänger heim nach Utzigen, Corine mit den Kindern und mit Markus im Subaru nach Wangen, wo er seinen Wagen deponiert hat.

Als Markus wieder in seinem Auto sitzt, möchte er nur noch eines: So schnell als möglich nach Hause fahren. Doch da fällt ihm auf einmal ein, dass er seine Kontrollschilder am gestohlenen Lastwagen vergessen hat. Ein Fehler. Also nimmt er noch einmal die lange Strecke auf sich, fährt zurück nach Gansingen an die deutsche Grenze, schraubt die Nummernschilder am gestohlenen Lastwagen ab und macht sich dann endlich doch noch auf den Nachhauseweg nach Rechers- wil.

*

Auszug aus der Anklageschrift:

Sodann lenkte Thomas K. den Ford Ranger um circa 22 Uhr alleine mit dem Anhänger an seinen Wohnort in Utzigen, wo er zu einem nicht genau bekannten Zeitpunkt, vermutlich um circa 22.45 Uhr, eintraf. In Utzigen angekommen, wies Thomas K. zu einer nicht genau bekannten Uhrzeit den nach wie vor im Anhänger an den Füßen und Händen gefesselten Pascal E., dessen Augen und Mund nach wie vor mit Klebeband bedeckt waren, an, einen von Thomas K. vorbereiteten Kaufvertrag für den Lastwagen eigenhändig zu unterzeichnen, einer Aufforderung, der Pascal E. nachkam.

Anschließend klebte Thomas K. Pascal E. circa drei bis vier Lagen Klebeband über die Nase, wodurch Pascal E. nicht mehr atmen konnte und starb, was der Beschuldigte Thomas K. wusste und wollte. Nach insgesamt circa acht Minuten entfernte Thomas K. das Klebeband, wobei er feststellte, dass Pascal E. nicht mehr atmete und verstorben war. Zu einem nicht genau bekannten Zeitpunkt, im Zeitraum von der Überwältigung von Pascal E. bis zu dessen Tötung, erteilte Thomas K. dem noch lebenden Pascal E. mehrere Faustschläge ins Gesicht, wodurch dieser sich einen Bruch des Nasenbeins sowie Quetschungen und Schwellungen im Gesicht zuzog, was Thomas K. denn auch beabsichtigte.

Thomas K., Corine K. und Markus N. handelten vorliegend besonders grausam, indem sie Pascal E. vor dessen Tod stundenlang im Lastwagen und später im Anhänger gefesselt hielten, sodass Pascal E. über eine sehr lange Zeitdauer von mindestens fünf Stunden an großen Angstzuständen litt und zum Beispiel auch in den Anhänger urinierte. Auf diese Weise verursachten die Beschuldigten Pascal E. übermäßig viele Qualen, welche zur bloßen Tötung nicht notwendig gewesen wären.

Thomas K. tötete Pascal E. sodann auf besonders grausame Weise, indem er ihm die Atemwege mit Klebeband verschloss, wodurch Pascal E. bei vollem Bewusstsein langsam und qualvoll erstickte.

*

Thomas erzählt, Pascal E. sei schon tot gewesen, als Corine nach Hause kam.

Sie sagt nichts. Sie fragt nichts. Sie stellt einzig fest, dass ihr Mann alleine zu Hause ist, als sie zurückkommt. Da ist sonst keiner. Und im Anhänger ist es still.

Um 23.09 Uhr schreibt sie ihrem Liebhaber eine WhatsApp-Nachricht.

Sorry, bin erst grad wieder nach Hause gekommen. Stress. Weil ich eine Szene nach der anderen hatte. 😊

Dann bringt sie die Kinder ins Bett.

Mit Thomas spricht sie nicht viel. Ein kurzer Wechsel schaler Worte ohne Inhalt.

»Ich habe nicht gefragt, weil ich die Antwort nicht wissen wollte. Aber irgendwann stand es im Raum, und mir war klar, dass er tot war. Ich verstehe bis heute nicht, warum Herr E. hat sterben müssen«, sagt die Frau, die es in der Hand gehabt hätte, diesen Tod zu verhindern.

Thomas hingegen hat eine Erklärung bereit. Allerdings eine, die ihm niemand glaubt. Wieder schustert er eine wilde Geschichte über die Serben-Mafia zusammen, die ihn wegen seiner hohen Schulden gezwungen haben soll, Pascal E. zu entführen, den Lastwagen zu rauben und den Mord zu begehen. Auch dieses Mal geht seine wirre Story nicht auf und ergibt überhaupt keinen Sinn.

Thomas sagt, die Serben hätten ihm aufgelauert auf

dem Rückweg nach seiner Fahrt kreuz und quer durch die Schweiz. Wie sie wissen konnten, dass er ausgerechnet diesen Weg einschlagen wird, kann er indes nicht erklären. Er behauptet, zuerst sei es den Serben nur um den Lastwagen gegangen. Dann hätten sie gesagt, dass kein Zeuge überleben dürfe. Später wiederum sollen sie ihm gedroht haben, indem sie ihm Fotos von seiner Schwägerin und deren Kindern zeigten.

»Ich habe keine Ahnung, woher sie die Fotos hatten.«

Auf jeden Fall sei er gezwungen worden, den Lastwagen zu stehlen und den Mann zu töten. Die Serben hätten ihm eine Pistole an den Kopf gehalten.

»Wenn sie wegen mir auffliegen sollten, dann sei ich ein toter Mann.«

Warum weder Corine noch Markus etwas von der sogenannten Serben-Mafia mitgekriegt haben, kann Thomas nicht erklären. Er versucht, mit diffusen Lügen die Schuld von sich zu weisen und sich als Opfer darzustellen.

Er sagt Sätze wie: »Ich habe bis zum Schluss die Hoffnung gehabt, dass es einen anderen Ausweg gibt. Für mich war von Anfang an klar, dass ich es irgendwie anders drehe, dass es nicht so weit kommt, aber schlussendlich war es dann eigentlich aussichtslos und es ist nicht anders gegangen.« Er gibt gar Einsicht und Reue vor: »Egal, wie die Situation aussah und mit wem ich es zu tun hatte. Egal, wie groß der Druck war von den Männern, die dahinter standen, ich hätte sofort abbrechen und mich an die Polizei wenden sollen, das habe ich nicht gemacht und das bereue ich auch.«

Thomas spricht im breiten Dialekt der Berner, er klingt, als erörtere er eine wissenschaftliche Frage, versucht sich gestelzt klar auszudrücken. Die Hände hält er pastoral im Schoß verschränkt. Doch seine Geschichte ist so unglaubwürdig und stümperhaft zusammengeschustert, dass er dabei erbärmlich wirkt.

»Es ist richtig, dass ich ihm die Klebebänder übers Gesicht geklebt habe, das erkenne ich an«, sagt Thomas.

»Ich glaube, dass er von Anfang an geplant hat, Herrn E. zu töten«, sagt seine Frau Corine, die nicht mehr seine Frau sein will.

Markus erklärt: »Ich möchte an Thomas K. appellieren, dass er endlich seine wahren Beweggründe offenlegt, damit die Angehörigen der Opfer wissen, warum diese sterben mussten. Die Tat zu begehen ist das eine, aber dazu zu stehen ist etwas anderes. Bitte stehe dazu, warum du diesen Scheiß gemacht hast.«

*

Auszug aus der Anklageschrift:

Thomas K., Corine K. und Markus N. missbrauchten das Vertrauen des ahnungslosen Pascal E., der aufgrund der mit dem Beschuldigten Thomas K. geführten Gespräche davon ausging, eine vertrauenswürdige Käuferschaft für seinen Lastwagen gefunden zu haben. Pascal E. rechnete in keiner Weise damit, dass ihm auf der Probefahrt etwas zustoßen würde. Die Beschuldigten nutzten seine Ahnungslosigkeit sowie die daraus resultierende und von den Beschuldigten auch beabsichtigte Wehrlosigkeit von Pascal E. in heimtückischer Weise zu ihren Gunsten aus.

Schließlich handelten die Beschuldigten Thomas K. und Corine K. aus reinem Egoismus, da es ihnen einzig darum ging, den Erlös aus dem Weiterverkauf des entwendeten Lastwagens für den eigenen Lebensunterhalt zu verwenden. Markus N. handelte ebenfalls aus dem Grund, das versprochene Entgelt in der Höhe von 10 000 Franken von Thomas K. zu erhalten und dieses für seinen eigenen Lebensunterhalt zu verwenden. Die Beschuldigten handelten dadurch mit einer extremen Geringschätzung gegenüber dem Leben von Pascal E., da der zu erwartende Erlös aus dem Verkauf des Lastwagens zirka 40 000 Franken und das versprochene Entgelt für Markus N. in der Höhe von 10 000 Franken im Verhältnis zum Leben von Pascal E. von äußerst geringfügiger Bedeutung waren.

*

Die Leiche muss weg. Dieses Mal will Thomas sie nicht im eigenen Garten vergraben. Zum einen, weil da schon eine liegt. Zum anderen denkt er: Wenn die Leiche von Pascal E. im Kanton Zürich gefunden wird, sucht man den Mörder nicht im Kanton Bern.

Corine schaut ihrem Mann dabei zu, als er in der Nacht nach dem grausamen Mord die Leiche von Pascal E. aus dem Anhänger schleift und in den Kofferraum ihres Subarus Legacy verfrachtet. Mithelfen tut sie nicht.

»Wir haben überhaupt nicht mehr miteinander gesprochen«, sagt Thomas.

»Nach dem Mord an Pascal E. haben wir nicht mehr miteinander geredet, haben nur noch das Nötigste gesagt«, erzählt Corine. »Ich habe keine Fragen gestellt, und er hat mir keine Rückmeldungen gegeben.«

Thomas setzt sich in den Wagen und fährt mit der Leiche davon.

Irgendwann zwischen halb eins und halb fünf Uhr morgens legt er den toten Pascal E. in einem Waldstück zwischen Boppelsen und Regensberg bei Zürich ab.

Der Plan ist noch nicht zu Ende gebracht. Es scheint, als hätte Thomas ein Drehbuch im Kopf, an das sich alle drei halten müssen und von dem nicht abgewichen werden darf. Er muss sich für besonders schlau gehalten haben, als er es entwarf. Doch all seine Bemühungen, falsche Spuren zu legen, erweisen sich in der Tat als ziemlich dumm.

Im Nachhinein ist es nicht begreifbar, wie das mörderische Trio glauben konnte, dass es ungestraft davonkommen würde.

Am nächsten Morgen, es ist der 4. Juni 2016, versucht Markus den Lastwagen möglichst schnell zu verkaufen. Schon am Vortag, auf der Fahrt Richtung Zürich, als der Mord erst geplant aber noch nicht begangen war, hat er den Lastwagen von Pascal E. zum Verkauf ausgeschrieben und mit potenziellen Käufern Kontakt aufgenommen. Einer von ihnen heißt Klaus D., ein LKW-Händler im deutschen Lahr im nahen Schwarzwald. Jetzt meldet sich Markus erneut bei ihm, er unterbreitet ihm per Mail ein Angebot: der rote Lastwagen der Marke Volvo sei für 47 000 Franken zu haben. Klaus D. handelt den Preis auf 43 000 Franken herunter, er sei interessiert, vorausgesetzt, er könne das Fahrzeug am 6. Juni persönlich anschauen und prüfen.

Das ist Markus zu spät. Er will den Lastwagen möglichst rasch aus der Schweiz raushaben. Also vereinbart er mit Klaus D., dass er den LKW bereits heute Nacht nach Lahr fahren und auf dem Areal des Händlers abstellen wird. Zwei Tage später will er selbst anreisen, um zu verhandeln.

Es ist nicht Markus, der den LKW außer Landes schafft. Corine und Thomas fahren am späten Nachmittag los, um den Lastwagen in Gansingen, wo er seit der gestrigen Mordnacht geparkt ist, abzuholen und ihn über die Grenze nach Lahr zu bringen. Als sie dort ankommen, beschreibt ihnen Markus am Telefon, wo sie den Lastwagen abstellen sollen.

Zur gleichen Zeit, als Thomas und Corine den Lastwagen ins Ausland verschieben, fährt ein Radfahrer bei Boppelsen an einem Waldstück entlang. Da sieht er am Wegrand etwas liegen. Er hält an, steigt ab und entdeckt den toten Pascal E. Der Radfahrer ruft die Polizei.

Der 6. Juni 2016. Markus fährt wie vereinbart zu Klaus D. in den Schwarzwald, um ihm den Lastwagen zu zeigen und zu verkaufen. Thomas fährt zwar mit, will aber selbst nicht in Erscheinung treten, weil er Klaus D. bereits kennt und wegen früherer Geschäfte mit ihm zerstritten ist. Darum tritt einzig Markus als Handelspartner auf.

Doch das nützt nichts, denn Klaus D. wird trotzdem misstrauisch. Der Verkaufspreis erschien ihm zu niedrig. Also hat er im Internet recherchiert und ist auf das Original-Inserat von Pascal E. gestoßen: der gleiche Lastwagen, die gleichen Daten, doch der Verkaufspreis liegt um fast 20 000 Franken höher. Klaus D. hegt einen Verdacht. Er meldet sich bei der Kontaktadresse, die im Inserat angegeben ist, um zu fragen, ob der Lastwagen noch zu haben sei. Es ist nicht Pascal E., der antwortet, sondern sein Arbeitskollege.

*

Thomas und Markus ahnen nicht, dass sie zu diesem Zeitpunkt längst ins Visier der Polizei geraten sind. Seit Pascals Leiche gefunden wurde, laufen die Ermittlungen auf Hochtouren. Die Polizei findet schnell zahlreiche Spuren, die direkt zu den beiden führen. Thomas und Markus wurden gesehen, als sie mit Pascal E. zur Probefahrt aufbrachen. Das Berner Nummernschild am Ford und das von Markus am Lastwagen angebrachte Solothurner Kontrollschild sind aufgefallen. Auch die Rückverfolgung von Nachrichten und Telefonanrufen an Pascal E. führen rasch zu Thomas und Markus. Tatsächlich wissen die Ermittler der Kantonspolizei Zürich genau, dass sich die beiden Verdächtigen in Deutschland aufhalten, als sie einen Anruf des Arbeitskollegen von Pascal E. erhalten.

Der Mann berichtet der Polizei vom Telefonat mit Klaus D., dass auf dessen Areal in Lahr just in dem Moment der gestohlene Lastwagen stehe sowie die zwei Raubmörder persönlich, die ihn verkaufen wollen.

Klaus D. hat zwar vermutet, dass ihm hier gerade ein geklauter Lastwagen zum Kauf angeboten wird. Doch mit dem, was er am Telefon von Pascal E.s Kollegen erfahren hat, hat er nicht gerechnet: Der Lastwagen wurde gestohlen, und der Besitzer ist tot, ermordet.

Er hat den Anruf erst vor wenigen Minuten beendet, da klingelt sein Telefon erneut. Dieses Mal meldet sich die Zürcher Kantonspolizei bei ihm. Sie hat eine Bitte: Er soll versuchen, die beiden Männer hinzuhalten.

Klaus D. äußert gegenüber Markus, er vermute, dass der Lastwagen in der Schweiz gestohlen worden sei. Markus ist überrumpelt. Er ruft Thomas hinzu und informiert ihn über den Verdacht des potenziellen Käufers. Doch Thomas denkt selbst jetzt noch nicht ans Aufgeben. Es kann nicht sein, dass sie dieses Mal auffliegen, wo es bis jetzt doch immer gut gegangen ist.

Thomas bespricht mit Markus, was sie tun sollen. Er ruft seine Frau Corine zu Hause in Utzigen an und weist sie an, den Kaufvertrag, unter dem die erpresste Unterschrift von Pascal E. steht, mit den Fahrzeugdaten fertig auszufüllen und als Käufer Markus einzutragen, dessen Unterschrift solle sie fälschen.

Es ist die Handlung von Verzweifelten, die versuchen, sich mit einem letzten Betrug zu retten. Doch genau damit spielen sie den Ermittlern in die Hände: Die Zeit, die sie dabei verlieren, ist Zeit, die die Polizei gewinnt.

Kurz vor acht Uhr abends schickt Corine den ausgefüllten Kaufvertrag per Mail an Klaus D. und per WhatsApp an Thomas. Der unterbreitet den Vertrag Klaus D. und versichert ihm, dass alles korrekt gelaufen sei. Er will ihn glauben machen, dass Pascal E. ihnen den Lastwagen verkauft hat, dass er ihn rechtmäßig weiterverkaufen darf, und er versucht Klaus D. zu überzeugen, dass er den Lastwagen ohne Bedenken für 43 000 Franken erwerben könne.

Thomas und Markus wähnen sich noch immer in Sicherheit, obwohl es längst zu spät ist.

*

Auszug aus der Anklageschrift:

Corine K. behändigte nach dem Telefonat mit Thomas K. umgehend die offen im Haus neben dem Tresor liegende Pistole Beretta, Modell 71, Kaliber 22 LR, welche am 3.6.2016 – wie sie wusste – für die Überwältigung von Pascal E. verwendet worden war. Die Pistole versteckte Corine K. sodann im Estrich an ihrem Wohnort unter Dachziegeln. Weiter versteckte Corine K. die Schwerverkehrsabgabe-Karte des Lastwagens sowie weitere zum Lastwagen gehörende Dokumente hinter einem Gipsabdruck des Schwangerschaftsbauchs von Corine K., der an der Wand im Kinderzimmer hing. Corine K. versteckte die Pistole und die weiteren Gegenstände, um diese dem Zugriff der Polizei zu entziehen und ihren Ehemann Thomas K. sowie auch Markus N. vor einer Strafverfolgung zu schützen.

*

Während Corine verzweifelt versucht, Spuren zu beseitigen, erfolgt in Deutschland der Zugriff. Mitten in den Verkaufsverhandlungen werden Thomas und Markus auf Ersuchen der Zürcher Polizei von den deutschen Kollegen verhaftet. Die beiden Verdächtigen werden später an die Schweiz ausgeliefert. Am 20. Juni wird auch Corine in Untersuchungshaft genommen.

In Thun im Berner Oberland kommt es in Zusammenhang mit dem Mord an Pascal E. zu einer vierten Verhaftung: Ein Bekannter von Thomas, mit dem er ein neues Geschäft gründen wollte, gerät ebenfalls unter Verdacht, weil er eine SIM-Karte von Thomas mitbenutzt hatte. Doch er hat ein Alibi, und der Verdacht gegen ihn erhärtet sich nicht; nach zweieinhalb Monaten wird er aus der Untersuchungshaft entlassen.

Für Thomas, Markus und Corine sieht die Situation ganz anders aus. Je länger die Polizei ermittelt, desto deutlicher zeichnet sich ab, was wirklich geschehen ist und welch schreckliches Verbrechen das Trio begangen hat. Schritt für Schritt gelingt es den Zürcher Ermittlern, den Mord an Pascal E. zu rekonstruieren.

Und dann erfahren sie von ihren Berner Kollegen von einem Vermisstenfall, der noch immer ungeklärt ist: Es handelt sich um einen Bekannten der Mordverdächtigen. Sein Name ist Dzemal K. In den Einvernahmen bricht Thomas ein und sagt der Polizei, wo sie dessen Leiche finden können.

Es ist Ende Juli 2016. Seit dem Mord an Pascal E. ist fast ein Monat vergangen, Dzemal K. ist seit zwei Monaten verschwunden. Wieder wird gegraben im idyllischen Dorf Utzigen im Berner Mittelland. Doch dieses Mal sind es die Experten der Polizei, die neben dem Haus von Thomas und Corine eine Grube ausheben. In einer Tiefe von rund drei Metern stoßen sie auf die halb entkleidete Leiche von Dzemal K.

*

Es ist eng im Gerichtssaal von Bülach. Über zwei Jahre sind seit den Morden vergangen. Das Gericht, die drei Beschuldigten, die Anwälte, wir Journalisten und die Zuschauer sitzen dicht gedrängt, als wären wir in eine viel zu kleine Schuhschachtel gepfercht worden. Ein Teil des Publikums wurde aus Platzgründen in ein Nebenzimmer verbannt, von wo aus es den Prozess über einen Bildschirm mitverfolgen kann. Die Zuschauer im Saal machen sich hin und wieder mit Zwischenrufen bemerkbar, obwohl strikte Ruhe herrschen sollte. Die Emotionen gehen noch immer hoch.

Nicht so bei den Beschuldigten. Corine weint hin und wieder. An Markus und Thomas hingegen scheint alles abzuprallen, sie lassen sich ihre Gefühle kaum anmerken. Zwischen den Beschuldigten sitzt je ein Polizist. Die drei würdigen sich gegenseitig keines Blickes.

»Ich dachte, er sei mein Freund«, sagt Markus über Thomas. »Aber bei der Befragung stellte ich fest, dass er viel gelogen hat. Er ist ein Mensch, der mir in meinem restlichen Leben nie mehr über den Weg laufen soll.«

»Ich habe Herrn K. 2010 geheiratet, und ich will mich scheiden lassen«, berichtet Corine. »Die Scheidung wurde aber noch nicht eingereicht. Ich will abwarten, bis die Hauptverhandlung durch ist. Doch ich habe einen neuen Lebenspartner.«

»Ich habe Frau K. 2010 geheiratet. Jetzt bestehen Scheidungsabsichten«, sagt Thomas über Corine. »Bis zum heutigen Tag kam es noch nicht zu einer Aussprache, es besteht noch Gesprächsbedarf, darum möchte ich ihr auch keine Vorwürfe machen.«

Ihre Leben sind zerbrochen, weil sie zwei Menschen auf brutalste Weise das Leben genommen haben. Zurück bleiben die Angehörigen und Freunde der Toten, die sich nicht erklären können, warum ihre Lieben haben sterben müssen.

Zurück bleiben auch Angehörige und Freunde der Täter, die nicht verstehen können. Und die Kinder.

Kinder von Mördern sind gleichfalls Opfer der Taten ihrer Eltern.

Corine hat ihre beiden Mädchen seit neun Monaten nicht mehr gesehen, als sie in Bülach vor dem Richter sitzt.

»Sie leben jetzt bei meiner Schwester und beim Schwager, ich darf mit ihnen alle zwei Wochen zehn Minuten lang telefonieren, und sonst halt Briefe schreiben.«

Vor der Verhaftung hatte Corine ein gutes Verhältnis zu ihrer Schwester, die fast denselben Vornamen trägt wie sie. Seit der Verhaftung sei es »schlecht«. Die Kinder nennen nun Tante und Onkel Mami und Papi. Es fällt Corine schwer, das zu erzählen.

»Sie sagen am Telefon immer, es gehe ihnen gut – aber wie es ihnen wirklich geht, kann ich leider nicht beurteilen.«

Kurioser Zufall: Der Mann von Corines Schwester ist der Bruder ihres Mannes, also von Thomas. Zwei Schwestern haben zwei Brüder geheiratet – und das eine Paar zieht nun die Kinder des anderen groß. Der Bruder hat auch mehr oder weniger das Transportunternehmen übernommen, wie Thomas sagt. Fast so, als hätte jemand die Familien ausgetauscht.

Thomas hat seine Kinder vor fast zwei Jahren das letzte Mal gesehen. An den Geburtstagen durfte er sie anrufen.

»Ich mache den Kindern immer Zeichnungen«, erzählt er. »Meine Tochter hat mir am Telefon gesagt: ›Schau, egal, was ist, wir schaffen das.‹ Sie ist jetzt sechs, es ist wirklich krass, wie sie in dem Alter das meistern.«

Markus sagt, er habe mehr schlecht als recht Kontakt zu seinem Kind. Auch seine Frau lässt sich scheiden.

»Manchmal versuche ich, meinem Kind etwas zu schreiben«, erzählt er. »Aber mein Alltag im Gefängnis sieht immer gleich aus, da ist es schwierig, Schreibstoff zu finden. Daher kommt es leider zu einem schleichenden Kontaktabbruch.«

Die drei Beschuldigten klingen wie ganz normale Eltern, wenn sie über ihre Kinder sprechen. Die Staatsanwältin warnt, man dürfe sich nicht täuschen lassen. Zwar wirkten die drei Beschuldigten zuweilen fast sympathisch, doch der Schein trüge. Sie attestiert allen drei eine besondere Kaltblütigkeit. »In ihren Taten ist kein Funken Menschlichkeit erkennbar.«

»Ich hätte nie gedacht, dass meine kriminellen Machenschaften ein solches Ausmaß annehmen könnten. Ich würde es sofort rückgängig machen, wenn ich könnte«, sagt Thomas K. in seinem letzten Wort, bevor das Gericht sein Urteil fällt.

»Es tut mir leid, was passiert ist«, sagt Markus N.

»Ich möchte mich dafür entschuldigen, dass ich so lange geschwiegen habe«, sagt Corine K.

Das Bezirksgericht Bülach verurteilt Corine K. zu einer Freiheitsstrafe von elf Jahren. Markus N. muss für dreizehn Jahre ins Gefängnis. Und Thomas K. erhält lebenslang.

Lebenslang kann lebenslang bedeuten. Nur unter bestimmten Voraussetzungen ist eine vorzeitige Entlassung frühestens nach fünfzehn Jahren möglich.

Thomas, Markus und Corine nehmen das Urteil entgegen. Als sie hinausgeführt werden, blicken sie zu Boden. Noch immer darum bemüht, die anderen nicht ansehen zu müssen.

Todesrausch

»Ich bin ein Mit-Opfer eines Mordes. Eine Mord-Überlebende. Manche bezeichnen mich als die Mutter des Jungen, der getötet wurde. Manchmal fühlt es sich so an, als hätte ich nicht einmal mehr einen Namen, so groß ist das Stigma, das einen Mord umgibt. Welchen Begriff man auch verwendet; Tatsache ist, dass mein wunderbarer, lustiger, intelligenter, gutaussehender Sohn von jemandem ermordet wurde, den er kannte und dem er vertraute. Er ist in den frühen Morgenstunden eines kalten, dunklen Tages getötet worden. Er starb in Küsnacht, im selben Dorf, in dem er seine Kindheit und seine Teenagerjahre verbracht hatte, einem Ort, den er liebte und sein Zuhause nannte. Nun lebte und arbeitete er in London, er hatte eben sein Bachelor-Studium abgeschlossen, stand am Anfang seiner Karriere. Sein ganzes Leben lag vor ihm.«

Fast sieben Jahre sind vergangen, seit Katja Faber ihren Sohn verloren hat. Die Zeit hat die Wunden nicht geheilt. Über den Mord an seinem Kind kommt man nicht hinweg. Nie.

Ich frage sie, wie es ihr heute geht.

»Wie es mir geht?« Sie muss lange überlegen. »Es kommt darauf an, an welchem Tag Sie mich das fragen.

Es gab Tage, da kam ich kaum aus dem Bett, es war, als hätte mich ein Lastwagen überfahren und ich hätte dabei einen Arm und ein Bein verloren, alles tut weh, man kann sich den Schmerz und das Leiden nicht vorstellen.«

Dennoch glaubt Katja Faber, die höchste Stufe des Leidens hinter sich zu haben.

»Ich habe gelernt, die Trauer und den Schmerz in mein Leben zu integrieren. Ich bewege mich durch das Leben, aber es geht nie weg, es ist immer da, in jedem Augenblick: Die Tat und der Verlust berühren alles, was ich tue.«

Seit fast sieben Jahren versucht Katja Faber zu überleben, irgendwie. Seit fast sieben Jahren kämpft sie um Gerechtigkeit, noch immer.

Im Namen ihres Sohnes: Alex Morgan.

*

Es ist das Jahr, in dem Deutschland in Brasilien Fußballweltmeister wurde und in dem ein Flugzeug der Malaysia-Airlines spurlos vom Himmel verschwand. In dem in der Ukraine ein Krieg ausbrach und in dem sich der Komiker Robin Williams das Leben nahm.

2014 neigt sich dem Ende zu. Weihnachtsferien. Alex Morgan, dreiundzwanzig, kurzes, dunkles Haar, markante Augenbrauen über seinen hellen Augen mit dem klaren Blick, fliegt über die Festtage aus London zurück in seine alte Heimat. Freunde treffen, Ski fahren, er hat sich extrem auf diesen Trip gefreut. Es ist der

29. Dezember, in der Schweiz ist es so kalt wie seit vielen Jahren nicht mehr. Auf dem Zürichberg liegen fünfundzwanzig Zentimeter Schnee, als Alex' Maschine darüber fliegt und kurz darauf zur Landung ansetzt. Er fährt mit dem Zug vom Flughafen in die Stadt, wo seine Freunde ihn am Bahnhof abholen. Sie sind ausgelassen, alle freuen sich, sich wieder zu sehen. Gemeinsam schlendern sie durch das verschneite Zürich. Sie lassen sich die Haare schneiden, gehen essen, anschließend wollen sie bei jemandem zu Hause feiern. Alles ist gut.

Ein Freund erzählt später, Alex sei außer sich gewesen vor Freude über den vielen Schnee.

Weihnachten ist zwar vorbei, doch die Straßen haben den feierlichen Glanz noch nicht abgelegt. Die Schaufenster sind festlich geschmückt, Lichterketten leuchten. Es ist eine Dazwischenzeit; das alte Jahr ist noch nicht ganz vorbei, doch man blickt nicht mehr zurück, sondern erwartungsvoll voraus. Es ist der Moment, in dem man seine guten Vorsätze fasst. Das neue Jahr kann kommen.

Auch Bennet S. will feiern. Wie so oft. Sein ganzes Leben ist eine große Party. Er meint, ihm gehöre die Welt. Er feiert Feste in Städten auf allen Kontinenten, feiert das Leben und vor allem sich selbst.

Und sich selbst erträgt er besser, wenn er auf Drogen ist.

Weihnachten verbringt der Neunundzwanzigjährige mit seinen Eltern und seiner Schwester in den Bergen. Dort wird es ihm bald langweilig, darum fährt er am 29. Dezember spätabends zurück in die Stadt. Bennet hängt oft in den teuersten Clubs von Zürich herum. Geld spielt keine Rolle. An einem guten Abend gibt er zusammen mit seiner Clique schon mal über 10 000 Franken aus. Bennet, ein Deutscher, ist der Sohn eines wohlhabenden Galeristen, der in Zürich an feinster Adresse exquisite Kunst anbietet. Gemeinsam mit seiner Schwester wuchs er zwischen Kunstwerken von Miró, Chagall und Keith Haring auf. Sie wohnten in einer luxuriösen Villa am rechten Zürichsee-Ufer, eine Region, die den Namen Goldküste trägt – nicht nur, weil sie auf der Sonnenseite liegt, sondern weil hier die Vermögen groß und die Steuern niedrig sind.

Bennet arbeitet hin und wieder in der Kunstgalerie seines Vaters mit. Er ist schlank und groß, misst beinahe zwei Meter, das blonde Haar trägt er fast schulterlang und aus der Stirn zurückgekämmt. Er ist gut und teuer gekleidet, gibt sich galant und generös, ist wohlerzogen, solange nichts aus dem Ruder läuft.

Er bewegt sich in einer Welt, die die wenigsten von uns aus eigener Erfahrung kennen und in die er ohne Zutun hineingeboren worden ist: die Welt der Reichen und Schönen. Er lebt in einer Wohnung mitten in Zürichs Zentrum, nahe des Paradeplatzes, die Miete von 4 000 Franken bezahlt sein Vater, der ihm überdies eine Kreditkarte zur Verfügung stellt, auf die monatlich weitere 5 000 Franken fließen. 1 000 Franken gibt Bennet pro Monat allein für Drogen aus. Er muss nicht viel leisten und bekommt alles, was er will.

Doch Geld allein ist kein Garant für Glück. Und zu

viel unverdientes Geld kann dem Unglück die Türen öffnen.

*

Der Abend des 29. Dezembers 2014 ist ausgeklungen und nahtlos in den vorletzten Tag des Jahres übergegangen. Es ist eine Nacht, in der es keinen Morgen gibt. Es sind die letzten Stunden in Alex Morgans Leben.

Irgendwann stößt Bennet zu Alex' Clique. Obwohl Bennet einige Jahre älter ist, sind er und Alex befreundet. Sie haben beide das Regent's College in London besucht. Sie sind beide an der Goldküste groß geworden. Keine besten Freunde, aber Bekannte, das schon.

»Er war nicht einer seiner engen Freunde«, sagt Katja Faber, Alex' Mutter.

Die meisten Freunde ihres Sohnes hat sie gekannt. Bennet hat sie nie getroffen. Es sei ihrem Sohn leichtgefallen, Freunde zu finden, erzählt sie mir. Man habe sich gerne mit ihm abgegeben, ihn gerne um sich gehabt.

»Alex war charmant, er war cool, er war total lustig, er hat die Leute angezogen; er war nicht der Schüchterne, er war jemand, mit dem man gerne zusammen war.«

Bennet gibt sich immer mal wieder mit Jüngeren ab, denn viele seiner gleichaltrigen Freunde haben sich von ihm abgewandt. Er hat nicht dieselbe Ausstrahlung wie Alex, aber er wirkt auf die Jüngeren trotzdem irgendwie cool, weil er für sie zahlt und sie auch mal zu einer Line Koks einlädt.

Er selbst ist schon lange süchtig.

Cannabis war seine Einstiegsdroge, hier und da ein Joint, als er, ein Teenager noch, ein privates Gymnasium besuchte. Später begann er regelmäßig Kokain zu konsumieren. Das genügte nicht. Bald schon griff er zu MDMA, später zusätzlich zu Ketamin, einem rezeptpflichtigen Medikament, in der Partyszene besser bekannt unter dem Namen Special K.

Special K, Vitamin K, Kate, oder einfach K. Ketamin war eines der wichtigsten Narkosemittel für amerikanische Soldaten im Vietnamkrieg. Heute wird es in der Regel nur noch in der Tiermedizin, bei Menschen höchstens in der Notfallmedizin als Narkosemittel verwendet, da die Patientinnen und Patienten nach dem Aufwachen oft Halluzinationen erleben, desorientiert sind und Wahnvorstellungen haben.

Genau darum fährt die Partyszene auf das Mittel ab. Wie Kokain wird Ketamin meist als Pulver mithilfe eines Röhrchens oder eines zusammengerollten Geldscheins durch die Nase gezogen. Die Wirkung tritt nach ein paar Minuten ein und dauert etwa ein bis zwei Stunden. Es stellen sich Halluzinationen, eine verzerrte Wahrnehmung von Zeit und Raum ein. Manche Konsumenten erzählen von Nahtoderfahrungen. Es entsteht ein Gefühl, den eigenen Körper zu verlassen und mit der Umwelt zusammenzufließen. Manchmal fühlt man sich völlig losgelöst von der Realität.

Der Zustand hat einen Namen: »K-Hole.« Meist ist der Trip ein guter, aber nicht immer. Auf Drogeninformationsseiten wird vor akuten psychischen Risiken gewarnt: »Die starken Bewusstseinsveränderungen ähneln den Symptomen einer schizophrenen Psychose. Diese extremen Zustände können Angst und Panikattacken auslösen.«

Auch in dieser Nacht werden Lines gezogen, Kokain, Ketamin, auch Alkohol fließt. Zuerst in Bennets Appartement beim Paradeplatz, später zu Hause bei einem anderen Freund von Alex. Nächte können endlos sein in Zürich. Feiern bis zum Gehtnichtmehr.

Eigentlich, so war es abgemacht, wollte Alex bei seinem Freund in Zürich übernachten. Aber so weit kommt es nicht. Vielleicht ist ihm einfach noch nicht danach, ins Bett zu gehen. Vielleicht packt Bennet seine Überredungskünste aus, weil er unbedingt noch weiterfeiern will. Warum sich Alex schließlich umentscheidet, weiß niemand. Auf jeden Fall willigt er ein, mit Bennet weiterzuziehen in die riesige Villa von dessen Eltern in Küsnacht. Dort ist jede Menge Platz, er kriegt sein eigenes Gästezimmer. Bennets Eltern sind weg, in den Bergen, Skiurlaub, die Villa gehört ihnen ganz allein. Sturmfrei.

Die Nacht soll noch nicht zu Ende, die Party noch nicht vorbei sein. Irgendwann zwischen vier und halb fünf Uhr früh warten Alex und Bennet am Bellevue in Zürich auf ein Taxi. Sie sind allein, kein einziger Mensch weit und breit, der Schnee fällt in großen Flocken und legt sich wie ein Teppich auf die schlafende

Stadt. Das Taxi kommt und bringt sie nach Küsnacht. Zwei Jugendliche aus gutem Hause auf dem Heimweg nach durchfeierter und drogenberauschter Nacht. Doch die Fahrt ist seltsam, schon unterwegs wird mit dem Fahrer um Geld gestritten, sie dauert länger als normal für die an sich nicht weite Strecke.

Bei der Villa angekommen, betreten Bennet und Alex gemeinsam das Areal der Liegenschaft, Bennet geht voraus, er wendet Alex den Rücken zu und schließt die Tür auf.

*

Am späten Nachmittag des 31. Dezembers 2014 piepst Katja Fabers Handy. Sie befindet sich in Madrid im Haus ihrer Tante. Sie ist mit ihrem jüngsten Sohn hierher gereist, um ihre Tochter zu besuchen und zu pflegen; diese verbringt ein Studienjahr in Madrid und ist gerade krank. Die SMS stammt von einer Freundin aus Zürich mit der Bitte, sie sofort anzurufen. Es sei sehr dringend. Also ruft Katja Faber ihre Freundin an.

»Hast du etwas von Alex gehört? Geht es ihm gut?«, will die Freundin wissen.

Katja Faber reagiert überrascht. Warum sollte es ihm nicht gut gehen?

Die Freundin lässt nicht locker.

»Sie sagte, es sei etwas Furchtbares passiert«, erzählt Katja Faber. »Einem jungen Mann sei etwas Schlimmes zugestoßen. Unter den jungen Küsnachtern kursiere das Gerücht, dass es sich um Alex handle.«

Die Freundin bittet Katja Faber, die Kantonspolizei Zürich anzurufen und gibt ihr die Nummer.

»Es ist schwierig, die Panik zu beschreiben, die in mir hochkroch, als ich auflegte.«

Katja Faber wählt die Nummer ihres Sohnes. Er geht nicht ran, einzig sein automatischer Anrufbeantworter meldet sich. Sie hinterlässt eine Nachricht. Und ruft ein weiteres Mal an. Und hinterlässt erneut eine Nachricht. Sie versucht es wieder und wieder. Keine Antwort.

Schließlich wählt Katja Faber die Nummer der Zürcher Kantonspolizei. Sie fragt, ob ihr Sohn in einem Spital sei, sie habe erfahren, dass ihm etwas Schlimmes zugestoßen sei. Der Beamte in der Anrufzentrale nimmt ihre Telefonnummer und ihre Personalien auf, doch er sagt ihr, er dürfe ihr keine Informationen geben. Die Polizei schweigt und lässt die verzweifelnde Mutter im Ungewissen.

Es ist Silvester. Es war ein Abendessen geplant. Aber essen geht jetzt nicht. Katja Faber kann nichts anderes tun, als in der Küche auf und ab zu gehen. Sie ruft Alex' Vater in London an. Sie ruft ihre Schwester an, ihren Bruder. Niemand weiß etwas. Katja Faber beginnt, im Internet zu recherchieren.

Das, was sie dort entdeckt, ist noch viel schlimmer als alles, was sie sich vorgestellt hat.

»Binnen weniger Minuten hat sich mein Leben in einen Albtraum verwandelt. Ich war in panischer Angst.

Das Grauen vor der Wahrheit erdrückte mich schier. Die Zeit stand still, doch die Stunden vergingen. Dann endlich, gegen Mitternacht, rief mich ein Kantonspolizist zurück.«

Er fragt sie, wo sie sich gerade aufhalte. Eine seltsame Frage, denkt Katja Faber.

»Weshalb müssen Sie wissen, wo ich bin?«, fragt sie zurück.

Der Polizist insistiert, erkundigt sich nach der genauen Adresse. Er müsse Beamte losschicken, die mit ihr reden würden.

»Warum?«, fragt Katja Faber.

»Weil es mir leider nicht möglich ist, am Telefon mehr dazu zu sagen.«

*

Der Morgen des 30. Dezembers ist noch nicht angebrochen. Küsnacht liegt ruhig da, als befände es sich im Winterschlaf. Der Schnee schluckt jedes Geräusch.

Alex und Bennet haben nasse Füße. Als Erstes packt Alex trockene Socken zum Wechseln aus, er hat all sein Gepäck mit dabei. Bennet zeigt ihm im ersten Stock das Gästezimmer, in dem er schlafen kann. Danach steigen die beiden hinab ins Untergeschoss, kommen am leeren Pool vorbei und holen aus dem Weinkeller eine edle Flasche hoch. Nicht nur mit Alkohol, auch mit Drogen legen die beiden nach; Bennet und Alex konsumieren in einem der vielen Schlafzimmer der Villa gemeinsam Ketamin.

Zurück im Wohnzimmer schaltet Bennet die Musikanlage ein. Schwedische Weihnachtsmusik. Die beiden jungen, zugedröhnten Männer tanzen wie die Wilden durch das Haus.

Bis die Situation auf einmal total eskaliert.

Was genau und vor allem warum es passiert, wird womöglich für immer im Dunkeln bleiben. Weil der einzige Mensch, der weiß, was geschah, immer wieder etwas anderes erzählen wird oder sich nicht mehr daran erinnern will.

Vielleicht entzündet sich Bennets Wut während der wilden Tanzerei ohne Grund. Vielleicht entfacht die Musik eine Diskussion, weil der eine sie mag und sie dem anderen missfällt. Womöglich kommt es zum Streit um die Drogen. Vielleicht sagt Alex zu Bennet, er solle damit aufhören, und will verhindern, dass sein Freund in dieser Nacht noch mehr einwirft. Vielleicht kommt es zu einem Gerangel, weil Alex die Drogen zurückhält und Bennet keine mehr geben will. Oder umgekehrt. Vielleicht …

In der Anklageschrift steht:
Am 30. Dezember 2014, zwischen circa 5 und circa 7 Uhr, konsumierten der Beschuldigte (196 cm groß und 88 kg schwer) und das nachmalige Opfer Alexander Morgan (179 cm groß und 70 kg schwer) gemeinsam im Schlafzimmer des Beschuldigten in der Liegenschaft … in Küsnacht Ketamin. In der Folge kam es, allenfalls nach dem weiteren Konsum von Kokain, im Wohnzimmer oder in der Küche im

Erdgeschoss zwischen den beiden wegen des Herumtanzens bzw. Herumhüpfens des Beschuldigten zu lauter schwedischer Weihnachtsmusik bzw. wegen des Ansinnens des Beschuldigten, er und/oder das Opfer sollten mit dem Konsum von Ketamin aufhören, verbunden mit der Forderung, das Opfer solle das in einem Plastiksack verbliebene Ketamin herausgeben, und wegen des allfälligen Versuchs des Beschuldigten, dem Opfer das verbleibende Ketamin abzunehmen, zu einer Auseinandersetzung, in deren Verlauf der dem Opfer körperlich erheblich überlegene Beschuldigte in chronologisch nicht hinreichend bestimmbarer Reihenfolge folgendermaßen mit massiver Gewalt auf das Opfer einwirkte:

- *mehrere Faustschläge, allenfalls auch Schläge mit Glasscherben gegen den Kopf*
- *mehrere wuchtige Schläge mit einem schweren Kerzenständer, etwa 1,2 m hoch und circa 6 kg schwer, gegen den Oberkörper des Opfers, mutmaßlich gegen den Kopf des Opfers gerichtet (teilweise von diesem mit den Unterarmen abgewehrt), wovon mindestens ein wuchtiger Schlag gegen den Kopf mit Verursachung einer Impressionsfraktur linksseitig am Übergang des Schläfen-/Scheitelbeines*
- *mehrere wuchtige Schläge mit einer goldenen Skulptur, massiv, unförmig, circa 24 cm hoch, circa 1,88 kg schwer, gegen den Kopf des Opfers*
- *mindestens ein Schlag mit einer keramikähnlichen antiken Dekorationsfigur, zirka 0,54 kg schwer, gegen den Kopf des Opfers*
- *Einführen (mutmaßlich Hineinrammen) einer Kerze in den Mund des noch lebenden Opfers bis in den Rachen zur Verlegung der Luftzufuhr*

– *massives Würgen des Opfers mit einer Hand oder beiden Händen (bis zum Todeseintritt).*

Alex liegt in einem Scherbenhaufen, der einst ein Glastisch war. Er rührt sich nicht mehr. Bennet deckt ihn mit verschiedenen Gegenständen zu. Dann steigt er die Treppe hoch ins Badezimmer, streift seine von Alex' Blut verschmutzte Kleidung ab und stellt sich unter die Dusche. Anschließend wählt er die Nummer seines Vaters, doch der geht nicht ran.

Am frühen Morgen des 30. Dezembers, kurz vor sieben Uhr, geht bei der Notrufzentrale der Polizei ein Anruf ein. Er dauert nur eine Minute. Bennet S. ist am Apparat.

»Mein Kumpel versuchte, mich umzubringen. Meine ganze Hand blutet. Ich musste mich wehren. Mein Kumpel ist tot, er hat mich angegriffen, kommen Sie.«

*

»Als ich herausfand, dass Alex getötet worden war, war er schon beinahe achtundvierzig Stunden tot«, sagt Katja Faber.

Als sie das Telefongespräch mit dem Zürcher Polizisten beendet und den Hörer aufgelegt hat, fühlt sich ihr Körper an wie in völlige Stille versetzt.

»In mir herrschte eine Ruhe, wie sie Tsunami-Überlebende beschreiben, die erlebt haben, wie der Tsunami das Meer ansog, während gleichzeitig die Vögel verstummten und die Blätter in den Bäumen zu rascheln aufhörten«, erzählt sie mir. »So saß ich unbeweglich da, in einem Vakuum, gelähmt. Das einzige Geräusch war mein Herzschlag. Ich saß in dieser entsetzlichen Ruhe und wartete.«

Acht Stunden, nachdem sie die SMS von ihrer Freundin erhalten hat, klingelt es an der Tür. Als Katja Faber sie öffnet, schlägt ihr eisige Luft ins Gesicht. Vor ihr stehen eine Polizistin und ein Polizist. Eine Stimme in ihrem Kopf sagt ihr: »Die haben eine Polizistin geschickt. Sie finden, es sei besser, es mir in der Anwesenheit einer Frau zu sagen.« Es fühlt sich für Katja Faber an, als wäre sie losgelöst von dem, was gerade passiert.

»Als Mutter oder Vater kann man das ungeheure Ausmaß eines solchen Ereignisses ganz einfach nicht erfassen.«

Katja Faber bittet die Polizistin und den Polizisten herein, sagt, dass sie sich setzen müsse. Sie ist sich bewusst, dass sie gleich zusammenbrechen wird, wenn sie erfährt, was die Polizei zu sagen hat.

»Es war, als ob ich nicht mehr Teil meines Körpers sei.«

Der Polizist ist nervös, er schaut Katja direkt in die Augen und sagt ihr, dass ihr Sohn gestorben sei.

Die ausgesprochene Wahrheit rammt sie wie ein Lastwagen.

»Ich konnte nicht mehr atmen, also schrie ich. Ich konnte nicht mehr stillhalten, also rannte ich in ein anderes Zimmer und schlug mit den Fäusten gegen die Wände. Ich fühlte mich, als hätte man mir bei lebendigem Leib die Eingeweide entrissen. Mein Herz zersprang vor lauter Grauen über das, was ich gerade vernommen hatte.«

In einem Moment der Klarheit bittet Katja Faber den Polizisten, den Rapport lesen zu dürfen, den er in der Hand hält. Sie liest die Worte *Interpol – Homicide*, der Rest verschwimmt vor ihren Augen.

Ein Rettungswagen wird gerufen. Alle um sie herum versuchen sie festzuhalten.

»Mein Körper presste Schreie hervor, ich war kein Mensch mehr, ich war Verzweiflung. Dass ich diesen Moment überlebte und nicht auf der Stelle gestorben bin, erstaunt mich heute.«

*

Es ist kurz nach sieben Uhr am 30. Dezember 2014, als die Polizei in der Villa in Küsnacht eintrifft, die zum Tatort geworden ist. Es erwartet sie der Schauplatz eines Gemetzels. Das Wohnzimmer ist voller Blut, mittendrin, in den Scherben eines zerschlagenen Salontischs, liegt der tote Alex. Sein Körper ist mit verschiedenen Gegenständen zugedeckt, die Bennet auf ihn gehäuft hat, unter anderem eine Nikolaus-Puppe, eine Tasche und Weihnachtsschmuck. Es sieht danach aus, als ob eine Person auf den massiven, gläsernen Salontisch gestürzt wäre, worauf dieser zu Bruch gegangen ist. Der Sockel scheint daraufhin zum weißen Sofa hinübergerollt zu sein. Auf dem Sofa selbst befinden sich keine Blutspuren, aber an den sechsundzwanzig Glasbruchstücken klebt Blut – ausschließlich von Alex, wie die Untersuchung später zeigen wird. Auch am Boden eine riesige Blutlache. Daneben liegen Haarbüschel von Alex, mit einem scharfen Werkzeug abgetrennt.

Der tote Körper weist eine Vielzahl schwerster Verletzungen auf, deren Aufzählung in der Anklageschrift drei DIN-A4-Seiten ausfüllt. Allein am Kopf zählt der Gerichtsmediziner über fünfzig Fleischwunden und mehrere Knochenbrüche. Praktisch jeder Bereich des Schädels ist betroffen, viele Knochen sind zertrümmert, Schnittverletzungen im ganzen Gesicht. Alex weist ein offenes, stumpfes Schädel-Hirntrauma auf, im Schädelinnern ist es zu einer Luftansammlung gekommen, in seinem Gehirn finden sich zu viel Flüssigkeit und Blut. Auch an seinen Ellenbogen, an den Unterarmen, an den Händen und an den Fingern ist er verletzt; klassische Abwehrverletzungen. An den Schienbeinen, an den Schultern, am Rücken weist er Hautunterblutungen auf. An seinem Hals, in den Augen und an der Lunge stellt der Rechtsmediziner Verletzungen fest, die auf ein massives Würgen hindeuten.

In der Anklageschrift steht:
Das Opfer verstarb durch Ersticken infolge Gewalteinwirkung gegen den Hals (Würgen) sowie der Verlegung der Atemwege mit der Kerze im Mund/Rachen, wobei der Blutverlust als Folge der offenen Wunden sowie das offene Schädel-Hirntrauma, aber auch das Einatmen von hochgekommenem Mageninhalt in die Lunge den Todeseintritt begünstigt haben können.

Bennet hat lediglich eine Schnittwunde an der Hand. Mehr nicht.

Am Tag der Tat, um halb vier Uhr nachmittags, wird Bennet S. ein erstes Mal von der Polizei einvernommen. Er gibt zu, Alex gewürgt und mit dem Kerzenständer auf ihn eingeschlagen zu haben, nachdem es zu einem Streit gekommen sei.

Einen Tag später ändert er die Aussage und erklärt, er habe Alex zwar gewürgt und mit dem Kerzenständer auf ihn eingeschlagen – aber nicht aufgrund eines Streits, vielmehr habe er in Notwehr gehandelt, weil Alex ihn habe umbringen wollen.

Am 20. Januar 2015, drei Wochen nach der Tat, reicht er ein Gesuch auf Entlassung aus der Untersuchungshaft ein und macht wiederum Notwehr geltend. Alex habe ihn unvermittelt auf den Glastisch geworfen. Dieses Mal meint Bennet, er habe Alex zwar gewürgt, aber nicht auf ihn eingeschlagen – der Kerzenständer sei ihm aus der Hand geglitten und habe Alex zufällig getroffen. Er betont, wie klar und vernunftorientiert und besonnen er reagiert habe, als er angegriffen worden sei.

»Zuerst bin ich geflohen, er rannte hinter mir her und schrie, er sei der Teufel.«

Er habe Alex zu erklären versucht, dass sie Freunde seien, nicht Feinde.

Bennets Gesuch auf Entlassung wird abgewiesen.

In einer weiteren Einvernahme ändert er seine Version erneut. Er bleibt zwar bei Notwehr, sagt aber aus, er habe unter Drogen und Medikamenten gestanden. Er habe das Handy gesucht und nicht gefunden, da habe Alex ihn unvermittelt gestoßen, er sei auf den Glastisch gefallen, der zerborsten sei, er habe die Polizei rufen wollen, aber Alex habe ihn gewürgt. Der Kerzenständer sei unbeabsichtigt auf den Kopf von Alex geflogen, er habe nur eine Schlagbewegung andeuten wollen, damit Alex merke, es reiche jetzt.

»Er würgte mich, ich wehrte mich und versuchte, ihn zu beruhigen«, behauptet Bennet.

Überdies will er sich beim Kampf eine Schulter ausgekugelt haben. Er selber habe Alex nicht gewürgt, sondern das Knie auf ihn gedrückt, um ihn so unter Kontrolle zu halten.

Bennet S. sagt gegenüber der Polizei Sätze wie: »Entweder wäre ich gestorben oder er, ich hatte keine andere Wahl als mich zu wehren – als er auf mich losging, dachte ich: Jetzt sterbe ich.« Oder: »Ich war ihm halt körperlich überlegen, ich ging ins Fitnessstudio, er nicht, ich weiß, wie man ausweicht. Wenn im Tierreich der Löwe angegriffen wird, endet es auch nicht schön.«

Auf die Frage nach den konsumierten Drogen behauptet Bennet S.: »Ich weiß, wie viel Ketamin ich vertrage. Ich habe eine sehr hohe Toleranz, ich merke fast nichts.«

Bei der Einvernahme vom 17. März 2015 erinnert sich Bennet S. auf einmal an gar nichts mehr und macht einen Gedächtnisverlust geltend. Er meint, das habe wohl mit dem Medikamentenentzug im Gefängnis zu tun.

Zwar werden auf Bennets Kleidung neun kleine Glasscherben gefunden. Dennoch sprechen die Ergebnisse der Spurensicherung und der kriminaltechnischen Gutachten eher gegen die Notwehrthese. Bennet S. sagt aus, er habe gedacht, er verblute, er habe eine krasse Verletzung an der Hand – doch die Verletzung ist nicht gravierend, eine Schnittwunde, mehr nicht. Er behauptet, er sei nach dem Angriff benommen gewesen. Doch die ärztliche Untersuchung von Bennet ergibt, dass er keine Verletzung am Kopf erlitten hat. Auch findet sich kein Hinweis darauf, dass er gewürgt worden wäre oder dass er sich die Schulter ausgekugelt hätte.

In der Einvernahme vom 20. November 2015 erzählt Bennet S. von psychotischen Schüben, die er nach der Einnahme von Ketamin erlebt habe. Er berichtet von einer Taxifahrt auf Ibiza, während der er plötzlich furchtbare Angst vor dem Taxifahrer hatte – dieser habe ihm Furcht eingeflößt, weil er nicht mehr ausgesehen habe wie ein Mensch, sondern wie ein alienähnliches Wesen mit langen Ohren und grünlicher Gesichtsfarbe.

In der Einvernahme vom Januar 2016 ist die Aussage zum Taxifahrer mit dem Gesicht eines Außerirdischen kein Thema mehr. Jetzt präsentiert Bennet noch einmal eine ganz neue Version der Tatnacht vom 29. Dezember 2014: Alex habe auf einmal ausgesehen wie ein Alien, er habe ein grünes Gesicht gehabt, lange Ohren und rote Augen. Plötzlich habe er gesagt, er sei der Teufel, der ihn nun umbringen werde. Darum habe er zugeschlagen.

»Ich habe um mein Leben gekämpft«, behauptet Bennet S. gegenüber der Polizei.

In der Schlusseinvernahme des Staatsanwalts vom 24. Mai 2016 meint Bennet S., er habe nicht früher von seiner Halluzination und dem Alien erzählt, weil er Angst vor den Psychiatern habe – obwohl er bereits im November geschildert hatte, dass ihm der Taxifahrer als Außerirdischer erschienen war. Bennet S. erinnert sich in der Einvernahme zwar daran, dass er und Alex in der Villa frische Socken angezogen haben und dass er Ketamin und Kokain konsumiert hat – aber an das Würgen oder das Zuschlagen mit dem Kerzenständer will er keine Erinnerung mehr haben.

Der Staatsanwalt glaubt ihm nicht.

*

»Die Gedanken an seine letzten Momente treiben mich um«, erzählt mir Alex' Mutter Katja Faber. »Dass ich nicht da war, als Alex starb, bereitet mir bis heute großen Schmerz. Ich kann mir nicht vorstellen, dass ich mich mit diesem Aspekt seines Todes jemals abfinden werde.«

Es sind Gedanken, die Katja Faber auch Jahre nach dem Tod von Alex nicht loslassen. Sie sagt, das Wort »Trauer« genüge nicht, um zu beschreiben, was sie beim Verlust ihres Sohnes durchgemacht habe.

»Mein Vorschlag wäre der Begriff: Elternvernichtung. Denn so fühlt es sich an. Ich, eine Mutter, wurde vernichtet, als mein Sohn auf brutalste Weise geschlagen wurde, wieder und wieder auf seinen Kopf und seinen Körper, als ihm eine Kerze in die Kehle gerammt wurde, als er gewürgt wurde, während er wehrlos auf dem blutgetränkten Teppich lag.«

Trotzdem muss Katja Faber weiterfunktionieren, unmittelbar nachdem sie vom Mord an ihrem Sohn erfahren hat. Sie fliegt mit ihren beiden jüngeren Kindern von Madrid zurück nach Zürich. Die Tochter, immer noch krank und höchst traumatisiert, reist im Rollstuhl und liegt im Flugzeug auf dem Boden, Alex' jüngerer Bruder darf während des ganzen Fluges im Cockpit sitzen. Die Crew ist informiert. Sie spricht Katja und ihren Kindern ihr Beileid aus. Am Flughafen Zürich warten Alex' Vater, Katjas Schwester, Freunde.

Doch Zeit zum Ankommen und Trauern bleibt nicht. Der Tod eines Menschen zieht einen ganzen Reigen organisatorischer Pflichten nach sich: den Sarg aussuchen, die Urne, Todesanzeige verfassen, Trauerkarten verschicken, Beerdigung organisieren.

In Alex' Todesanzeige vom 7. Januar 2015 spielt ein Shakespeare-Zitat von *King Lear* auf die Bluttat an:

»Was Fliegen sind den müss'gen Knaben,
das sind wir den Göttern; sie töten uns zum Spaß.«

»Alles, woran ich mich noch erinnern kann von dieser ersten Woche im Vorfeld der Trauerfeier, ist eine durchdringende Übelkeit, Schlaflosigkeit, Panikattacken, Atemnot, mein zerbrochenes Herz«, erzählt mir Katja Faber.

Als sie zurück in Zürich ist, ist es ihr dringendstes Anliegen, Alex aus dem forensischen Institut zu holen. Die Vorstellung, dass er nackt auf dem kalten Seziertisch liegt, ist für sie kaum zu ertragen. Nach der Autopsie und der Freigabe des Leichnams kommt Alex auf den Friedhof Zollikon, wo sein Sarg in einem gekühlten, steinernen Sarkophag in einem Zimmer in der Leichenhalle aufgebahrt wird. Man sagt Katja Faber, sie solle sich ihren toten Sohn nicht ansehen. Sie solle nicht das zerschundene, gebrochene Gesicht in Erinnerung behalten, sondern Alex, wie er lebte, wie er lachte. Also bleibt der Sarg geschlossen.

»Anstatt das Gesicht meines Sohnes zum Abschied zu berühren, ihm mit den Fingern durchs Haar zu streichen, ihn in meinen Armen zu halten, küsste ich den Sargdeckel, der kalt und glatt wie Porzellan war, immer und immer wieder, und meine Tränen tropften auf das Holz.«

Die Trauerfeier findet an einem klirrend kalten Tag im Januar statt. Die Kirche ist bis auf den letzten Platz besetzt. Freunde sind von überall her angereist. Zwölf Freunde von Alex führen durch den Trauergottesdienst, eine letzte Ehre, ein Freund hat eine Rap-Ballade komponiert und spielt sie vor. Katja Faber erlebt die Feier wie betäubt. Sie ist nicht fähig zu weinen. Vermutlich, weil sie weiß, dass sie, wenn sie einmal damit beginnt, nicht mehr aufhören kann.

Irgendwann, später, reist sie nach London, um die Wohnung ihres Sohnes zu räumen. Auf dem Weg zurück fragt sie die Beamtin am Flughafen, ob das ihre Tasche sei.

»Nein, das ist die Tasche meines Sohnes, der ermordet worden ist«, sagt Katja Faber.

Die Frau stellt keine weiteren Fragen, sie sieht ihr an, dass sie die Wahrheit spricht. Im Sommer erhält Katja Faber die Rechnungen für die Trauerfeier und die Blumen. Die Familie des Täters schweigt. Kein Angebot, die Kosten zu tragen. Dann bringt der Postbote noch einmal eine Rechnung: 1217,70 Franken für den Abtransport von Alex' Leiche aus der Villa in Küsnacht, wo er getötet wurde. Sie umfasst: Zwei Plastikunterlagen, Transportkosten, Wartezeit eineinhalb Stunden à 235 Franken, Bestatter, einen Sarg Modell 1 A und einige weitere Hilfsmittel, mit denen man Alex vom blutverschmierten Teppich gehoben und ins Institut für Rechtsmedizin in Zürich gebracht hat.

»Ich lag auf meinem Bett, die Rechnung in der Hand, und weinte. Ich wusste wirklich nicht, wie viele Ungerechtigkeiten ich noch ertragen konnte«, erzählt mir Katja Faber.

Sie bezahlt die Rechnung nicht. Höflich schreibt sie der Firma: »Vielleicht kann die Familie des Täters, aus deren Haus Sie die Leiche meines Sohnes abtransportiert haben, Ihnen weiterhelfen.«

*

Mehr als zwei Jahre später trifft Katja Faber auf die Familie des Täters und auf Bennet S. – in einer Situation, in der nichts persönlich ist, in der alles öffentlich ist und alle Augen auf sie gerichtet sind.

Es ist der 27. März 2017, der Parkplatz vor dem Bezirksgericht Meilen füllt sich. Das Haus der Justiz ist ein schmuckloser, langgezogener Betonbau, er sieht aus wie ein Schulhaus aus den Siebzigerjahren. Hier beginnt heute der Prozess gegen Bennet S. Zunächst sind fünf Verhandlungstage angesetzt, sämtliche Räume sind dafür reserviert. Das Gericht verhandelt in Saal Nummer 1. Die Verhandlung wird per Video in zwei weitere Säle übertragen, in einem sind zusätzliche Plätze für Journalisten und Zuschauer reserviert, im anderen verfolgen Angehörige und Freunde von Alex Morgan den Prozess. In einem zusätzlichen Zimmer arbeiten die Simultandolmetscher, die das Gesprochene für die britisch-schweizerische Opferfamilie in Echtzeit ins Englische übersetzen. Die Anwälte von Bennet S. haben versucht, die Öffentlichkeit und die Journalisten vom Prozess auszuschließen, doch das ist ihnen nicht gelungen. Einzig die Befragung seiner Exfreundin wird unter Ausschluss des Publikums stattfinden. Nicht wegen ihm, sondern zu ihrem Schutz. Denn Bennet S. ist nicht nur der vorsätzlichen Tötung von Alex Morgan, sondern zudem der qualifizierten Vergewaltigung und des Tötungsversuchs an seiner ehemaligen Freundin Sarah* angeklagt. Hinzu kommen mehrfache sexuelle Nötigung, grobe Verletzung der Verkehrsregeln und Fahren in fahruntüchtigem Zustand.

Der Gerichtssaal ist prall gefüllt, als Richter Jürg Meier die Verhandlung eröffnet. Der Mann, der als Beschuldigter vor ihm sitzt – mittlerweile ist Bennet S. zweiunddreißig Jahre alt –, sieht irgendwie aus wie ein

* Name geändert

zu groß geratenes Kind. Auch heute ist er elegant gekleidet. Obwohl er großgewachsen und kräftig ist, kommt er mir unerwachsen vor.

Sein Gesicht verrät keine Emotionen. Er selbst ebenfalls nicht. Vielleicht haben ihm seine Anwälte gesagt, er habe schon zu viel geredet, weil er der Polizei immer mal wieder andere Versionen der Tat geschildert hat. Auf jeden Fall hat Bennet S. beschlossen, die Aussage zu verweigern.

»Auf Empfehlung meiner Rechtsvertreter bin ich nicht in der Lage, Aussagen zu machen.« Von diesem Moment an schweigt Bennet S., auch als Richter Jürg Meier Frage um Frage stellt.

»Ihr Aussageverhalten war während der Untersuchung sehr unterschiedlich«, sagt Richter Meier.

Schweigen.

»In jener Nacht vom 29. auf den 30. Dezember 2014 hatte es geschneit. Sie waren mit Alex Morgan in der Stadt unterwegs. Sie sagten, die Situation sei Ihnen seltsam vorgekommen, keine Leute auf der Straße. Das sei surreal gewesen. Was meinten Sie damit?«

Schweigen.

»Das spätere Opfer Alex Morgan habe zu Ihnen gesagt, ›wir sind die letzten Menschen auf dem Planeten‹. Das habe Ihnen Angst gemacht. Warum haben Sie nicht nachgefragt, was Alex Morgan genau meinte?«

Schweigen.

»In einer Vernehmung sagten Sie, Alex Morgan habe einen ›Psycho-Blick‹ gehabt, sei zu einem grünen Männchen geworden und habe Sie umbringen wollen – da sei für Sie plötzlich alles klar gewesen. Können Sie dazu etwas sagen?«

Bennet S. sagt nichts.

»Irgendwann gab es aber keine grünen Männchen und Aliens mehr – sondern Sie machten einen Gedächtnisverlust geltend.«

Schweigen.

»In einer Einvernahme sagten Sie, Sie hätten die Wasseraufbereitungsmaschine in der Küche aus der Verankerung gerissen, um etwas zu trinken. Sie hätten nach dem Kampf großen Durst gehabt. Bei einer anderen Einvernahme wollten Sie mit dem Wasser Alex' Wunden waschen. In einer weiteren, nochmals anderen Version wollten Sie mit der Maschine wie auf einem Jetpack davonfliegen – was stimmt nun?«

Keine Antwort.

Die Befragung des Beschuldigten wird zum Monolog des Richters. Bennet S. sitzt einfach nur da, die Hände unter dem Tisch, den Kopf gesenkt, wort- und beinahe regungslos.

*

Beim Gerichtsprozess sehe ich Katja Faber zum ersten Mal. Es ist eine einseitige Begegnung auf Distanz. Ich befinde mich auf der Bank der Journalisten zwei Reihen hinter ihr, betrachte sie, wie sie in der vordersten Reihe im Gerichtssaal sitzt, leicht nach vorn gebeugt, mit Kopfhörern auf den Ohren, konzentriert der englischen Übersetzung des Gesagten lauschend. Sie spricht zwar Schweizerdeutsch, ihre Muttersprache aber ist Englisch. Katja Faber ist selbst Anwältin, sie kennt sich aus mit dem Gesetz und mit den Paragrafen, hat in England Kriminelle vor Gericht verteidigt. Nie hätte sie sich vorstellen können, dass sie dereinst selbst auf der Seite der Opfer stehen könnte und ihr Wissen und ihre Erfahrung dafür einsetzen würde, um für ihren toten Sohn zu kämpfen, damit ihm Gerechtigkeit widerfährt.

Ich sehe sie also dasitzen und denke: Sie ist die Mutter des getöteten Sohnes, ein Mit-Opfer, eine Überlebende.

Obwohl wir während des Verfahrens nicht miteinander sprechen, weil ich die Angehörigen nicht mit meinen Fragen belästigen will, bin ich tief beeindruckt; wie stark sie wirkt, wie unglaublich tapfer sie sein muss, um diesen Gerichtsprozess zu ertragen, hier zu sitzen, wenige Meter neben dem Mann, der ihr den Sohn genommen hat, und all die schrecklichen Details zu hören, ohne die Fassung zu verlieren. Wie es in ihr drin wirklich aussieht während des Verfahrens, erfahre ich erst später, als Katja Faber für die Zeitung, bei der ich beschäftigt bin – die *NZZ am Sonntag* –, einen Text verfasst, in dem sie über ihr Leiden und ihren Verlust berichtet.

Ihr Text kommt einem Tabubruch gleich – selten treten Angehörige von Mordopfern an die Öffentlichkeit, noch seltener mit einer solchen Offenheit. Das Schreiben wird zu Katja Fabers Ventil, sie macht sich damit zur Anwältin von Opfern und von Angehörigen der Mordopfer.

»Ich wünsche mir, das Tabu zu brechen, das den Verlust eines Kindes und den Verlust durch einen Mord umgibt«, erklärt sie mir. »Ich teile meine Geschichte, um anderen zu helfen, die dasselbe durchleben müssen – und ich hoffe, mich damit auch selbst zu heilen.«

Ihre Texte publiziert sie in Zeitungen, Büchern und in einem Blog.

»Das Schreiben hilft mir. Ich kann damit ausdrücken, was ich fühle, und es wird von Menschen wahrgenommen – ganz anders als vor Gericht, wo du keine Stimme hast.«

Katja Faber sagt, das Rechtssystem in seiner heutigen Form traumatisiere die Hinterbliebenen der Opfer aufs Neue. Für viele sei der Mord an ihrem Kind oder einem geliebten Menschen das erste Mal, dass sie mit polizeilichen Verhören und dem Strafrechtssystem konfrontiert würden.

»Das Gesetz und die juristischen Verfahren sind selbst unter normalen Umständen verwirrend. Wenn man unter Schock steht und mit extremer Trauer zu kämpfen hat, kann es völlig unverständlich sein«, erklärt mir Katja Faber. »Glauben Sie mir, ich war früher Strafverteidigerin. Doch im ersten Jahr nach dem Mord an meinem Sohn konnte ich nicht verstehen, was meine eigene Anwältin sagte. Ich war einfach nicht in der Lage, das Geschehen aufzunehmen oder zu begreifen.«

Zweieinhalb Jahre nach der Tat, als der erstinstanzliche Prozess gegen Bennet S. stattfindet, leidet Katja

Faber noch immer unter einer posttraumatischen Belastungsstörung und kann nur teilweise nachvollziehen, was vor sich geht.

»Das Gericht ist der schrecklichste Ort, man sieht die Person, die dein Kind getötet hat, alle Leute schauen zu, man muss mit all dem Publikum dort sitzen und wird nicht gehört.«

Als ich fast sieben Jahre nach Alex' Tod mit Katja Faber rede, wiederholt sich meine erste Empfindung: Ich bin beeindruckt, wie stark sie ist. Wie offen sie über sich selbst spricht, ohne irgendetwas zu beschönigen. Und wie unerbittlich sie für ihren Sohn kämpft.

»Wissen Sie, nur weil Alex nicht mehr lebt, heißt das nicht, dass er nicht mehr existiert. Ich werde immer seine Mutter sein, ich bin jetzt einfach die Mutter eines toten Kindes. Dieser schützende Mutterinstinkt ist aber nicht verschwunden, der ist immer noch da. Darum kämpfe ich für ihn, genauso wie ich für ihn kämpfen würde, wenn er noch am Leben wäre.«

*

Das Verfahren zieht sich im Gerichtssaal Nummer 1 von Meilen in die Länge. Während Bennet S. vor dem Richter beharrlich schweigt, reden viele andere. Sein Fall ist für die Justiz eine Herausforderung. Denn es geht in diesem Verfahren nicht um die Frage, ob Bennet S. Alex Morgan getötet hat – daran besteht kein Zweifel. Vielmehr geht es darum, ob Bennet S. wusste, was er tat – oder ob er in einem psychotischen Wahn getötet hat, ausgelöst durch die Drogen, und dadurch gar nicht oder nur vermindert schuldfähig war.

»Wer die Bilder des Tatorts sieht, dem ist klar, dass hier der Wahnsinn Regie geführt haben muss«, sagt einer von Bennet S.' drei Verteidigern.

Doch war es tatsächlich ein Töten ohne Schuld?

Juristisch ist das möglich. Denn das schweizerische Strafrecht orientiert sich – wie alle menschenwürdigen Strafrechtssysteme – bei der Strafbemessung an der Schuldfrage: Nicht das Ergebnis einer Tat, sondern die Absicht des Täters steht im Zentrum. Darum kann auch bestraft werden, wer auf einen Menschen schoss, ohne ihn zu treffen; weil der Täter die Absicht hatte, den Menschen zu töten. Und darum bleibt straffrei, wer im Moment der Tat nicht fähig war, das Unrecht seiner Tat zu erkennen oder gemäß dieser Einsicht zu handeln. Denn wo keine Schuld ist, darf es auch keine Strafe geben. Doch zu beurteilen, ob jemand während der Tat ganz oder teilweise schuldunfähig war, ist diffizil. Noch heikler ist die Frage, wenn es sich nicht um einen psychisch kranken Täter handelt, sondern um jemanden, der sich in voller Absicht selbst in diesen Zustand versetzt hat; indem er zum Beispiel Drogen nahm.

Und was, wenn der Täter schon zuvor ganz genau wusste, dass er gefährlich werden kann, sobald er sich mit Ketamin und Kokain aufputscht?

Zwei psychiatrische Gutachter haben Bennet S., seine Sucht und seine Schilderungen über seinen Wahnzustand beurteilt. Drei bis fünf Gramm Kokain und zehn

Gramm Ketamin habe er pro Woche konsumiert, erzählte Bennet den Psychiatern.

»Sind zehn Gramm Ketamin in der Woche viel?«, will Richter Meier von ihnen wissen.

»Ja, das ist ein sehr hoher Konsum«, antwortet Boris Quednow, er ist Lehrbeauftragter an der Psychiatrischen Universitätsklinik Zürich. »Bennet S. erzählte mir, er sei durch den hohen Ketaminkonsum oft in einen Traumzustand geraten, habe psychotische Wahrnehmungen gehabt und auch Superkräfte entwickelt – allerdings nannte er von sich aus keine expliziten Beispiele, er war sparsam mit Rauschbeschreibungen. Ich musste immer aktiv fragen und er hat viele Dinge dann einfach bejaht.« Boris Quednow meint, Bennet S.' Zustand während der Tat könne wahnhaft gewesen sein. »Doch es ist letztlich schwierig, den exakten Wahrheitsgehalt der Aussagen des Beschuldigten zu bestimmen.«

Auch der forensische Psychiater Elmar Habermeyer berichtet, dass Bennet S. ihm gegenüber mit Auskünften zu seinen Rauschzuständen sehr zurückhaltend gewesen sei.

»Seine größte Sorge war, so mein Eindruck, in einer psychiatrischen Klinik untergebracht zu werden.«

Die Erinnerungslücke nimmt er Bennet S. nicht ab, den »psychosenahen« Zustand hingegen schon.

»Aber man wird nie mit hundertprozentiger Sicherheit feststellen können, dass der Beschuldigte in Alex ein Alien gesehen hat. Man weiß einfach, dass Ketamin-

Konsum die Wahrnehmung verzerrt – und Bennet S. kennt diese Droge vermutlich so gut wie kaum jemand sonst in Zürich.«

Bennet S. hatte schon vor der Tat hochgefährliche Ausraster auf seinen Trips, das wissen alle um ihn herum, und das weiß vor allem auch er selbst. Im Nachhinein scheint offensichtlich, dass er eine tickende Zeitbombe war, und ich frage mich, warum niemand eingeschritten ist und sie entschärft hat.

Der erste Vorfall, der aktenkundig ist, betrifft jene Person, die Bennets Leben und auch seine Sucht finanzierte.

Es ist der 22. Februar 2011, Bennet befindet sich in seinem Elternhaus, als er auf einen schlechten Trip kommt. Unvermittelt bedroht er seinen Vater und greift ihn mit einem Stock an – der Angriff ist so heftig, dass sich der Vater vor seinem eigenen Sohn bei Nachbarn in Sicherheit bringen muss. Bennet sagt im Nachhinein, seine Familienangehörigen seien ihm als Hexen erschienen, der Vater als Zauberer, was er offensichtlich als bedrohlich empfand. Nach dem Angriff wird Bennet wegen akuter Selbst- und Fremdgefährdung in die psychiatrische Universitätsklinik in Zürich eingewiesen. Die ambulante Nachbehandlung dauert bis Januar 2012. Als er entlassen wird, warnen ihn die Ärzte vor einem erneuten Ketaminkonsum; es bestehe die erhöhte Gefahr einer Psychose.

Bennet hört nicht auf sie, im Gegenteil: Er ist schon während der Behandlung wieder auf Drogen.

Die Ausraster werden krasser. Spätestens nach einem Trip nach Ibiza weiß Bennet, dass sie tödlich enden könnten – nicht für ihn selbst, sondern für seine Nächsten. Denn um ein Haar bringt er seine eigene Freundin um.

*

Das Publikum muss das Gerichtsgebäude verlassen, als Sarah in den Zeugenstand tritt. Wir Journalisten dürfen bleiben, wir haben uns verpflichtet, den Namen der Privatklägerin nicht zu nennen und auch sonst keine Angaben zu machen, die auf ihre Person schließen lassen.

Die junge Frau, die vor dem Richter sitzt, wirkt ruhig. Doch gut geht es ihr nicht. Sie befindet sich in psychiatrischer Behandlung, sie nimmt Medikamente ein, »wenige«, sagt sie. Dass sie überhaupt als Privatklägerin hier sitzt, liegt daran, dass sie im Verfahren gegen Bennet S. wegen der Tötung von Alex zunächst als Zeugin einvernommen worden ist – bis der Staatsanwalt während ihrer Aussage realisierte, dass ihm hier weitere strafwürdige Delikte geschildert wurden, die dem Beschuldigten zuzuordnen sind.

Bennet war Sarahs erste große Liebe. Als sie ihn kennenlernte, erzählte er ihr, dass er Kokain und andere Drogen konsumierte. Ihr fiel auf, dass bei ihm zu Hause extrem viele Packungen Valium herumlagen, und sie wunderte sich, dass ein Arzt das Medikament in solchen Maßen verschrieb. Das Ketamin sei erst später dazugekommen.

Sarah sagt, es sei eine sehr enge Beziehung gewesen,

sie habe nicht einfach gehen können, als es schwierig wurde. Sie habe Bennet nicht seinem Schicksal überlassen können – selbst dann nicht, als er für sie gefährlich wurde. »Er war ja einsam, er hatte nicht mehr viele Freunde.«

Als Sarah vor Gericht erzählt, wie sie Bennet das erste Mal auf Ketamin erlebte, bricht sie in Tränen aus. Es dauert einen Moment, bis sie wieder sprechen kann. Während sie berichtet, blickt sie starr geradeaus zum Richter, kein Blick nach rechts zu jenem Mann, den sie einst geliebt und der ihr mutmaßlich fast das Leben genommen hat.

»Es war ein Teufelskreis. Wir hatten uns wahnsinnig gern – aber die Drogen dominierten in unserer Beziehung. Das habe ich anfänglich total unterschätzt.« Sarah erzählt, dass Bennet manchmal tagelang nicht arbeiten ging, dass er manchmal nicht mehr reden konnte, zugedröhnt wie er war, dass er in einem Restaurant vom Stuhl gefallen und in einem Club zusammengebrochen ist. Es gab keinen Tag ohne Drogen. Seine Freunde halfen ihm mit ihrem Urin aus, damit er bei den Proben beim Arzt nicht aufflog. Sie hatten auch einen Trick, um die Haare zu strecken, um bei Haarproben ein negatives Ergebnis zu erreichen.

Sarah kümmerte sich, wenn Bennet im Club nicht mehr fähig war, die Rechnung zu bezahlen. Oder wenn es zu einer Schlägerei gekommen war, mal wieder. Bennet wurde mitunter aggressiv, wenn er auf Drogen war. Auch zu Hause.

»Er konnte völlig ausrasten«, erzählt Sarah. »Etwa, weil ein Brokkoli verkocht war.«

Er begann sie zu schlagen.

»Es war für ihn normal, mich mit der flachen Hand ins Gesicht zu schlagen, wenn ihm die Worte ausgingen.«

»War Ihnen das egal?«, fragt Richter Jürg Meier.

»Es klingt komisch, aber ja, zum Teil war es mir egal. Meistens war es nach der Rückkehr aus den Clubs, dass er gewalttätig wurde, weil er frustriert war. Aber das kam nicht täglich vor, vielleicht alle zwei bis drei Wochen. Einmal sagte er: Ich schlage dich, bis du ruhig bist.«

»Sie meinten bei einer Vernehmung: ›Die Beziehung war zu gewaltorientiert‹«, sagt Richter Meier. »Warum haben Sie nicht früher Schluss gemacht?«

»Das war wie eine Abhängigkeit – er hat mir oft Hoffnung gemacht, dass er mit den Drogen aufhören würde, er weinte, und er drohte auch mit Selbstmord.«

Sarah wandte sich in ihrer Not an Bennets Eltern. Sprach mit der Mutter, sagte ihr, Bennet könne gefährlich werden, nicht nur für andere. Sie sprach mit dem Vater, erhielt auch hier keine Hilfe. Der Vater meinte, sie sei selbst schuld, dass es in der Beziehung nicht gut laufe.

»Ich hatte immer das Gefühl, wenn Bennet keine Drogen mehr nimmt, sind alle Probleme gelöst – das war vielleicht etwas naiv.«

Es wurde nicht besser. Es wurde schlimmer.

*

Es ist die letzte Juliwoche im Jahr 2014. Bennet und Sarah sind auf Ibiza und tun das, was sie am besten können: Party machen. Sarah steht auf dem Balkon ihrer gemieteten Villa, sie fragt Bennet, ob er mit ihr draußen eine Zigarette rauchen möchte. Bennet, mit Ketamin im Blut, bildet sich ein, seine Freundin wolle ihn auf den Balkon locken, um ihn dort über die Brüstung zu stürzen.

Er erzählt ihr seine Version später selbst, berichtet von seiner Halluzination und fragt sie, ob sie sich bewusst sei, wie gefährlich das gewesen sei – er hätte sie über den Balkon stoßen können.

Am 30. oder 31. Juli 2014, so genau kann das niemand mehr sagen, feiern die beiden eine Party mit Freunden. Doch wie schon viele Male zuvor kippt Bennets Stimmung von einer Sekunde auf die andere. Zuerst flippt er aus, weil er glaubt, seine Freunde wollten ihn verdursten lassen. Plötzlich meint er, alle Anwesenden seien Geister und Sarah sei diejenige, die entscheide, ob Bennet dem Fegefeuer geopfert werden soll, damit alle anderen in den Himmel kommen. Denn wenn sie es nicht tue, würden alle außer Bennet in der Hölle landen. Bennet ist sich sicher, dass seine Freundin ihn opfern wird. Auch später, als sie auf das Taxi warten, fürchtet er sich vor ihr. All das erzählt er Sarah später.

»Er sagte mir, er habe das Gefühl gehabt, ich hätte ihn in die Dunkelheit locken und ihn umbringen wollen«, berichtet Sarah.

Sie steigen ins Taxi, es fährt los. Es sind nur fünf Minuten zur Villa. Sarah und Bennet gehen nie zu Fuß, ihre Schuhe haben zu hohe Absätze. Doch Bennet ändert die Route.

»Unterwegs sagte er zu mir, ob wir nicht noch irgendwo zusammen hingehen wollten, ihm gefalle es nicht mehr auf dieser Welt, er wolle sterben.«

Während sie im Taxi durch die Nacht fahren, öffnet er plötzlich die Autotür.

»Er packte meine Hand und wollte mich rauszerren. Ich hatte einen Schock, versuchte mich mit dem Fuß abzustützen. Durch die offene Tür sah ich unter mir den Asphalt vorbeiziehen.«

Sarah hat in diesem Moment Todesangst.

»Ich schrie: ›Spinnst du?‹ Dann begannen wir beide zu weinen.«

Später erzählt ihr Bennet, dass er sie im Taxi in seinem Wahn habe töten wollen.

Trotzdem bleibt Sarah bei ihm. Trotzdem hofft sie weiter, dass er sich ändern, dass er die Finger von den Drogen lassen wird. Das tut er nicht. Zweieinhalb Monate später kommt es zu einem weiteren massiven Übergriff, den sie ihm nicht verzeihen kann. Es geschieht in der Nacht vom 17. auf den 18. Oktober 2014 in einer Hotelsuite in London.

»Er hat das getan, was ich nicht verstehen konnte, denn ich habe es stets abgelehnt«, sagt Sarah.

In der Anklageschrift steht, dass Bennet S. – einen Meter sechsundneunzig groß und achtundachtzig Kilogramm schwer – seine Freundin Sarah – einen Meter fünfundsiebzig groß und etwa siebenundvierzig Kilogramm schwer – im Badezimmer der gemeinsamen

Suite im Londoner The Westbury Hotel gewaltsam gegen die Badewanne gestoßen habe, sodass sie das Gleichgewicht verlor und sich den Kopf anschlug. Er soll sie brutal gepackt und anal vergewaltigt haben, im Wissen, dass sie Analverkehr strikt ablehnt. Und weiter:

Da die Privatklägerin wegen der Schmerzen … laut schrie, packte der Beschuldigte sie mit beiden Händen an den Handgelenken, riss sie an beiden Armen nach oben aus der Badewanne und stellte sie mit dem Rücken zum Waschbecken gedrückt neben sich ab. Daraufhin nahm er ein gefaltetes Badetuch, presste ihr mit der einen Hand das Badetuch auf das Gesicht und presste mit der anderen Hand am Hinterkopf der Geschädigten den Kopf gegen das Badetuch, und zwar so fest, dass die Geschädigte keine Luft mehr bekam und ihr deshalb schwarz vor den Augen wurde.

»Ich habe verstanden, dass er so lange zudrücken wird, bis ich ruhig sei«, erzählt Sarah. »Ich kriegte immer weniger Luft. Dann war ich still – und er nahm das Tuch weg. Anschließend stieß er mich auf das Bett und stieg auf mich. Was dann passierte, da habe ich ein Loch, bis heute, es gibt nur noch einzelne Bilder.«

Die Bilder der Erinnerung zeigen ihr, dass Bennet sie noch mehrmals missbrauchte und zu Oralsex zwang.

»Danach hat er mich wie einen Gegenstand weggestoßen. Ich stand unter Schock, hatte Schmerzen und habe geweint.«

»Beschreiben Sie Ihre Gefühle, als er das Badetuch auf Ihr Gesicht drückte«, fordert Richter Meier Sarah auf.

»Ich dachte, jetzt dreht er komplett durch und bringt mich um.«

»Haben Sie geschrien?«

»Ich habe noch nie in meinem Leben so sehr geschrien wie in dieser Nacht.«

Bennet habe später zu ihr gesagt: »Sorry, ich habe halt das falsche Loch getroffen.«

*

Der Staatsanwalt glaubt Sarah: »Wenn das eine erfundene Geschichte wäre, ist nicht davon auszugehen, dass sie so viele Details schildern könnte.«

Bennets Verteidiger glaubt ihr nicht: »Sie hat einen massiven Drang zur Übertreibung und Dramatisierung. Ich erachte ihre Aussagen als nicht vertrauenswürdig.«

Grundsätzlich gegenteiliger Meinung sind Staatsanwaltschaft und Verteidigung auch im Anklagepunkt, in dem es um die folgenschwere Nacht am Ende des Jahres 2014 geht, in der Alex Morgan unter schrecklichen Umständen ums Leben kam.

Der Staatsanwalt erklärt: »Spätestens seit den Ereignissen im Sommer 2014 musste sich Bennet S. im Klaren sein, dass er nach dem Konsum von Ketamin in einen Zustand gerät, in dem er zur Gefahr für andere wird – und trotzdem nahm er in der Villa in Küsnacht erneut Ketamin und Kokain ein. Dass dies ohne Weiteres vermeidbar gewesen wäre, versteht sich von selbst. Es ist davon auszugehen, dass sich Bennet S. vorsätzlich und schuldhaft in einen Zustand der Schuldunfähigkeit versetzte.«

Was so viel heißt wie: Selbst wenn Bennet S. während der Tat vermindert schuldfähig oder gar schuldunfähig gewesen sein sollte, weil er so viele Drogen im Blut hatte – in dem Moment, als er die Drogen einnahm, war er sich bewusst, was er tat. Er nahm die Drogen im Wissen, dass er dadurch gefährlich werden konnte und war daher voll schuldfähig, als er sich in seinen Rauschzustand versetzte.

Der Verteidiger hingegen sagt: »Die Frage ist: Hat er es vorausgesehen, dass er in dem Zustand die Tat begehen könnte? Die Antwort lautet: Er hat nicht vorhersehen können, dass das passiert, in diesem Ausmaß. Es kann daher von nichts anderem als einer vollen Schuldunfähigkeit ausgegangen werden. Zum Zeitpunkt, als er sich in diesen Zustand versetzte, war für ihn nicht vorhersehbar, dass er eine andere Person verletzen oder gar töten würde.«

»Wenn jemand derart massiv auf den Körper eines Menschen einwirkt, kann man nicht von ›den Tod in Kauf nehmen‹ sprechen«, widerspricht der Staatsanwalt. »Das Maß an Brutalität belegt, dass ein direkter Vorsatz bestand: Er wollte das Opfer aus der Welt schaffen.«

»Wir dürfen nicht vergessen, Bennet S. ist weder ein Mörder noch ein Killer«, hält der Verteidiger entgegen. »Aus Gründen, die wir nie erfahren werden, kam es zu einem Streit, der tödlich endete. Niemand wollte, dass es so weit kommt, und es ist kein Motiv ersichtlich. Es ist erwiesen, dass Bennet S. während der Tat komplett mit Rauschmitteln zugedröhnt war. Er hat sich nicht nur in einem abnormen, sondern in einem außerordentlich abnormen Zustand befunden.«

Die Plädoyers des Staatsanwalts, der Anwälte der Privatkläger und der Verteidiger von Bennet S. dauern länger als einen Tag. Es kommt mir vor wie ein Wettkampf in Tauziehen: Der Staatsanwalt will das Gericht mit seinen Worten auf seine Seite ziehen, die Verteidiger zerren in die entgegengesetzte Richtung. Mal gelingt den einen ein Ruck nach hinten, dann wieder den anderen. Wie so oft könnte die Wahrheit aber auch irgendwo dazwischen liegen, doch vor Gericht gibt es meistens nur schwarz und weiß, nur schuldig oder unschuldig.

*

»Es ist der letzte Prozesstag in Meilen. Erschöpfung dringt mir aus allen Poren.«

Alex' Mutter Katja Faber sitzt in der ersten Reihe im Gerichtssaal Nummer 1, während die Anwälte über Stunden ihre Sicht der Dinge darlegen. Das Zuhören wird ihr zur Qual, die ihr endlos erscheint.

»Ich sitze an meinem Platz und mache mir Notizen, schaue zwischendurch hoch, wenn ich Wörter und Sätze vernehme, die mir besonders krass vorkommen oder die schlichtweg gelogen sind. Der Strafverteidiger redet seit über drei Stunden. Eine Hand in die Taille gestützt, richtet er sich ans Publikum, dies ist sein großer Auftritt. Dieser Anwalt, das Sprachrohr des

Mannes, der meinen Sohn getötet hat, zieht Fakten in Zweifel, liefert Erklärungen dafür ab, weshalb sein Klient, der bald reglos neben ihm sitzt, bald auf seinem Stuhl hin und her schaukelt, seine Version der Ereignisse seit der Festnahme schon mehrmals geändert hat. Doch auf die Erklärung, weshalb sein Klient jetzt beschlossen hat zu schweigen, und warum er sich während des Prozesses geweigert hat, Fragen zu beantworten, auf die warten wir vergeblich.«

In unserem Gespräch bezeichnet Katja Faber das Gerichtsverfahren für die Hinterbliebenen als Grauen. All die blutigen Details geschildert zu bekommen, während viele Augen im Saal auf sie gerichtet sind, sei allein schon traumatisierend. Nichts ist mehr privat, obwohl es um das Privateste geht, um den größten Verlust, den sie je erfahren hat.

»Wenn es das eigene Kind ist, das massakriert worden ist, ist die Realität der Zeugenaussagen erdrückend«, erzählt sie mir. »Keine noch so gute juristische Ausbildung hat mir geholfen, mich auf diesen unsäglichen Horror vorzubereiten.«

Das gleichzeitige Trauern um den Sohn und das Ertragen des Prozesses ist zeitweise zu viel für sie.

»Doch immer, wenn ich das Gefühl habe aufzugeben, überkommt mich plötzlich der Instinkt, für meinen Sohn zu kämpfen, dann gibt es kein Halten mehr. Ich war nicht in der Lage, ihn zu beschützen, als er im Sterben lag, aber ich kann mich gegen das dreiköpfige Anwaltsteam wehren, das den Täter vertritt, und so die Staatsanwaltschaft unterstützen.«

Katja Faber blickt sich im Gerichtssaal um, registriert, dass selbst wir Journalisten schon vor einer Weile aufgehört haben mitzuschreiben, dass der eine oder andere verstohlen auf die Uhr blickt, weil sich die Worte der Rechtsvertreter zu wiederholen beginnen, als würden sie dadurch mehr Gewicht erhalten.

»Langsam realisiere ich, dass die Verteidigungsreden den ganzen Tag dauern werden, über acht Stunden«, schildert Katja Faber. »Der Beschuldigte hat drei hochdotierte Anwälte. Doch es gibt eine Person, die durch Abwesenheit glänzt: Der Vater des Beschuldigten. Bin ich die Einzige, die sich fragt, was denn noch wichtiger sein könnte als die Gerichtsverhandlung seines einzigen Sohnes?«

*

Der einzige Sohn schweigt fast bis zum Schluss. Der Mann, der beschuldigt wird, Alex Morgan getötet zu haben, ist vor Gericht eine Woche lang stumm geblieben. Doch am Ende nutzt Bennet S. die Gelegenheit zum letzten Wort.

»Das, was ich getan habe, tut mir unendlich leid«, erklärt er dem Richter. »Ich würde alles tun, um es rückgängig zu machen. Das können Sie mir glauben.«

Das Urteil lässt lange auf sich warten. Bevor die Richter über Bennets Schuld entscheiden, geben sie ein weiteres Gutachten in Auftrag. Es vergehen über vier Monate, bis das Bezirksgericht am 10. August 2017 zur Urteilsverkündung lädt.

Weder im Fall der Vergewaltigung noch im Fall der Tötung glaubt das Gericht den Aussagen des Beschuldigten Bennet S., die er gegenüber der Polizei gemacht hat. Richter Jürg Meier erachtet Sarahs Ausführungen über die Sexualdelikte als glaubwürdig, jene des Beschuldigten nicht. Auch im Tötungsdelikt folgt er nicht der Linie der Verteidigung; er kauft Bennet S. die Alien-Geschichte nicht ab.

»Ich gehe davon aus, dass es zwischen den beiden drogenberauschten Männern zum Streit gekommen ist, wegen der schwedischen Weihnachtsmusik oder weil Alex Bennet keine weiteren Drogen hat geben wollen«, sagt Jürg Meier in seiner Urteilsbegründung. Womöglich habe Alex Bennet, wie von diesem behauptet, im Streit gegen den Tisch gestoßen, Bennet habe mit einer »deutlich überschießenden Reaktion« geantwortet. Dass er derart brutal auf Alex eingeschlagen und ihm schließlich eine Kerze in den Rachen gerammt habe, zeige, dass er dessen Tod wollte. »Darum ist er wegen direktvorsätzlicher Tötung zu verurteilen.«

Das Gericht geht nur von einer verminderten Schuldfähigkeit aus und verurteilt Bennet S. zu zwölfeinhalb Jahren Freiheitsstrafe. Zudem ordnet es eine Suchtbehandlung während des Strafvollzugs an. Der Familie von Alex Faber und seiner Exfreundin Sarah muss Bennet S. ein Schmerzensgeld von insgesamt 75 500 Franken und Schadenersatz von fast 56 000 Franken bezahlen. Dazu kommen Prozessentschädigungen von 195 000 Franken sowie Gerichts- und Untersuchungskosten von 274 000 Franken.

Es ist keine Überraschung, dass Bennet S.' drei Verteidiger, kaum hat der Richter die Urteilsverkündigung beendet, Revision anmelden. Überraschend ist hingegen, dass der zweite Prozess eine krasse Wende bringen wird.

*

»Wir glauben, dass Verbrechen aufgeklärt werden, wir glauben an das Justizsystem, und wir vertrauen darauf, dass die Polizei und die Staatsanwaltschaft ihre Arbeit machen«, sagt Katja Faber. »Wir wollen glauben, dass das Leben wie im Hollywood-Film ist, dass schreckliche Verbrechen damit enden, dass die Gerechtigkeit siegt. Alles, was das uralte Prinzip infrage stellt, wonach das Recht über das Unrecht triumphiert, schockiert uns.«

Das Leben ist nicht wie im Film. Das Urteil der nächsthöheren Instanz ist für Katja Faber ein Schock.

Am 27. November 2019 fällt das Zürcher Obergericht nach dem Revisionsprozess sein Urteil. Es fällt komplett anders aus als jenes der ersten Instanz. Das Obergericht – bestehend aus einem Richter und zwei Richterinnen – spricht Bennet S. vom Vorwurf der schweren Vergewaltigung und der schweren sexuellen Nötigung im Zweifel für den Angeklagten frei.

»Das heißt nicht, dass wir der Ansicht sind, dass seine damalige Freundin alles frei erfunden hat«, stellt der vorsitzende Richter klar. Aber für einen Schuldspruch reiche es nicht.

Schuldig sprechen die Richterinnen und Richter Bennet S. hingegen der vorsätzlichen Tötung. Doch anders als das Bezirksgericht gehen sie von einer selbstverschuldeten, vollständigen Unzurechnungsfähigkeit aus.

In Artikel 263 des Schweizerischen Strafgesetzbuches steht:
Wer infolge selbstverschuldeter Trunkenheit oder Betäubung unzurechnungsfähig ist und in diesem Zustand eine als Verbrechen oder Vergehen bedrohte Tat verübt, wird mit Geldstrafe bestraft. Hat der Täter in diesem selbstverschuldeten Zustand ein mit Freiheitsstrafe als einzige Strafe bedrohtes Verbrechen begangen, so ist die Strafe Freiheitsstrafe bis zu drei Jahren oder Geldstrafe.

Egal, welches Delikt in einer selbstverschuldeten Unzurechnungsfähigkeit begangen worden ist – das Gesetz sieht dafür eine maximale Strafe von drei Jahren vor. Diese drei Jahre Freiheitsstrafe verhängt das Obergericht denn auch. Die Richter gehen davon aus, dass Bennet S. aufgrund des Ketaminrauschs an einem psychotischen Schub gelitten und seinen Kollegen Alex als Außerirdischen wahrgenommen hat. Dafür gebe es mehrere Indizien, zum Beispiel auch die massive Intensität der Gewalt und die unfassbare Verwüstung des Tatorts.

»Hier hat jemand gewütet, der einen kompletten Kontrollverlust erlitten haben muss«, sagt der vorsitzende Richter.

Auch, dass vor der dramatischen letzten Nacht zwischen Alex und Bennet keine Konflikte bekannt waren, wertet er als Zeichen dafür, dass Bennet in jener Nacht nicht er selbst war.

»Es entwickelte sich spontan eine Gewaltorgie«, sagt der Richter. »Das Wohnzimmer sah aus wie ein groteskes Schlachtfeld. Der Beschuldigte legte sogar eine Nikolaus-Puppe auf die Leiche seines Freundes.«

Gerade die unglaubliche Brutalität, die zügellose Gewalt, mit der der Beschuldigte vorgegangen sei, spreche für den Wahrheitsgehalt seiner Geschichte.

»Das entspricht seiner falschen Wahrnehmung, dass Alex ihn habe töten wollen.«

Als das neue, deutlich mildere Urteil fällt, hat Bennet S. die verhängte Freiheitsstrafe von drei Jahren bereits verbüßt, mehr noch, er hat schon sechshundertneunundneunzig Tage zu viel im Gefängnis gesessen. Doch nach Hause kann er dennoch nicht: Das Gericht verfügt nämlich zusätzlich eine stationäre Suchtbehandlung.

»Die Suchtbehandlung ist dringend nötig«, sagt der Richter. »Obwohl der Beschuldigte seit seiner Inhaftierung keine Drogen mehr nimmt und seit einiger Zeit auch auf Medikamente verzichtet, ist er heute noch keineswegs suchtfrei.«

Sollte die Behandlung scheitern und er wieder rückfällig werden, so sei »allen, und hoffentlich auch ihm selbst« klar, welche Gefahr von ihm ausgehe. Die stationäre Suchtbehandlung darf drei, allerhöchstens vier Jahre dauern – die sechshundertneunundneunzig Tage werden Bennet S. angerechnet und entsprechend abgezogen.

*

»Der Kerl tötete meinen Sohn auf brutalste Weise – und kriegt dafür drei Jahre.«

Die Enttäuschung, die Wut, das Entsetzen über das Verdikt ist Alex Morgans Mutter Katja Faber noch immer anzuhören, als wir fast sieben Jahre nach der Tat miteinander reden. »Das Leben meines Sohnes hat offenbar keinen Wert. Als mir klar wurde, dass sie Bennet rauslassen, wurde mir schlecht. Es ist einfach schrecklich. Ich habe das erste Verfahren mitverfolgt, da wurde sauber gearbeitet und erörtert und begründet. Das zweite Urteil aber fühlt sich nicht richtig an. Dieser Gesinnungswechsel … Sie sagen, er sei schuldunfähig, weil er Drogen im Blut hatte. Aber sagt mir nicht, dass er nicht wusste, was er tat! Wenn die Drogen und der Alkohol ein Grund für Schuldunfähigkeit sind und man nur für Taten in nüchternem Zustand verurteilt werden kann – dann wären viele Gefängnisse halb leer!«

Wie ich diese Zeilen hier schreibe, ist Bennet S. ein freier Mann. Aber das wird er vielleicht nicht mehr lange bleiben. Katja Fabers Gefühl hat sie nicht getäuscht. Die Staatsanwaltschaft hat das Urteil angefochten und das höchste Gericht angerufen. Das Bundesgericht hat die Beschwerde im Juli 2021 gutgeheißen und die Arbeit des Obergerichts massiv gerügt – sowohl was den Freispruch von den Sexualdelikten wie auch was die angenommene Schuldunfähigkeit während des Mordes betrifft. Das Gericht habe willkürlich geurteilt und die Ermittlungspflicht verletzt. Das Urteil ist somit nicht gültig – der ganze Fall muss erneut vor Obergericht verhandelt werden.

Für Katja Faber ist der Kampf also noch nicht zu Ende – sowohl auf juristischer wie auf politischer Ebene. Sie hat mit Politikern Kontakt aufgenommen, um die Aufhebung des Artikels 263 zu erwirken. Derzeit ist vor dem schweizerischen Parlament ein Vorstoß anhängig, wonach der Artikel zumindest geändert werden soll: Drogeneinfluss, übermäßiger Alkoholkonsum oder die Wirkung von bewusstseinsverändernden Psychopharmaka soll nicht mehr als Begründung von verminderter Zurechnungsfähigkeit verwendet werden dürfen, wenn eine mündige Person ein Delikt begeht, wird darin verlangt. Wann die sogenannte Motion verhandelt wird, ist offen. Der Bundesrat empfiehlt, sie abzulehnen.

»Ich war nicht fähig, Alex in der Nacht zu beschützen, als er so brutal angegriffen und getötet wurde«, sagt Katja Faber. »Ich war nicht fähig, meinen Sohn zu halten, als er starb. Es war mir nicht erlaubt, seine verstümmelte Leiche zum Abschied zu küssen. Darum will ich jetzt seine Stimme sein. Und ich bin bereit für die Langdistanz. Egal, wie hart und anstrengend es werden wird, ich werde nicht aufgeben, bis die Gerechtigkeit wiederhergestellt ist.«

Ich verstehe Katja Fabers Wut über das milde Strafmaß des Obergerichts. Und ich verstehe ihre Freude darüber, dass die Beschwerde gut geheißen wurde und der Prozess wiederholt werden muss.

Das, was sich Katja Faber so sehr wünscht für ihren toten Sohn – Gerechtigkeit –, kann die Justiz nicht herstellen. In diesem Fall ist Gerechtigkeit für Katja Faber besonders weit weg. Einmal mehr denke ich während des Schreibens über ein wahres Verbrechen: Auch das hier ist eine Geschichte, in der es nur Verlierer gibt.

*

Was bleibt, ist die Liebe einer Mutter zu ihrem Sohn. Sie vergeht nicht, auch wenn der Sohn gestorben ist. Es gibt ein letztes Bild, das Katja Faber gemeinsam mit ihrem Sohn Alex Morgan zeigt. Zwei lachende Gesichter, von Sonne und Schatten gesprenkelt, die Köpfe aneinandergelehnt. Es wurde einen Monat vor Alex' Tod aufgenommen und zeigt, wie nah sich Mutter und Sohn standen.

»Auch wenn dein Kind stirbt – diese Verbindung zwischen Mutter und Kind, die schon vor der Geburt beginnt, bleibt auch nach seinem Tod bestehen, die Liebe geht nicht einfach weg«, erklärt mir Katja Faber. »In den ersten zwei oder drei Jahren nach seinem Tod wusste ich nicht, was ich mit all meiner Liebe zu Alex tun sollte. Das ist der schwierige Teil: Man kann die Liebe nicht auf jemand anderen übertragen, das funktioniert nicht. Sie steckte in mir drin, drängte von innen gegen meine Haut, ich war übervoll mit dieser Liebe zu meinem Sohn und konnte sie nirgends hintun. Der Druck war so groß, dass ich kaum atmen konnte, ich dachte, ich würde wahnsinnig werden. Es geht eine Weile, bis man herausfindet, dass man überfüllt ist mit der Liebe zu seinem toten Kind und dass sie irgendwie hinausmuss.

Was besonders wehtut, ist das, was ich ihm nicht gesagt habe. Es ist die Tatsache, dass ich nicht in der Lage bin, zurückzugehen und ihm all die Dinge zu sagen, die in meinem Mama-Herz herumschwirren. Auch die Gefühle des Verlustes und dass ich ihn nicht retten konnte, sind überwältigend. Das Wissen, dass er dem Tod alleine gegenüberstand, bricht mich. Ich habe mich damit abgefunden, dass ich diese Last bis zu meinem Tod tragen werde.«

Die unerklärliche Tat des falschen Heilers

Fassungslosigkeit ist ein Gefühl, das mich oft heimsucht, wenn ich als Reporterin in einem Gerichtssaal sitze. Doch in keinem anderen Fall war sie so groß wie bei diesem. Weil nichts an dem Verbrechen Sinn ergibt. Weil alles daran derart absurd und verstörend ist, dass man schlicht kaum glauben kann, dass es tatsächlich passiert ist. Selbst jetzt noch, Jahre später, wie ich mich erneut durch all die Aussagen der Opfer lese, ertappe ich mich beim Gedanken: »Das kann doch gar nicht sein!« Obwohl ich ganz genau weiß, dass es wahr ist, dass es so geschehen ist.

Anna* sagt: »Ich habe praktisch keinem erzählt, was mir passiert ist. Ich glaube, ich hätte damit ein Glaubwürdigkeitsproblem. Ich befürchte, dass ich in meinem Umfeld nicht mehr ernst genommen würde.«

Beatrice erzählt: »Irgendwann hatte ich einen Verdacht. Aber das klang so absurd, ich konnte es einfach nicht glauben.«

---

* Alle Namen der Opfer sowie Name des Täters geändert

Clemens berichtet: »Ich sah nur eine einzige Möglichkeit, wie es passiert sein könnte, und habe mehrmals davon erzählt. Aber das war halt total unrealistisch. Ich wurde stets mit dem Argument abgekanzelt, dass das unmöglich sei. Was ja auch verständlich ist.«

Anna, Beatrice und Clemens sind drei der Opfer, die trotz vieler Bedenken und ihrer Angst vor der Öffentlichkeit vor Gericht ausgesagt haben. Nur dank ihrem Mut konnten weitere Opfer verhindert werden. Ohne sie wäre der Täter womöglich nicht gestoppt worden.

*

Das Berner Universitätsspital, das den Namen »Insel« trägt, ist ein Koloss, ein medizinischer Großbetrieb mit über zehntausend Mitarbeitern und fast tausend Betten. Es ist das Jahr 2002. Der Patient, der in der Klinik für Infektiologie einen Termin hat, ist erst sechzehn Jahre alt. Es geht ihm nicht gut, ständig ist er müde, abgeschlagen, krank. Er, der immer gesund war wie ein Fisch. Darum hat er sich ärztlich durchchecken lassen. Seine Diagnose lautet: HIV-positiv.

Es fühlt sich für ihn an wie ein Weltuntergang. Er will es nicht wahrhaben, weiß, dass es eigentlich nicht sein kann. Doch der zweite Test hat das Resultat des ersten bestätigt. Jetzt ist er hier, um sich vom Arzt erklären zu lassen, was die Diagnose bedeutet, was die nächsten Schritte sind. Dazu gehört auch herauszufinden, bei wem er sich angesteckt hat, und alle Personen zu informieren, die er infiziert haben könnte.

Doch da ist niemand.

»Ich hatte noch nie Sex«, sagt er dem Arzt.

»Drogen?«

Er hat gekifft, das schon. Aber er hat sich nie Drogen gespritzt. Er kann sich nicht erklären, wo er sich das Virus geholt hat. Die Ärzte, die Familie, alle versuchen herauszufinden, wo er sich infiziert haben könnte. Die Fragen werden drängender, Zweifel werden hörbar, womöglich, so denken einige, verschweigt er, dass er sich Drogen injiziert hat. Das Einzige, das ihm als Möglichkeit einfällt, ist eine Akupunktur-Behandlung, doch die Ärzte winken ab. Eine Infektion durch Akupunktur ist praktisch unmöglich.

»Ich habe mich jahrelang gefragt, woher das Virus kommt«, sagt der junge Mann, der in dieser Geschichte den Namen Clemens trägt. »Es war schlimm, damit zu leben, dass ich es mir einfach nicht erklären konnte.«

*

»Ich wurde Anfang 2002 schwer krank.«

Auch Daniel ist ein junger Mann. Auch Daniel war bis jetzt immer gesund. Doch dieses Mal erwischt es ihn so richtig, fast vierzig Grad Fieber, mehrere Tage lang, ein extremes Schwächegefühl, er schafft es fast nicht aus dem Bett. Daniel ist beunruhigt und lässt eine Vielzahl von ärztlichen Tests über sich ergehen. Im Februar 2002 erhält er den Befund: Er ist HIV-positiv und mit Hepatitis C infiziert.

»Ich konnte mir das nicht erklären«, erzählt er. »Ich war sicher, dass ich negativ bin. Ich war völlig irritiert.

Ich glaubte dem Arzt die Diagnose nicht, ich sagte ihm, das könne gar nicht sein.«

Daniel wird zu einem Beratungsgespräch ins Inselspital eingeladen. Er berichtet Doktor Zimmerli, dass er noch nie ungeschützten Sex gehabt, nie Drogen angefasst, noch nie eine Bluttransfusion erhalten habe.

»Es ist eine seltsame Situation, wenn man einem seriösen Arzt gegenübersitzt und ihm sagt: Sie liegen falsch, die Diagnose kann nicht stimmen«, erzählt Daniel.

Doch die Diagnose ist korrekt. Daniel hängt im leeren Raum, findet keine Antworten auf seine Fragen. Nur kurz blitzt ein Gedanke auf, er spricht ihn auch laut aus: Vor einigen Monaten hat er von seinem Musiklehrer, den er seinen besten Freund nennt, eine Akupunkturbehandlung erhalten. Doch weder Daniel noch der Arzt glauben, dass daher seine Infektion rühren kann. Seine Krankheit bleibt ihm ein Rätsel.

*

»Das Fieber kam Anfang November«, berichtet Erika.

Sie hatte vorher noch nie in ihrem Leben Fieber. Doch bald schon geht es ihr wieder besser. Vier Monate später, im Februar 2003, lässt sie sich bei einem Routinebesuch von ihrem Arzt durchtesten, das macht sie regelmäßig, weil es ihr lange nicht gut ging, weil sie Herzrasen hatte und zu viel rauchte und trank, nachdem ihre erste große Liebe bei einem Unfall verstorben war.

»Ich habe den HIV-Test einmal jährlich gemacht – im Februar 2003 fiel er positiv aus. Ich hatte einen Schock.«

Erika wird darüber aufgeklärt, auf welchen Wegen eine Ansteckung möglich ist. Sie informiert ihre Sexualpartner des vergangenen Jahres, sie lassen sich ebenfalls testen. Sie sind alle negativ.

»Ich habe nie Drogen gespritzt, ich hatte nie eine Operation«, sagt Erika. »Die Frage, woher es kam, war sehr groß und nahm viel Platz in meinem Leben ein.«

Sie ist sicher, dass jemand sie anlügt, einer der Männer, mit denen sie Verkehr hatte, dass er sagt, er sei negativ, obwohl er positiv ist, oder dass er sich gar nicht hat testen lassen.

»Auf jeden Fall war ich überzeugt, dass es an mir liegt. Ich dachte: Ich habe einen Fehler gemacht.«

Erika erhält einen Beratungstermin am Berner Inselspital. Ein Oberarzt erklärt ihr das Virus, er fragt sie, wo oder durch wen sie sich angesteckt haben könnte. Erika zuckt mit den Schultern, sagt, sie könne sich nicht erklären, woher sie es habe.

»Da fragte mich der Arzt, ob ich ein Musikinstrument spiele. Ich war irritiert und wunderte mich, was das mit meiner Krankheit zu tun hat. Ich sagte: Nein, ich spiele kein Instrument, aber ich nehme an einer Musikschule Gesangsunterricht. Der Arzt wollte wissen, ob es an der Schule eine außergewöhnliche Situation gegeben habe, etwas, bei der eine Nadel im Spiel gewesen sei. Da erinnerte ich mich an die Akupunktursitzung.«

Der Arzt schaut Erika an. »Sie sind nicht die Einzige. Das hat mir schon jemand erzählt.«

Noch ist es nur eine vage Vermutung. Es kann auch bloß ein seltsamer Zufall sein. Mehr nicht.

*

Anna erhält das Resultat im Mai 2003. Sie ist noch keine dreißig, seit fast einem Jahr ist sie immer wieder krank. Es begann mit einer Angina, sie ließ sich behandeln, es wurde besser mit den Medikamenten. Kurz darauf hatte sie erneut Halsschmerzen, dieses Mal war es ein Abszess an den Mandeln. Der musste notfallmäßig operiert werden. Das half nicht. Eine zweite und eine dritte Operation waren nötig. Doch es geht Anna auch danach nicht wirklich gut. Sie fühlt sich ständig müde, schreibt das aber den Narkosen zu.

»Ich machte mir keine ernsthaften Gedanken.«

Erst als sie den Hausarzt wechselt – sie lässt sich wegen einer Magenschleimhautentzündung untersuchen –, werden zahlreiche Bluttests gemacht. Der Arzt fragt sie, ob sie den HIV-Test auch gleich machen wolle. Sie sagt sofort zu, das ist für sie nichts Besonderes, sie hat schon einige gemacht.

»Ich war sicher, dass er negativ sein wird. Doch dann lud mich der Arzt zu einem Termin und sagte mir, dass ich HIV-positiv bin.«

Im Augenblick, als Anna von der Diagnose erfährt, gibt es für sie zwei Möglichkeiten, wie sie sich angesteckt haben könnte: Sie hatte in den letzten Jahren zwei Sexualpartner. Anna kontaktiert sie umgehend, informiert sie, beide lassen sich testen. Beide sind negativ.

»Von diesem Zeitpunkt an konnte ich mir nicht erklären, wie und wo ich mich infiziert haben könnte.«

Anna weigert sich, die Diagnose zu akzeptieren. Weil es schlicht nicht sein konnte. »Es gab einfach nichts.«

Anna hat nie Drogen konsumiert, es gab kein Risikoverhalten, keine Bluttransfusionen.

»Es war der Horror, aus heiterem Himmel diese Diagnose zu erhalten. Ich bin jedes Mal beim ersten Schritt gescheitert: Woher habe ich es? Ich war total verzweifelt, und es hat mich fast in den Wahnsinn getrieben. Diese Frage nach dem Warum konnte ich nicht beantworten. Es war eine Sackgasse. Alles, was ich versuchte zu unternehmen, hat nichts bewirkt.«

Also beschließt Anna, dass sie nicht daran glaubt. Sie ist auf einmal überzeugt, dass sie diese Krankheit gar nicht hat, und sie weigert sich, die Medikamente zu nehmen. Mit fatalen Folgen. Ihre Werte verschlechtern sich, sie gerät in einen lebensbedrohlichen Zustand. Der Druck aus ihrem Umfeld wird größer, endlich mit der Therapie zu beginnen.

Anna erhält einen Termin im Inselspital, ein Beratungsgespräch bei Doktor Zimmerli. Sie erklärt ihm, dass sie nicht an ihre Erkrankung glaubt, weil sie sich nicht erklären könne, wo sie sich angesteckt haben könnte. Zimmerli fragt sie, ob sie wisse, wann ungefähr sie sich infiziert hat. Anna weiß es nicht. Dieses Nicht-Wissen ist es, was sie verrückt macht.

»Dann fragte mich der Arzt plötzlich, ob ich einen Herrn G. kenne, er sei Musiklehrer. Ich sagte Ja! Den kenne ich!«

Carlo G. ist ihr Exfreund, das ist etliche Jahre her.

Doktor Zimmerli sagt zu Anna, es gebe noch andere Patienten, die sich ihre Infektionen nicht erklären könnten und die Kontakt zu Carlo G. gehabt hätten.

Anna erzählt dem Arzt, dass sie sich vor etwa zwei Jahren, lange nach dem Ende ihrer Beziehung, noch einmal mit Carlo G. getroffen hat. Er hat sie um eine Aussprache gebeten. Sie hat sich nicht getraut, nicht hinzugehen, weil er sie schon früher gestalkt hatte. Sie wollte ihn nicht verärgern und dachte, es sei das Beste hinzufahren. Anna schildert dem Arzt, dass Carlo G. ihr einen grünen Kräuterdrink angeboten habe, worauf sie eingeschlafen sei.

»Ich sagte Herrn Zimmerli, dass ich das Gefühl hatte, ich sei betäubt worden. Da schaute er mich erschrocken an und sagte, jemand anders habe etwas Ähnliches berichtet.«

Der Arzt fragt Anna, ob sie Strafanzeige erstatten wolle.

»Erfährt Carlo G. davon, wenn ich das mache?«

»Ja.«

»Ist er auf freiem Fuß?«

»Ja.«

»Dann ist es unmöglich, dass ich ihn anzeige.«

Zu groß ist Annas Angst vor dem Mann, der einmal ihr Freund war.

Doch der Verdacht wird größer. Im Inselspital werden siebenhundert HIV-Patienten systematisch befragt. Die Ärzte stoßen auf weitere Fälle, die mit Carlo G. in Zusammenhang stehen könnten. Noch ist alles sehr vage und rätselhaft und nicht wirklich vorstellbar. Die

Fragen nach dem Wie und Was und Warum sind offen. Es gibt einzig einen Namen, der eine Verbindung zwischen den Patienten zu sein scheint: Carlo G.

*

Es ist der 29. Mai 2004, als Fabian extreme Kopfschmerzen kriegt. Er hat Rötungen am Hals, sein Fieber steigt auf über neununddreißig Grad. Der Arzt verschreibt ihm zur Behandlung Antibiotika. Innerhalb von vier Tagen magert Fabian von zweiundachtzig auf fünfundsiebzig Kilogramm ab. Wegen seiner geschwollenen Lymphknoten möchte sein Hausarzt einen HIV-Test durchführen. Fabian winkt ab, das sei nicht nötig. Doch seine Blutwerte spielen verrückt. Also willigt er Anfang Juni dennoch ein und lässt sich auf HIV testen.

»Ein paar Tage später war das Resultat da: positiv.«

Anders als die anderen Patienten hat Fabian einen Verdacht, wo er das Virus herhat. Ihm ist klar, dass seine Vermutung absolut abstrus scheint. Aber eine andere Erklärung findet er nicht.

»Ich habe es mir nicht leicht gemacht. Ich habe sehr systematisch überprüft, ob es andere Gründe geben könnte. Doch aufgrund des Zeitpunktes, wo das passiert sein musste, gab es für mich nur eine einzige Erklärung: Mir wurde klar, dass der Stich schuld war, den mir der Heiler Carlo G. verabreicht hatte, seine sogenannte Akupunktur.«

Fabian ist ein Geschäftsmann, er bekleidet eine leitende Funktion, trägt eine dunkle Rahmenbrille und tritt selbstbewusst auf. Doch als er seinen Verdacht ausspricht, erntet er nichts als Zweifel. Seine Frau, die ihn zu Carlo G. geschickt hatte, glaubt ihm nicht und distanziert sich von ihm. Auch sein Arzt zweifelt und rät von einer Anzeige ab; selbst wenn Fabian recht haben sollte, sei es praktisch unmöglich nachzuweisen, dass er sich bei diesem einen Stich infiziert haben soll.

Doch Fabian lässt sich nicht beirren.

»Es gab keinen Grund, warum Carlo G. mir das antun sollte, er kannte mich nicht einmal«, sagt er. »Darum ging ich davon aus: Wenn er es bei mir gemacht hat, hat er es auch bei anderen getan. Und er wird es vielleicht wieder tun.«

Im Januar 2005 reicht Fabian Strafanzeige gegen Carlo G. ein.

*

Carlo G. Die Spur zu ihm führt zu einer stattlichen Liegenschaft im Westen der Stadt Bern, die hinter einer grünen Hecke und einem großen Gittertor liegt: Hier hat sich der aus Italien eingewanderte Musiker mit seiner Schule niedergelassen, die er 1986 gegründet hat. Vor dem Mehrfamilienhaus sind vier Überwachungskameras installiert. Vor unbefugtem Betreten wird gewarnt. Auf einem zweiten Schild neben der Eingangstür steht: *Private Berufsschule mit Allgemeiner Abteilung*. Darüber sein Name, der Name der Schule und als Signet eine gezeichnete Querflöte.

»Musik hat mir so viel gegeben im Leben: Die Kraft, alle Hindernisse zu überwinden, Motivation, Inspiration«, sagt Carlo G. in einem Video, mit dem er für seine Musikschule wirbt.

1959 wurde er in Italien in eine arme, streng katholische Bauernfamilie hineingeboren, er ist eines von sechs Kindern. Der Vater verdiente sein Geld als Saisonarbeiter in der Schweiz, wo Carlo G. später hinzog. Er begann zunächst eine Ausbildung zum Elektroniker, besuchte danach das Konservatorium. In seinem Video bezeichnet er sich als Multiinstrumentalist und zeigt sich beim Akkordeonspiel, am Klavier und in einer Gitarrenstunde mit einem jugendlichen Schüler.

Er trägt sein gelocktes, pechschwarzes Haar lang und wallend, der volle Bart und der Schnurrbart sind akkurat getrimmt, die Augenbrauen buschig. An Hals und Händen klimpert viel Silberschmuck.

»Carlo G. unterrichtet in einer guten und respektvollen Atmosphäre«, sagt eine Frauenstimme im Werbevideo. »Er geht auf die individuellen Stärken und Schwächen der Schüler ein und fördert und motiviert sie dementsprechend.«

Carlo G. ergänzt: »Ich benutze nie die Peitsche im Unterricht, sondern Liebe und Motivation und Ansporn.«

Um die Jahrtausendwende herrscht reger Betrieb in Carlo G.s Musikschule, bis zu vierzig vor allem junge Menschen gehen ein und aus, mehrere Schüler wohnen zeitweise in seinem Haus. Einer davon ist Daniel, der im Februar 2002 von seiner HIV-Infektion erfährt.

»Er war lange Zeit mein bester Freund«, sagt Daniel.

Er ging zu Carlo G. in den Musikunterricht und lebte fast vier Jahre lang in einer Wohnung in dessen Haus, bevor er Ende 2001 aus- und mit seiner Freundin Helen zusammenzog, die er an der Musikschule kennengelernt hatte.

»Es entwickelte sich zwischen Carlo G. und mir eine Freundschaft, von der ich im Nachhinein sagen muss, dass sie tief und wahrhaft war.«

Sie unternahmen viel gemeinsam, machten Ausfahrten mit den Motorrädern, verbrachten bis Ende 2004 etliche gute Momente miteinander.

»Heute aber muss ich anerkennen, dass er bewusst versucht hat, eine gewisse Hörigkeit herbeizuführen.«

Mit einigen seiner weiblichen Studentinnen unterhält Carlo G. Affären, manche parallel nebeneinander. Daniel weiß das, sagt aber nichts. Die jungen Frauen ahnen vielleicht etwas, wissen tun sie es nicht. Im Nachhinein werden einige von ihnen die Beziehung zu Carlo G. als grauenhaft bezeichnen. Weil er Frauen nicht lieben, sondern besitzen will, und zwar für sich allein.

»Es war schrecklich. Schrecklich. Ich stellte mir ein Verhältnis anders vor, aber ich hoffte immer, dass es besser wird.« Beatrice ist eine junge Frau, als sie zu Carlo G. in den Musikunterricht geht und sich in den viel älteren Mann verliebt. »Er wollte mein Leben beherrschen, wollte mich gebrauchen, herumkommandieren, mir sagen, was ich zu tun habe. Er verlangte, dass ich nur ihm gehörte und all meine anderen Kontakte abbrach.«

Carlo G. verbietet den Frauen, sich mit anderen Männern oder gar mit ihren Familien zu treffen. Einer seiner Geliebten redet er ein, sie sei in ihrer frühen Kindheit vom eigenen Vater vergewaltigt worden.

»Ich war fünf Jahre lang mit ihm zusammen.«

Gisela, am 13. Juni 2005 positiv auf HIV getestet, war Carlo G.s Gitarrenschülerin. Zu Beginn der Beziehung war sie gerade mal siebzehn Jahre jung.

»Wir hatten sehr oft Streit. Er wollte nicht, dass ich an Familienessen teilnahm, er wollte mich von allem trennen, er sagte schlimme Sachen über meinen Vater, dass er mich sexuell missbraucht habe, als ich klein war. Ich habe meinen Vater plötzlich gehasst. G. hat mich sehr stark beeinflusst, ich habe ihm alles geglaubt. Er hat in einer Session das Pendel befragt und erklärt, dass wir in einem früheren Leben Mann und Frau gewesen seien. Er konnte mich wirklich überzeugen, das ist sehr eigenartig. Vielleicht war ich ihm hörig.«

»Sie wussten alle, dass ich eine starke, emotionale, esoterische, mystische Person bin.«

Die Worte stammen von Carlo G. Daran glaubt er vor allem auch selbst, er meint übernatürliche Kräfte zu haben. Darum unterrichtet er seine Schüler nicht nur in Harmonielehre und am Instrument, er bietet ihnen auch eine Lebensschulung und obskure Therapien an. Zum Beispiel dann, wenn er behauptet, dass ein Student sich musikalisch nicht mehr weiterentwickle, weil die Energie nicht mehr fließe, weil er blockiert sei. Er beruft sich auf die »Chakra-Lehre« und sagt, er könne seinen Schülern das »dritte Auge« öffnen, was in Esoterik-Kreisen als Schritt zur Erweiterung des Bewusstseins gilt.

»Da ist eine Energie, die von Gott durch mich auf eine Stelle aufgetragen wird, das ist Heilung«, erklärt Carlo G. »Man muss ein Kanal sein. Gott heilt durch mich.«

»Er ist eine sehr erkennende, einfühlsame Person«, erzählt Daniel. »Er kann einen Menschen schnell einschätzen und Gefühlsschwankungen punktgenau erkennen. Darum habe ich ihm diese Heilkräfte zugetraut.«

Daniel glaubt Carlo G. auch, als der ihm erzählt, er sei ein Ninja-Kämpfer gewesen und besuche regelmäßig seinen Meister. Auf dessen Empfehlung hin biete er Akupunkturbehandlungen an.

»Er sprach sehr oft von seinem Meister, das klang für mich immer glaubwürdig«, sagt Daniel.

Carlo G. mixt nach Anweisung des Meisters auch ein Stärkungsgetränk aus Kräutermixturen und Baumrinde an, eine bräunliche Flüssigkeit mit rein biologischen Zutaten, getunt mit etwas Alkohol.

Und noch etwas fällt Daniel an Carlo G. auf, den er jahrelang für seinen besten Freund hält: »Er hat sich sehr für Aids interessiert, er hat ständig davon gesprochen. Ich war jede Woche vier Mal eine Stunde bei ihm im Unterricht, und er hat in jeder Lektion etwas über die Krankheit gesagt. Dass es eine brutale Krankheit sei, ein Sterben auf Zeit. Er fand es verrückt, dass man nichts dagegen tun könne. Er hat sich intensiv und emotional damit befasst und war sehr fasziniert. Er fragte sich, was es wohl für die Menschen bedeutet, die das erleben müssen.«

*

Während Carlo G. unbehelligt seine Schule weiterführt, Gitarre, Akkordeon, Klavier, Saxophon, Gesang unterrichtet und den einen oder die andere Schülerin zu einer speziellen Therapie einlädt, laufen im Hintergrund die Ermittlungen an. Es ist eine zähe Untersuchung. Zwar tun sich die Ärzte des Berner Inselspitals, denen die Häufung ungeklärter HIV-Infektionen überhaupt erst aufgefallen ist, mit der Polizei zusammen. Doch die Kooperation harzt; viele der Opfer sind zunächst nicht bereit, die Ärzte von ihrer Schweigepflicht zu befreien. Daher dürfen sie keine Namen weitergeben, was die Ermittlungen erschwert und verzögert.

In den Nullerjahren – wie auch heute noch – ist eine HIV-Infektion oder eine Aidserkrankung nicht nur ein Tabu, den Betroffenen haftet auch ein Stigma an. Die meisten Patienten informieren nur das nächste Umfeld, und, wenn es nicht mehr anders geht, den Arbeitgeber.

»Mein Vorgesetzter ist informiert über die Situation, weil ich öfter fehle als andere«, sagt Anna. »Sonst weiß nur mein engster Freundes- und Familienkreis Bescheid. Ich befürchte, dass sich die Menschen vor mir zurückziehen würden, weil sie Angst vor einer Ansteckung haben.«

Fabian glaubt, dass er den Schritt, zu seiner Krankheit zu stehen, vielleicht wagen würde, wenn er keine Kinder hätte. »Aber mit der Familie bin ich eingeschränkt. Die Vorurteile, die heute und hier immer noch bestehen, sind sehr einschränkend.«

Hinzu kommt, dass sich manche der Betroffenen nicht sicher sind, ob sie wirklich durch Carlo G. infiziert worden sind. Sie zögern deshalb, gegen ihn auszusagen. Es ist ein so ungeheuerlicher Verdacht, dass er ihnen unwirklich erscheint. Und Beweise gibt es keine.

Doch die Zahl der Opfer steigt. Zwölf, dreizehn, vierzehn. Mit der vergehenden Zeit wächst sie weiter an, auf einundzwanzig Betroffene. Zwei davon sind enge Verwandte von Carlo G., die nach Italien zurückgekehrt sind. Einige Opfer wollen anonym bleiben und geben ihre Namen nicht bekannt.

Die Opfer könnten unterschiedlicher kaum sein. Da ist Fabian, in leitender Funktion und im perfekt sitzenden Anzug. Beatrice, eine unsichere Frau, die so leise redet, dass ihre Stimme im Saal verloren geht. Die intelligente Mittvierzigerin mit ihrer klaren Ausdrucksweise, die aus Angst vor Carlo G. erst nach langem Zögern bereit war, Anklage einzureichen. Oder Clemens, der dem Teenager-Alter gerade erst entwachsen ist und der immer wieder um Fassung ringt. Da sind Anna und Erika und die vielen jungen Frauen – einige trotz allem voller Lebensmut, andere bereits von der Krankheit gezeichnet. Und Daniel, der so sachlich berichtet, als ginge es um das Leben eines Fremden und nicht um sein eigenes. Sie alle erzählen ihre Geschichte – jede einzelne klingt wie ein Albtraum, den niemand erleben will. Keine und keiner der Betroffenen weiß, warum ausgerechnet ihr oder ihm dies widerfahren ist.

Eines haben sie alle gemein: Sie sind HIV-positiv. Die meisten wurden gleichzeitig mit einem seltenen Typus von Hepatitis C infiziert. Und sie alle vermuten, dass Carlo G. hinter ihrer Erkrankung steckt. Die Geschichten der Opfer zeigen, dass es weder eine Fahrlässigkeit noch ein Missgeschick war. Sondern dass Carlo G., der selber HIV-negativ ist, sie mit voller Absicht hinterlistig und perfide mit dem Virus infiziert hat.

*

Daniel.

»Nach einer Musikstunde sagte Carlo zu mir, ich sei jetzt so weit, dass ich eine Akupunktur empfangen könne. Es gehe um meine musikalische Weiterentwicklung, die Akupunktur werde mir helfen, meine künstlerische Leistung zu steigern. Das Ziel der Behandlung war, dass ich mehr aus mir herauskommen konnte. Das habe ich mir damals sogar so notiert, auch das Datum habe ich mir eingetragen.

Ich habe sehr schnell eingewilligt. Denn wir hatten schon von Anfang an vereinbart, dass mich Carlo nicht nur in der Musik, sondern auch in der ›Lebensbildung‹ unterstützen würde. Er hat ebenfalls meine persönliche Kompetenz gefördert, das war im Gesamtpaket seiner Schule mit inbegriffen. Es ging um meine soziale Kompetenz und eine professionelle Begleitung auf meinem Weg, bis ich als Musiker von diesem Beruf leben konnte. Ich habe also sehr schnell zugesagt, es gab für mich keinen Grund zu zögern. Ich habe Carlo zugetraut, dass er mit einer Akupunktur-Behandlung musikalische Blockaden lösen kann.

Wir haben uns um Viertel nach zehn Uhr abends bei ihm in der Wohnung getroffen. Er hatte für die richtige Stimmung gesorgt; es brannten überall Kerzen, im Kamin loderte ein Feuer, es herrschte eine angenehme Atmosphäre wie bei einem romantischen Abendessen. Er wies mich an, mich neben dem Kamin auf den Bauch zu legen, die Füße Richtung Toilette. Er kündigte an, dass es nur einen einzigen Akupunktur-Stich geben würde, er müsse die Nadel einen Moment lang drinlassen, damit sie wirke. Es gehe um einen bestimmten Punkt, den er treffen müsse.

Ich fühlte mich wohl und entspannt, wie bei einer Massage in einem Wellnessresort. Es gab keinen einzigen Moment, in dem ich dachte, es könnte etwas Schlimmes geschehen.

Carlo begab sich in ein anderes Zimmer und kam kurz darauf wieder herein. Ich hatte zuvor noch nie eine Akupunktur gemacht. Daher war ich recht erstaunt, als er mir die Nadel regelrecht in den Rücken rammte. Das war ziemlich heftig, ich bin sehr erschrocken, ich hatte nur einen kleinen Stich erwartet. Ich rechnete damit, dass ich nun sicher fünfzehn Minuten lang liegen bleiben musste. Doch nach drei bis vier Sekunden hat er die Nadel schon wieder rausgezogen. Er sagte, es sei vorbei. Da war ich zum zweiten Mal irritiert. Es lief alles ganz anders ab, als ich mir das vorgestellt hatte. Die ganze Sitzung dauerte weniger als eine Minute.

Circa zwei Wochen später wurde ich schwer krank. Im Februar hatte ich dann den positiven Befund. Für den Arzttermin hatte mir Carlo sein Auto ausgeliehen.

Nach der Diagnose fuhr ich mit seinem Auto zum Arbeitsort meiner damaligen Freundin und jetzigen Frau Helene. Wir waren ganz frisch zusammen, ich hatte sie in der Musikschule kennengelernt. Sie ging dort allerdings nicht zum Musikunterricht, sondern zu Carlo in die Lebensschule. Wir hatten vorher und natürlich auch nachher nie ungeschützten Geschlechtsverkehr. Sie ließ sich trotzdem testen und war damals noch HIV-negativ.

Es ging mir lange Zeit gut. Erst ab Sommer 2004 hatte ich häufig Appetitprobleme, ein Schwächegefühl, war oft müde. Ich musste mich zwingen, etwas zu essen, es wurde immer schlimmer. Ich habe etwa zwanzig bis fünfundzwanzig Kilogramm abgenommen. Im Nachhinein wirkt es seltsam, dass ich nicht früher zum Arzt ging, ich wusste ja um meine Diagnose. Aber ich dachte, ich hätte einfach ein Burnout. Ich sträubte mich dagegen, einen Arzt aufzusuchen – bis ich mit dem Krankenwagen eingeliefert werden musste. Der Blutsauerstoffgehalt war an der unteren Grenze. Ich war in einem sehr schlechten Zustand.

Von da an musste ich immer wieder ins Inselspital. Irgendwann im Frühjahr 2005 kam Oberarzt Zimmerli zu mir ins Zimmer. Aus dem Nichts heraus fragte er mich, ob mir der Name G. etwas sage. Das war für mich eine sehr komische Frage. Ich sagte ihm, dass ich in dessen Haus gewohnt hätte und fragte im Gegenzug, warum er das wissen wolle. Herr Zimmerli sagte mir, es gebe Hinweise darauf, dass auch andere Patienten in gleichen Situationen mit Carlo G. Kontakt hatten. Der Arzt war sehr zurückhaltend und meinte, mehr könne er mir nicht sagen. Er gab mir die Telefonnummer des Staatsanwalts Hermann Fleischhackl, ich solle ihn anrufen, um mehr zu erfahren.

Während des Gesprächs mit Herrn Zimmerli fiel bei mir der Groschen. Wahrscheinlich war es mir in meinem Unterbewusstsein schon lange klar, dass dies die einzige Möglichkeit gewesen sein konnte. Aber erst jetzt drang die Erkenntnis in mein Bewusstsein.

Anfangs sträubte ich mich noch, den Staatsanwalt anzurufen, denn Carlo war mein bester Freund. Wenn ich anrief, würde das bedeuten, dass ich die Seite wechseln musste. Das war eine sehr schwierige Entscheidung und eine intensive Woche. Denn genau in dieser Zeit erhielt auch meine Frau ihre Diagnose.«

*

Helene, Daniels Frau.

»Als ich 2005 erfahren habe, dass auch ich HIV-positiv und überdies mit Hepatitis C infiziert bin, war es für mich zweitrangig, woher es kam. Denn mein Mann lag zu diesem Zeitpunkt praktisch im Sterben, er war in einem sehr schlechten gesundheitlichen Zustand. Ich musste mich zunächst voll auf ihn konzentrieren. Daher war am Anfang alles sehr verschwommen. Aber die Frage stand schon im Raum, warum auch ich auf einmal positiv war. Ich hatte keine Antwort. Ich nehme keine Drogen, ich hatte keine anderen Sexualpartner, und mit meinem Mann hatte ich nur geschützten Geschlechtsverkehr. Ich wusste nicht, woher es kam.

Heute weiß ich, dass Carlo G. dafür verantwortlich ist. Ich bin mir sicher, weil auch mein Mann krank ist: Er sagte immer, es könne bei ihm nur dieser Stich gewesen sein, den Carlo G. ihm versetzt hat.

Ich hingegen habe keinen Stich gespürt. Erst auf die Fragen des Arztes und weil er von ähnlichen Fällen berichtete, dämmerte es mir, dass auch ich mich bei einer Sitzung bei Carlo G. infiziert haben musste.

Es war an einem Mittwoch, irgendwann im Spätsommer 2004, ich glaube im September. Ich ging da schon seit etwa zwei Jahren zu Carlo G. in die Gesprächstherapie, immer dienstagabends. Er hat mir in den Therapiestunden jeweils Stärkungsgetränke aus Kräutern serviert. Er wollte mir mein Leben vorhersagen. Carlo G. war nicht glücklich darüber, als ich mit Daniel zusammenkam. Er sagte mir, ich solle mich von ihm trennen, Daniel sei nicht gut für mich, ich würde einen Besseren finden.

Bei einer dieser Dienstagssitzungen meinte er, ich solle mal tagsüber zu ihm kommen, wenn ich alleine sei, er wolle mit mir ein spirituelles Ritual durchführen, das mein geistiges Weiterkommen fördere. Also haben wir an einem Mittwoch einen Termin vereinbart.

Ich bin zu ihm in die Wohnung hochgegangen. Normalerweise saß ich jeweils auf dem Sofa. Doch dieses Mal musste ich mich vor dem Kamin auf den Teppich legen. Er gab mir einen Stärkungssaft und forderte mich auf, ihn zu trinken. Danach drückte er mir einen Stein auf die Haut und sprach von Schamanen, die erscheinen würden, ich solle mich nicht fürchten. Ich würde mich bald schwer und müde fühlen. Das tat ich auch, ich wurde sehr rasch unsagbar müde und bin auf die Seite gekippt. Ich erinnere mich noch, dass er mir ein Kissen unter den Kopf geschoben hat.

Als ich aufwachte, sagte er zu mir: ›Jawohl, jetzt ist das Ritual vollbracht.‹ Ich fühlte mich sehr bedrückt. Ich hatte mich nicht unter Kontrolle, konnte meinen Körper nicht so bewegen, wie ich wollte. Als es mir etwas besser ging, bin ich nach Hause gegangen.

Doktor Zimmerli hat dann auch mich auf Carlo G. angesprochen. Ich habe mich nicht von mir aus gemeldet, und ich zögerte ebenfalls, den Staatsanwalt anzurufen. Wir waren sehr unsicher, weil wir nicht wussten, wozu Carlo G. noch fähig war. Wir hatten Angst, dass er uns etwas antun würde, wenn wir ihn anzeigten, oder vielleicht auch sein Meister, der Ninja-Kämpfer.

Wir haben es dann aber doch getan.

Auffallend war, dass sich Carlo G. nicht mehr für uns interessiert hat, als er erfuhr, dass wir beide HIV-positiv waren.«

*

Gisela.

»Als ich mit Carlo G. zusammen war, dachte ich, er sei der Mann meines Lebens. Alle Mitglieder meiner Familie waren gegen ihn, weil er sie schlechtgemacht hatte. Weil er behauptet hatte, mein Vater hätte mich sexuell missbraucht. Ich stand zwischen den Fronten.

Carlo G. hatte seine guten Seiten, aber dann waren da immer wieder die negativen Situationen, es war wirklich sehr schwierig für mich. Aber irgendwann war ich in einem Alter, in dem ich mir nichts mehr wünschte als einen Mann, der zu mir steht. Carlo aber sagte, wir könnten nicht offiziell zusammen sein, weil ich seine Schülerin sei. Wir gingen nie miteinander irgendwohin, ich konnte mir so mit ihm keine Zukunft mehr vorstellen. Also beendete ich die Affäre. Doch ich hielt danach den Kontakt mit Carlo aufrecht. Ich dachte, wenn ich weiterhin eine gute Beziehung zu ihm pflege, habe ich nichts zu befürchten. Ich hatte Angst vor ihm.

Kurz nachdem ich mit ihm Schluss gemacht hatte, gab er mir einen seltsamen Saft zu trinken. Kaum hatte ich das Getränk eingenommen, wurde ich auf einmal sehr müde, alles war total schräg, ich wusste danach nicht mehr, was geschehen war. Ich hatte einen totalen Blackout. Das war sehr eigenartig, aber ich habe mir damals nicht viel dabei gedacht.

Als ich später erfuhr, dass ich HIV-positiv bin, brach für mich eine Welt zusammen. Ich hatte zu diesem Zeitpunkt einen neuen Partner. Als ich ihm von meiner Diagnose berichtete, wollte er mich nicht mehr berühren, ein sexueller Kontakt war nicht mehr möglich. Ich dachte zuerst, dass ich mich durch Geschlechtsverkehr infiziert hatte, aber mein Partner war negativ. Und ich wusste, dass auch Carlo HIV-negativ war, er hatte mir immer wieder seine Testergebnisse gezeigt.

Darum dachte ich, dass er mir während meines Blackouts etwas injiziert haben musste. Ich vermutete, er habe irgendetwas mit Blut gemacht, er habe die Viren vielleicht sogar selbst gezüchtet. Also ging ich zu ihm und informierte ihn über mein Testresultat. Carlo fragte mich, ob ich auch mit Hepatitis C infiziert sei. Dann wollte er wissen, ob sich meine Schwester ebenfalls hat testen lassen, er habe ihr angesehen, dass sie HIV-positiv sei. Er redete mir ein, dass mich meine Schwester angesteckt habe, und warnte mich, dass ich nicht vom gleichen Glas wie sie trinken dürfe. Alles war sehr absurd.

Da erinnerte ich mich an eine Situation mit meiner Schwester. Das war im Herbst 2003. Carlo wollte mir verbieten, alleine mit ihr in die Ferien zu fahren. Er sagte schon lange, er wolle sie kennenlernen, er dachte, sie hetze mich gegen ihn auf. Als ich dann trotzdem alleine mit ihr wegfuhr, stand er plötzlich unangemeldet da. Er habe mich mit Rosen überraschen wollen, erklärte er, doch er verhielt sich seltsam, er hat mich nicht einmal richtig gegrüßt. Er meinte, er werde nun ein Geschenk verstecken, ich müsse rausgehen. Er befand sich mit meiner Schwester alleine in dem Zimmer. Im nächsten Augenblick rannte meine Schwester raus zu mir und klagte, Carlo habe sie gestochen. Ich schaute nach, und sie hatte tatsächlich eine rote Stelle auf der Haut. Carlo meinte lapidar, die Rosen seien auf ihren Rücken gefallen.

Als ich Carlo nach meiner Diagnose ein weiteres Mal traf, behauptete er auf einmal, mein neuer Freund habe mich angesteckt, er schlug mit den Händen auf das Steuerrad und schrie, er bringe ihn um. Ein andermal behauptete er, dass er Aids heilen könne. Das koste aber Geld. Er müsse vorher mit seinem Meister verhandeln. Mithilfe seines Meisters könne er fünfundneunzig Prozent der HIV-Infizierten heilen.«

*

Anna.

»Ich habe Carlo G. 1993 in der Musikschule kennengelernt. Ich war erst seine Schülerin und wurde bald auch seine Freundin. Wir waren vier Jahre zusammen. Während der Partnerschaft mochte er es nicht, wenn ich mich mit anderen Menschen, insbesondere mit Männern traf. Er steigerte sich in etwas hinein und behauptete, dass ich untreu sei. Er hat mich verfolgt, drehte in seinem Wagen Runden um mein Haus, kontrollierte mich die ganze Zeit. Er prüfte zum Beispiel, ob die Motorhaube meines Autos noch warm war. Abends wartete er vor meinem Arbeitsplatz auf mich, er rief mich ohne Grund mehrmals in der Arbeit an und machte mir jeweils eine Szene, wenn ich arbeiten musste. Es kam oft zu Streitereien und Handgreiflichkeiten. Er hat mich auch mehrmals mit dem Tod bedroht.

Im Januar 1997 kam es zu einer Szene, die zum Abbruch der Beziehung führte. Er war bei mir in der Wohnung, wir begannen zu streiten, er riss mich an den Haaren. Ich wurde hysterisch, schrie herum und schmiss seine Geschenke zum Fenster hinaus. Er hielt mich fest, aber ich brüllte ihn an, er solle mich nicht anfassen, er solle gehen, ich schlug ihm mit der Hand auf den Rücken. Da drehte er sich um, packte einen etwa fünfzig Zentimeter hohen Kerzenständer und schlug damit auf mich ein. Ich stürzte zu Boden und blutete stark. Als er weg war, rief ich meine Eltern an, die sofort kamen und mich zum Arzt brachten, der mich ins Spital überwies. Ich blieb dann zwei Wochen bei meinen Eltern. Mein Stiefvater rief Herrn G. danach an. Doch der hat alles abgestritten, er behauptete, er habe das nicht getan. Ich hatte danach über Jahre hinweg keinen Kontakt mehr zu ihm.

Zwischen Februar und März 2002, also erst viel später, rief mich Carlo G. sehr überraschend an. Er wollte mich in seiner Wohnung für eine Aussprache zu dem unschönen Ende unserer Partnerschaft treffen. Er entschuldigte sich, dass er damals nicht mit mir geredet habe. Er rief mich deswegen mehrere Male an, ich befand mich in einem Dilemma.

Für mich sprachen drei Gründe dafür hinzugehen. Der erste Grund war Angst: Ich fürchtete, dass er wütend wird, wenn ich ihm sagte, dass ich ihn nicht treffen wolle. Ich hatte Angst, dass er mich in seiner Wut in einer unerträglichen Weise quälen würde und ich mich nicht dagegen wehren könnte. Der zweite Grund: Ich glaubte ihm nicht. Darum dachte ich, es sei besser, wenn ich hinginge, um herauszufinden, worum es wirklich ging. Der dritte Grund: Ich erachtete ihn als feige und ging davon aus, dass er nicht mit den Vorkehrungen rechnete, die ich treffen würde. Ich informierte jemanden, dass und wann ich bei ihm war. Überdies dachte ich, dass er mich schon nicht entführen und wohl auch nicht rohe Gewalt anwenden würde. Also bin ich schließlich hingegangen.

Ich fuhr mit meinem Wagen zu seinem Haus, es war gegen acht Uhr abends und bereits dunkel. Er hatte mich zum Abendessen eingeladen in seiner Wohnung im Dachstock. Als ich ankam, war er freundlich, charmant, er machte mir Komplimente. Wir haben uns neben dem Kaminfeuer niedergelassen und geredet. Als ich kurz in die Küche ging, habe ich dort zwei Longdrinkgläser mit einer auffällig grünen Flüssigkeit darin gesehen. Daneben lagen die Zutaten für ein asiatisches Nudelgericht. Carlo G. bot mir etwas zu trinken an und brachte die grünen Drinks ins Wohnzimmer. Wir haben angestoßen. Ich fragte ihn, was das sei, und er meinte: Fruchtsaft. In bedrohlichem Ton schob er nach, ob ich etwa Angst hätte, dass er mich vergiften wolle, und er schlug vor, die Gläser zu vertauschen. Ich sagte »nein, schon in Ordnung,« und trank.

Danach weiß ich nicht mehr, was passiert ist. Ich verlor das Bewusstsein.

Erst Stunden später wachte ich wieder auf. Ich war angezogen und lag mit einer Decke zugedeckt auf dem Sofa. Ich realisierte, dass mit meinem Bewusstsein etwas nicht stimmte. Carlo G. sagte zu mir, ich sei eingeschlafen. Aber ich war nicht fähig, ein Gespräch zu führen, ich konnte auch kaum das Gleichgewicht halten. Ich begab mich ins Badezimmer, weil ich mein Gesicht sehen wollte. Aber ich sah völlig normal aus. Im Bad habe ich gemerkt, dass mir das Zeitgefühl entglitten war; ich wusste nicht, ob ich mich fünfzehn Minuten oder nur dreißig Sekunden im Badezimmer aufgehalten hatte. Ich sagte zu Carlo, ich könne unmöglich in diesem Zustand nach Hause fahren. Er antwortete, ich solle mich ausruhen. Da bin ich wohl wieder eingeschlafen. Als ich nach zwei oder drei Stunden aufwachte, ging es mir besser, und ich fuhr nach Hause. Ich kam heil dort an. Am nächsten Morgen ging ich wie üblich zur Arbeit. Von diesem Tag an gab es in keiner Art und Weise mehr einen Kontakt zu Carlo G.«

*

Clemens.

»Mein Vater erteilte in Italien Klavierunterricht. Daher kannte er Carlo G. Er sprach immer sehr begeistert von ihm. Mir ging es damals psychisch nicht so gut. Ich habe zu dieser Zeit zu viel Marihuana geraucht und musste das zehnte Schuljahr abbrechen. Zuerst habe ich bei einer Psychologin eine Therapie gemacht, was aber nicht viel gebracht hat. Mein Vater meinte, Carlo G. könne mir helfen, er sei ein Heiler. So entstand der Kontakt.

Bei den ersten zwei Treffen waren mein Bruder und mein Vater mit dabei. Ich war begeistert, Carlo G. hatte eine umgängliche, liebe Art, er hatte lange Haare und war wie ich ein Fan von Guns N' Roses. Beim zweiten Mal schickte Carlo G. meinen Bruder und meinen Vater hinaus, er wollte mit mir alleine sprechen. Da stellte er mir zwei Fragen: Ob ich schon mit Frauen geschlafen hätte und ob ich schon mal Drogen gespritzt hätte? Ich habe beides verneint.

Beim dritten Besuch ging ich alleine hin. Carlo G. wies mich an, mich auf dem Sofa auf den Bauch zu legen. In mir drin würde sich ein anderer Mensch befinden, den er zerstören müsse. Er gab mir eine Kristallkugel, auf die ich mich konzentrieren musste, während er mir auf dem Rücken herumgedrückt hat. Auf einmal habe ich einen Stich verspürt, ich habe mich erschrocken umgedreht und eine Nadel gesehen. Carlo G. sagte, es sei eine einmalige Akupunktur-Behandlung gewesen.

Als ich danach meinem Vater davon erzählte, meinte der, das sei keine Akupunktur gewesen, mit nur einem kurzen Stich. Kurz darauf wurde ich krank, und etwa zwei bis drei Monate später habe ich den Check gemacht. Der HIV-Test fiel positiv aus. Ich habe mich jahrelang gefragt, woher das kommt. Niemand hat mir geglaubt, dass ich es nicht wusste.

Es war ein großer Zufall, dass wir es schließlich erfuhren. Meine Mutter fuhr nach Italien und lernte dort in einer Kirche Beatrice kennen. Sie kamen ins Gespräch, Beatrice hat geweint und meiner Mutter ihre Geschichte erzählt. Uns war bis zu dem Moment noch immer nicht klar, wo ich mich angesteckt hatte. Doch nach dem Gespräch mit Beatrice war für mich zu hundert Prozent sicher, dass Carlo G. das war. Er ist krank im Kopf.

Unsere Familie ist daran fast zerbrochen. Alle leiden darunter. Mein Vater macht sich große Vorwürfe und weint oft. Ich muss sagen: Beim Thema Carlo G. kriegt die ganze Familie Aggressionen.«

*

Fabian.

»Meine Frau kennt Carlo G. bereits seit den Neunzigerjahren. Sie hat bei ihm Saxophonspielen gelernt. Durch meine Frau kam er in Kontakt mit ihrer Schwester, also mit meiner Schwägerin, die jahrelang bei ihm in die Therapie ging.

Ich litt damals an einer leichten Epilepsie und hatte manchmal Migräne-Anfälle. Meine Schwägerin sagte mir mehrmals, ich solle mich mit meinen gesundheitlichen Problemen an Carlo G. wenden, er könne mir helfen. Ich habe stets abgelehnt. Da wandte sich meine Schwägerin an meine Frau. Nun drängten mich beide, mich bei Carlo G. für eine Behandlung anzumelden. Meine Schwägerin hat ihn damals angehimmelt, was ich ihr nicht zum Vorwurf machen will, aber sie befand sich ihm gegenüber in einer gewissen Abhängigkeit und versuchte, missionarisch auf mich einzuwirken.

Ich habe den Fehler gemacht, dass ich nicht Nein gesagt habe. Ich habe mich darauf eingelassen und einen Termin mit Carlo G. vereinbart. Ich ging nicht wegen mir hin, sondern wegen meiner Schwägerin, ich wollte, dass sie endlich aufhört, auf mich einzureden, auch auf meine Frau hat sie Druck ausgeübt und immer wieder nachgehakt. Ich wollte, dass das ein Ende nimmt.

Wenn ich gewusst hätte, dass meine Schwägerin damals schon HIV-positiv war, hätte ich mich nicht bei Carlo G. gemeldet. Aber ich wusste es nicht. Also sagte ich mir: Geh ich halt mal vorbei, dann kann ich das Thema abschließen, schließlich hatte ich nichts Negatives über Carlo G. gehört.

Die Behandlung fand am 14. Mai 2004 um 13.30 Uhr statt. Carlo G. war übertrieben freundlich und mir gegenüber nicht negativ gestimmt. Ich sagte ihm, im Moment gehe es mir eigentlich gut, ich hatte einzig Probleme mit dem Druckausgleich in den Ohren. Er erklärte mir, er werde bei mir eine Akupunktur anwenden, um mich zu stärken. Ich habe ihm vertraut, er war schließlich ein Bekannter meiner Frau und meiner Schwägerin; zu diesem Zeitpunkt war er zudem mit einer Ärztin aus dem Inselspital zusammen. Ich machte mir also keine Sorgen, dass dabei etwas passieren könnte.

Von meinem Besuch bei Carlo G. sind mir gewisse Details bis heute sehr präsent, an andere erinnere ich mich nicht mehr. Ich weiß noch, dass im Kamin ein Feuer brannte. Im Raum standen ausgestopfte Vögel auf einem Regal. Ich musste mich vor dem Kamin auf den Perserteppich legen. Als ich den Oberkörper freimachte, verließ Carlo G. den Raum. Er kam mit einem Stein in der linken Hand zurück, über der anderen Hand trug er ein Tuch. Ich gehe heute davon aus, dass er unter dem Tuch etwas versteckt hatte, womit er mich dann gestochen hat.

Ich musste mich auf den Stein konzentrieren, als er die Nadel ansetzte. Der Stich war nicht schmerzhaft, es ging eine gewisse Wärme von ihm aus, es fühlte sich an wie eine Impfung. Am darauffolgenden Tag fühlte ich bei der Einstichstelle einen Schmerz, wie Muskelkater, wie bei der Tetanusimpfung. Der Stich dauerte etwa zwei bis drei Sekunden. Ich hatte keinerlei Erfahrung mit Akupunktur und lernte erst nachher, dass es dabei nicht nur einen einzigen, kurzen Stich gibt.

Danach hat er etwas abgewischt, das Hemd über mich gelegt und das Zimmer verlassen. Nach ein paar Minuten kam er zurück und sagte, es sei erledigt. Ich habe mein Hemd wieder angezogen. Ich erinnere mich noch ganz genau, unten am Saum des Ärmels etwas Blut gesehen zu haben. Zum Abschied sagte er mir, ich solle aufpassen, dass ich in den nächsten Wochen nicht erkranke. Zehn Tage später wurde ich krank.«

*

Jede Geschichte der Opfer bringt die Ermittler der Wahrheit ein bisschen näher. So wird es immer wahrscheinlicher, dass das Unwahrscheinliche wirklich geschehen ist: Dass Carlo G. seine Studentinnen und Studenten, Klienten und Exfreundinnen absichtlich mit HIV und Hepatitis C angesteckt hat, indem er ihnen infiziertes Blut spritzte. Doch noch immer ist der Fall verworren. Noch immer gibt es mehr Fragen als Antworten. Woher hatte er das Blut? Von ihm selbst kann es nicht sein, denn Carlo G. ist HIV-negativ. Stammt es von der immer gleichen Person oder von verschiedenen Menschen? Und wie ist er an das Blut herangekommen?

2005 nimmt die Polizei Carlo G. zum ersten Mal fest. Bei der Hausdurchsuchung finden die Polizisten diverse Waffen, unter anderem eine Selbstladepistole mit zwei Magazinen, dreiundzwanzig Patronen und einem Schulterholster. Dazu eine Kleinarmbrust und ein Springmesser. Keine Spritzen. Kein Blut. Nach achtundvierzig Stunden ist Carlo G. wieder auf freiem Fuß.

Derweil verfolgt der phylogenetische Gutachter Jürg Schüpbach, Leiter des Nationalen Zentrums für Retroviren der Universität Zürich, im Auftrag der Ermittler eine andere Spur, eine Blutspur im wörtlichen Sinne: Er untersucht die HI-Viren aller Betroffenen. Dabei stößt er auf etwas, das er noch nie gesehen hat: Die Viren aller Personen haben denselben Stammbaum und sind sich äußerst ähnlich, einige sind sogar identisch – und zwar sowohl jene der frühen Infektionen um 2001 wie auch jene der späteren Infektionen um

2005. Was bedeutet: »Es kommt alles aus dem gleichen Topf.« Das ist in diesem Fall durchaus wörtlich zu verstehen.

Schüpbach kann mit seiner Untersuchung belegen, dass alle Infektionen auf dieselbe Quelle zurückzuführen sind und dass das Virus nicht über die etablierten Übertragungswege weitergegeben worden ist. Denn würde es sich um eine serielle Ansteckung handeln – wenn also das Virus von der einen auf die nächste Person und von dieser wieder auf eine andere Person übertragen wird –, hätte sich der Erreger verändert.

»Bei einer Ansteckung von A auf B auf C entwickelt sich das Virus weiter, es wird diverser«, erläutert Schüpbach. »Das ist hier nicht geschehen. Über die lange Zeit, in der die Ansteckungen erfolgt sind, musste das Blut daher aus ein und demselben Reservoir stammen, das über all die Jahre konstant geblieben ist und zur Verfügung gestanden haben muss. Dieses Reservoir könnte eine oder mehrere Personen gewesen sein, denen frisch Blut abgezapft wurde. Oder aber das HIV-verseuchte Blut wurde einmal entnommen und dann außerhalb des Körpers gekühlt aufbewahrt. Blut ist langlebig. Wenn man es in einem Fläschchen gekühlt lagert, kann es über Jahre erhalten bleiben. Das ist eigentlich bei jedem zu Hause möglich.«

Laut Schüpbach ist es unwahrscheinlich, dass das Virus in diesem Fall durch eine natürliche Übertragung weitergegeben worden ist. Sehr viel wahrscheinlicher ist aus seiner Sicht eine Übertragung durch eine Spritze oder einen ähnlichen Gegenstand. Auffällig ist überdies, dass alle Opfer den in der Schweiz sehr seltenen HIV-Genotyp 4 aufweisen und sich dreizehn Opfer gleichzeitig mit einem ebenfalls nicht sehr weit verbreiteten Virustyp von Hepatitis C angesteckt haben.

Im Rahmen seines Gutachtens ist Jürg Schüpbach auch der Frage nachgegangen, ob die Infektionen der Opfer absichtlich herbeigeführt worden sind oder ob es sich um einen Unfall gehandelt haben könnte.

»Da alle Infizierten einzig Herrn G. als gemeinsamen Nenner haben, mussten wir uns fragen, ob der Verdächtige die Infektionen vielleicht unbewusst verursacht hat.«

Auch in diesem Punkt vertritt Jürg Schüpbach eine klare Meinung: Er erachtet es als nahezu unmöglich, dass das Virus über verunreinigte Akupunkturnadeln übertragen wurde, da die Wahrscheinlichkeit einer Ansteckung über eine Nadel äußerst gering ist, sie liegt bei durchschnittlich 0,3 Prozent. Carlo G. hätte demnach Tausende von Menschen stechen müssen, um einundzwanzig Personen zu infizieren.

»In diesem Fall war die Übertragung aber sehr viel effizienter. Das schafft man nur, wenn man größere Mengen Blut injiziert«, sagt Jürg Schüpbach. »Das Reservoir muss einer Person bekannt gewesen sein, sie muss die Viren daraus entnommen und auf die verschiedenen Personen übertragen haben.«

Mit der phylogenetischen Analyse der Viren aller betroffenen Patienten konnte Jürg Schüpbach nicht nur herausfinden, dass sie aus ein und derselben Quelle stammten, sondern auch, wessen Blut am Anfang der Infektionskette stand – das Blut von Ivo.

*

Ivo. Er ist seit 1997 ein Musikschüler von Carlo G., auch er lebt in einer der Wohnungen in dessen Haus. Ivo schätzt Carlo G. einerseits als Musiklehrer, gleichzeitig sieht er den älteren Freund mit seiner charismatischen Art auch als Lehrer in allen Lebensfragen.

»Seine esoterischen und mystischen Rituale haben mir gefallen«, erzählt Ivo.

Das galt damals, als sein Leben noch normal war, aber auch noch lange nach der Diagnose, die alles veränderte. Irgendwann, es ist das Jahr 2001, sagt Carlo G. zu ihm: »Ich spüre, dass mit deinem Blut etwas nicht stimmt.«

Ivo ist der erste der Musikschüler, der positiv auf HIV und Hepatitis C getestet wird. Auch auf ihn wird man am Berner Inselspital aufmerksam. Zunächst zählt Ivo in den Augen der Ermittler denn auch zu den Opfern. Doch das ändert sich, als im Jahr 2007 die ersten Ergebnisse von Jürg Schüpbachs Analyse vorliegen: Ivo wird zum Verdächtigen. Die Polizei vermutet, dass er mit Carlo G. gemeinsame Sache gemacht hat.

Nebst der Blutanalyse gibt es einen weiteren Grund für diesen Verdacht: Es taucht ein undatierter Brief auf, den Ivo an Carlo G. geschrieben hat und in dem er seinen Musiklehrer entlastet. In dem Brief schreibt Ivo, dass er sich durch Drogenkonsum oder durch wechselnde Sexualpartnerinnen mit dem Virus angesteckt habe. Auch trage er die Schuld daran, dass sich später noch andere Schülerinnen und Schüler von Carlo G. infiziert hätten. »Wir haben zusammen Drogen gespritzt, und so wurden die anderen angesteckt«, heißt es im Brief, den Ivo seinem Musiklehrer geschrieben hat, scheinbar, um ihm sein Herz auszuschütten. Am Ende des Schreibens steht: »Ich will nicht mehr leben.«

Aufgrund der Ergebnisse des phylogenetischen Gutachtens handelt Staatsanwalt Hermann Fleischhackl: Er nimmt Carlo G. erneut in Untersuchungshaft, dieses Mal wird sie siebenunddreißig Tage dauern, und er nimmt auch Ivo als mutmaßlichen Komplizen fest. Den Ermittlern ist klar, dass in dessen Brief nicht die Wahrheit steht. Keiner der anderen Schüler bestätigt die von Ivo beschriebenen Drogenrunden, alle verwehren sich dagegen, überhaupt je Drogen intravenös genommen zu haben. Da sich die Opfer zu völlig unterschiedlichen Zeitpunkten infiziert haben müssen – über einen Zeitraum von mindestens vier Jahren –, wäre die gemeinsame Ansteckung an solchen Drogenpartys auch gar nicht möglich, selbst wenn es sie gegeben hätte.

Als Ivo im Gefängnis mit dem phylogenetischen Gutachten konfrontiert wird, bricht er ein. Er gesteht, dass er im Brief gelogen hat. Es gab keine gemeinsamen Drogensessionen. Es gab auch nicht wechselnde Sexualpartnerinnen. In Wahrheit weiß Ivo überhaupt nicht, wie und wo er sich mit dem HI-Virus infiziert hat.

»Ich habe den Brief auf Druck von Carlo G. geschrieben«, gibt er in der Befragung zu. »Er sagte mir, ich müsse das schreiben, sonst würde es schlecht aussehen.« Es habe eine Zeit gegeben, da habe er alles gemacht, was sein älterer Freund von ihm verlangt habe. »Ich habe ihm vertraut. Er hat mich unterstützt in einer Zeit, in der ich nicht wusste, was ich will.«

Erst als Ivo in der Untersuchungshaft sitzt und sich mit den Fakten auseinandersetzen muss, wird sein Vertrauen in Carlo G. zerstört.

»In mir reifte im Gefängnis die Überzeugung: Jetzt muss ich für mich schauen, ich muss erzählen, wie alles abgelaufen ist, ich muss die Wahrheit sagen. Die Wahrheit ist, dass Carlo G. mir mehrmals mit einer Spritze Blut entnommen hat. Dies im Wissen, dass es mit HI-Viren verseucht war. Heute nehme ich an, dass er mit meinem kranken Blut all die anderen angesteckt hat.«

Zugestimmt hat Ivo den Blutentnahmen, weil Carlo G. ihm versichert hat, dass er seine Krankheit heilen könne. Er behauptete, er werde das Blut seinem Schamanenkreis übergeben, wo man es analysieren werde.

»Ich wollte das in meiner damaligen Situation wohl einfach glauben.«

Im Nachhinein kann Ivo nicht mehr genau sagen, wie oft Carlo G. ihm Blut entnommen hat, wohl etwa einmal im Monat. Das Ritual lief immer im gleichen Rahmen ab: Ivo musste sich vor einen Kristallstein legen oder setzen und sich entspannen. Carlo G. band ihm den Arm ab und entnahm ihm mit einer Spritze

Blut. Anschließend verließ er das Zimmer, um das Blut zu deponieren. Ivo erklärte er, jemand werde es holen kommen.

Heute glaubt Ivo, dass auch er von Carlo G. mit den Viren infiziert worden ist. Es war im Jahr 2001, als Carlo G. ihm mit einer Nadel mehrmals in den Finger stach. Zwar hatte er die Nadel zuvor demonstrativ mit der Flamme eines Feuerzeugs desinfiziert – doch dann habe er kurzzeitig den Raum verlassen, bevor es zum Stich gekommen sei. Nachdem Ivo schwer krank und positiv getestet wurde, verzichtete er auf Drängen von Carlo G. lange Zeit auf eine konventionelle Therapie. Stattdessen wollte Ivo sich von seinem Lehrer heilen lassen. Das regelmäßige Blutabzapfen war Teil dieser obskuren Therapie.

Doch woher kam das Virus, mit dem er Ivo infiziert hat? Es ist ein anderes Opfer, das eine mögliche Erklärung dazu liefert, wo Carlo G. das infizierte Blut ursprünglich hergehabt haben könnte. Ohne es zu ahnen, hat Beatrice ihm womöglich gar bei der Beschaffung geholfen.

Lange bevor die einstige Schülerin und Geliebte von Carlo G. selbst mit HIV infiziert wurde, stand sie nämlich in Kontakt mit der Aidshilfe Zürich – auf Anweisung von Carlo G.

»Herr G. sprach immer von einem Buch, das er schreiben wollte, ein Buch über Aids«, erzählt Beatrice. »Er fragte mich, ob ich Personen kenne, die HIV-positiv seien, er wolle mit ihnen persönlich ein Interview führen. Ich kannte aber niemanden. Herr G. meinte, er selbst habe keine Zeit, sich umzuhören und nach Leuten zu suchen, ich solle das für ihn tun. Er wies mich auch an, mit der Aidshilfe Kontakt aufzunehmen. Also rief ich dort an, zuerst in Bern, dann in Zürich. Damals dachte ich, ich mache etwas Gutes. Die Aidshilfe Zürich hat unsere Anfrage an HIV-Patienten übermittelt. Ich weiß das, weil ich mit einigen in Kontakt stand. Sie riefen mich an wegen der Termine für die Interviews. Ein paar suchten Carlo G. dann auch auf. Er sagte mal zu mir, man müsste den Patienten Blut abzapfen, um zu beweisen, dass man diese Krankheit heilen könne. Viel später erhielt ich einen Anruf von jemandem von der Aidshilfe Zürich. Ich habe mir eine Telefonnotiz über das Gespräch gemacht. Der Mann teilte mir mit, dass Carlo G. einem der vermittelten Patienten Blut abgezapft habe. Aber da konnte man schon nicht mehr verifizieren, wer es war. Als ich realisiert habe, dass ich Herrn G. sogar noch geholfen habe bei der Sache, war das ein Schock für mich. Den Patienten aus Zürich hat man nie gefunden.«

*

Es ist der 6. Juni 2010, ein Sonntag. Carlo G. ist ein freier Mann, obwohl seit fünf Jahren gegen ihn ermittelt wird. Polizei und Staatsanwaltschaft hätten ihn zwar gerne in Untersuchungshaft belassen, doch das Gericht hat abgelehnt. Staatsanwalt Hermann Fleischhackl hat gegen Carlo G. ein Verfahren wegen mehrfacher schwerer Körperverletzung und der Verbreitung von menschlichen Krankheiten eröffnet. Es ist absehbar, dass es irgendwann zu einem Gerichtsprozess kommen wird. Doch die Ermittlungen ziehen sich weiter in die Länge. Nichts ist einfach in diesem Fall, in dem die Zweifel groß und die Zurückhaltung der Opfer noch größer ist, weil sie nichts mehr fürchten, als dass ihr Umfeld oder gar die Öffentlichkeit von ihrer Krankheit erfahren könnte.

Noch weiß fast niemand von dem Verbrechen, das sich in einer Musikschule in der Stadt Bern abgespielt hat. Das ändert sich schlagartig, als an diesem Morgen die Sonntagszeitungen verteilt werden. Wer die Boulevardzeitung *SonntagsBlick* aufschlägt, dem springt in großen Buchstaben eine Schlagzeile entgegen: »Der Aids-Spritzer von Bern.«

»Was SonntagsBlick über den Heiler X. vorliegt, ist ein Albtraum – einer, den die Behörden unter dem Deckel halten«, steht in dem Artikel. »Der schlimme Verdacht: X. soll bis zu achtzehn Menschen mit dem HI-Virus infiziert haben – über verseuchte Spritzen oder Nadeln. Und der weitaus schlimmere Verdacht: Er soll es absichtlich getan haben. Die Justiz ermittelt seit Jahren – informiert wurde die Öffentlichkeit nie.«

Der Bericht löst eine Lawine von weiteren Artikeln in Schweizer und auch in ausländischen Medien aus. »Aidserkrankungen nach Akupunkturbehandlung«, »Schlimmer Verdacht fällt auf Alternativmediziner«, »Hobby-Heiler verbreitete Aids«, lauten die weniger reißerischen Titel, die trotzdem die ganze Branche der Alternativmedizin in Erklärungsnot bringen.

Auch Ivo gerät in die Schlagzeilen, nachdem gegen ihn eine Voruntersuchung eröffnet worden war: »Heileraffäre – ein zweiter Mann im Visier«, steht da, oder: »Komplize half, achtzehn Menschen mit Aids anzustecken.« Ein falscher Verdacht, wie sich später erweisen wird.

Sechs Tage, nachdem die Ermittlungen publik geworden sind, meldet sich Carlo G. zum ersten Mal zu Wort. Gegenüber der schweizerisch-italienischen Tessiner Zeitung *Il Caffè* streitet er vehement ab, seine Schüler mit HIV infiziert zu haben. Er habe nie jemandem irgendetwas injiziert.

»Ich habe mit der ganzen Geschichte nichts zu tun«, wird Carlo G. zitiert. »Ich bin da reingezogen worden.« Es gehe um die Rache von »Musikschülern, die Okkultismus praktizieren«. Die Musikschüler hätten Blutsbrüderschaften geschlossen und sich wohl dadurch gegenseitig angesteckt. Er selber sei HIV-negativ, Akupunktur habe er nur ein einziges Mal an sich selbst praktiziert, die Polizei habe sein ganzes Haus durchsucht und nichts gefunden – und überhaupt könne er gar kein Blut sehen. »Ich habe eine Blutphobie.«

*

Im gleichen Jahr, in dem der mysteriöse Fall um den Musiklehrer und die unerklärlichen HIV-Infektionen seitenweise die Zeitungen füllt, nimmt Staatsanwalt Hermann Fleischhackl Carlo G. ein drittes Mal in Untersuchungshaft. Mittlerweile geht Fleischhackl von einundzwanzig Opfern aus, die G. infiziert haben soll. Doch die schier endlos dauernde Monsterermittlung ist dieses Mal nicht der Grund für die Festnahme. Carlo G. wird wegen einer neuen Anzeige verhaftet: Sie stammt von seiner Ehefrau.

Als Carlo G. drei Jahre zuvor aus seiner zweiten Untersuchungshaft entlassen worden war, heiratete er seine damalige Partnerin Jasmine. Eine Ärztin, sie arbeitet ausgerechnet am Berner Inselspital, wo das Verfahren gegen ihn seinen Anfang nahm.

Später, als sie ihre Geschichte erst der Polizei und dann vor Gericht erzählt, ist sie seine Exfrau, sie lebt in einem anderen Kanton, den Carlo G. nicht betreten darf, und sie ist die Mutter seines Kindes, das er nicht sehen darf. Obwohl seit der Ehe einige Zeit vergangen ist, fällt es ihr schwer, darüber zu sprechen. Immer wieder bricht sie in Tränen aus.

»Ich habe mich damals extrem in ihn verliebt«, erzählt Jasmine.

Sie lernt Carlo G. als Musiklehrer kennen, weil sie Gesangsunterricht nehmen will. Die Ärztin ist von seiner künstlerischen, kreativen Art angetan, das fehlt ihr in ihrem strengen Berufsalltag. Sie weiß um das Verfahren, als sie ihn heiratet, glaubt aber seinen Beteuerungen, dass er unschuldig sei.

»Ich konnte damals nicht glauben, dass er zu so etwas fähig sein könnte.«

Carlo G. versichert ihr, dass ihm ihre Beziehung heilig sei. Von seinen Nebenaffären ahnt sie nichts, als sie zu ihm ins Haus zieht. Sie wird schwanger. Sie wird Mutter. Und eigentlich könnte sie da schon merken, dass etwas nicht so läuft, wie es laufen sollte: Carlo G. verbietet ihr, das Kind ihren Eltern zu zeigen, er isoliert sie von ihrer eigenen Familie.

Dennoch hält sie zu ihm. Bis sie im Herbst 2009 das phylogenetische Gutachten liest.

»Da habe ich gemerkt, dass er der Täter sein muss.«

Sie sagt ihm nicht, was sie denkt, aber er merkt es trotzdem. Plötzlich ist er nicht mehr der charmante, liebenswürdige Partner.

»Ab diesem Zeitpunkt haben sich seine Aggressionen auch gegen mich gerichtet. Er zeigte plötzlich eine unglaublich böse Seite.«

Erst sind die Drohungen, die er ausspricht, nicht konkret. Es werde ihr etwas Schlimmes zustoßen, sagt er. Dann spricht er davon, dass er zwanzig Ninja-Kämpfer vorbeischicken werde, um sie zu töten. Er droht auch, das gemeinsame Kind zu entführen. Ein andermal fuchtelt er mit einem Samurai-Schwert vor ihrem Gesicht herum. Und dann sagt er ihr eines Morgens, er werde ihr mit einem Messer in den Bauch stechen, sodass sie verbluten und qualvoll sterben werde.

Jasmine glaubt ihm. Seine Drohungen klingen real.

»Ich habe riesige Angst gehabt.«

Einen Monat später passiert etwas, was sie im Nachhinein kaum glauben kann. Sie muss zu einem Kongress ins Ausland reisen. Und sie darf ihr Kind mitnehmen. Er droht ihr, sie umzubringen, wenn es auch nur den kleinsten Schnupfen haben sollte, wenn sie zurückkehren.

Doch sie kehren nicht zurück. Sie reicht die Scheidung ein und erstattet Anzeige wegen Bedrohung und häuslicher Gewalt.

Heute weiß Jasmine, dass sie es wohl einzig dem Glück verdankt, dass sie nicht das Schicksal seiner anderen Opfer teilt. Denn Carlo G. hat auch sie zweimal mit Akupunktur behandelt. Nach der ersten Behandlung waren ihre Nackenschmerzen verschwunden.

»In meinen Augen war er danach der Größte, der Mann mit dem siebten Sinn. Ich liebte ihn noch mehr als vorher.«

Bei der zweiten Behandlung habe er die Nadeln zuvor mit einer Kräutermischung präpariert. Nach der Behandlung erklärte er ihr, dass er fortan keinen sexuellen Kontakt mehr mit ihr haben wolle – nicht der Sex, die Liebe sei wichtig in einer Beziehung.

Obwohl Jasmine Carlo G. so lange vertraut und zu ihm gestanden hat – heute ist sie von seiner Schuld überzeugt.

»Es ist unfassbar, was dieser Mensch gemacht hat. Er hat das mit Absicht getan. Das ist krank. Es geht eine extreme Gefahr von ihm aus.«

Das Gericht sieht das anders. Weil keine Fluchtgefahr besteht und es seit Beginn der Ermittlungen gegen Carlo G. zu keinen neuen Infektionen mehr gekommen ist, wird er nach dreiunddreißig Tagen wieder aus der Untersuchungshaft entlassen.

*

Am 3. März 2013 fährt Carlo G. mit dem Taxi vor dem Berner Amtshaus vor, in dem das Regionalgericht tagt. Er erscheint ganz in Schwarz, die Hände voller Silberschmuck, er zieht sich die Jacke über den Kopf, als er in das Gerichtsgebäude hastet. Acht Jahre sind vergangen, seit sein Opfer Fabian, der Geschäftsmann, als Erster Anzeige gegen ihn erstattet hat. Endlich kommt es zum Prozess.

Ein Prozess, der unter Ausschluss der Öffentlichkeit stattfinden wird. Wir akkreditierten Journalisten dürfen nur an der Verhandlung teilnehmen, wenn wir eine Erklärung unterzeichnen. Die Auflagen sind streng: Es ist uns in der Berichterstattung untersagt, Namen zu nennen, auch Initialen müssen abgeändert werden. Sämtliche Informationen, die Rückschlüsse auf die Identität der Opfer zulassen, beispielsweise Wohnort oder Arbeitgeber, sind zu unterlassen. Auch die Schule von Carlo G., die viele der Opfer besucht haben, darf nicht namentlich genannt werden. Die Gerichtszeichner verpflichten sich, die Personen im Gericht ohne Gesicht zu zeichnen. Die Anonymität der Opfer soll gewährleistet bleiben.

Die Anklage lautet auf mehrfache schwere Körperverletzung und Verbreitung von menschlichen Krankheiten in sechzehn Fällen. Sechzehn von mutmaßlich einundzwanzig Opfern waren schließlich bereit, die Ärzte von der Schweigepflicht zu entbinden und Carlo G. anzuzeigen. Jetzt sind sie hier, Frauen und Männer jeden Alters, um im Verlauf der Verhandlung ihre Geschichte zu erzählen.

Die Stimmung im Saal ist äußerst bedrückend. Erstmals erhalten die Opfer, die bislang nicht viel mehr als eine abstrakte Zahl in den Medien darstellten, eine Stimme und ein Gesicht. Sie alle wurden durch die Diagnose mitten aus einem ganz normalen Leben gerissen. Sie können sich bis heute nicht erklären, warum es passiert ist, warum ihnen das angetan worden ist. Das Leid, das Carlo G. verursacht hat, ist auf einmal greifbar.

Zum Zeitpunkt des Prozesses ist der Gesundheitszustand der Betroffenen unterschiedlich. Noch sind nicht alle HIV-Infizierten an Aids erkrankt; die meisten befinden sich inmitten einer medikamentösen Therapie, die oft mit erheblichen Nebenwirkungen verbunden ist. Etliche sind nicht mehr voll arbeitsfähig und beziehen Invalidenrenten, andere funktionieren noch im Beruf, wenn auch mit Einschränkungen. Alle haben eine teils massiv verminderte Lebenserwartung.

»Ich habe eine nicht erfolgreiche Behandlung gegen Hepatitis C hinter mir, die Krankheit schreitet voran«, berichtet zum Beispiel Fabian. »Seit acht Jahren nehme ich auch Medikamente gegen HIV. Mittlerweile befinde ich mich in Stadium C3, das heißt, ich bin an Aids erkrankt. Die Therapie zeigt Nebenwirkungen. Wenn ich die Medikamente einnehme, bin ich innerhalb von einer Stunde wahnsinnig müde und schlafe ein – dafür bin ich in der Nacht hellwach. Ich brauche jedes Wochenende Pause und sehr viel Urlaub, um mich zu erholen. Das wirkt sich stark auf meinen Beruf aus.«

»Es geht mir den Umständen entsprechend sehr gut«, erzählt Anna. »Meine Virenlast ist unterdrückt, die Nebenwirkungen sind kontrollierbar, die Leberwerte sind leicht erhöht. Ich arbeite normal, aber ich bin öfter krank als andere Menschen, und auch heftiger, ich erhole mich schlecht.«

»Ich bin momentan stabil«, sagt Clemens. »Wegen der Medikamente habe ich Konzentrationsschwierigkeiten, Müdigkeit, Kopfweh, Probleme mit dem Schlafen, Ausschläge am Körper.«

»Es geht mir heute nicht besonders gut«, schildert Beatrice. »Mein Körper reagiert nonstop auf irgendetwas. Ich fühle mich mal mehr, mal weniger krank – aber ich fühle mich immer krank. Das schränkt mich sehr stark ein. Am 10. März 2003 war mein letzter Arbeitstag. Von dem Moment an war die Krankheit zu intensiv, an eine normale Arbeit ist nicht mehr zu denken. Heute besuche ich eine begleitete Tagesstätte und erhalte eine Invalidenrente von hundert Prozent.«

»Man muss immer daran denken, die Krankheit begleitet einen in jeder Lebenssituation; beim Reisen, wenn man sich um eine Stelle bewirbt«, erzählt Gisela. »Ich habe jetzt zwei Kinder. Ich musste den Kindern nach der Geburt einen Monat lang alle sechs Stunden einen Medikamentencocktail verabreichen. Es brach mir jedes Mal fast das Herz. Die Nebenwirkungen sind unklar. Ich muss auch auf das Stillen verzichten. Erst wenn das Kind zwei Jahre alt ist, werden wir wissen, ob es positiv oder negativ ist.«

Wie Carlo G. auf die Aussagen seiner Opfer reagiert, können wir, die im Gerichtssaal sitzen, nicht sehen. Er verfolgt die Verhandlung via Videoübertragung in einem Nebenraum, damit ihm die Opfer nicht direkt begegnen müssen. Carlo G. wird an einem der nächsten Tage vom Richter befragt werden. Klarheit wird seine Einvernahme nicht bringen.

*

»Ich habe die Schweizer und die italienische Staatsbürgerschaft. Heute habe ich noch einen einzigen Musikschüler, früher hatte ich vierzig. Die Schüler sind mir alle weggelaufen. Sie haben Angst bekommen und mir gesagt, sie kämen zurück, sobald dieses Verfahren vorbei sei. Ich habe vierzig Jahre lang Musik unterrichtet. Dabei befand ich mich weder vor 2001 noch nach 2005 in einer solchen Situation. Alles ist zerstört worden.«

Carlo G. sitzt auf dem Stuhl des Beschuldigten. Doch er stellt sich dar, als wäre er das Opfer. Seine Stimme ist nicht tragend, eher dünn und klagend. Überhaupt frage ich mich, wie dieser Mann so viele Menschen von sich begeistern konnte. Manche seiner ehemaligen Schüler schwärmen noch heute von ihm, obwohl sie wissen, was er ihnen angetan hat. Doch das Charismatische, das Gewinnende, das Einnehmende, die Aura, die Carlo G. umgeben soll – von all dem merke ich heute in diesem Gerichtssaal nichts. Ich sehe einen Mann mit langem, schwarzem Haar, der weder Einsicht noch Reue zeigt und der nur mit einer einzigen Person Mitleid zu haben scheint: mit sich selbst.

»Wie geht es Ihnen heute?«, fragt Gerichtspräsident Urs Herren.

»Im Moment verschreibt mir mein Psychiater verschiedene Medikamente, damit ich in der Nacht besser schlafe und mehr Appetit bekomme. Die nehme ich ein, solange das Problem mit diesem Gerichtsverfahren nicht ausgeräumt ist«, antwortet Carlo G.

»Wie heißen die Medikamente?«

»Das darf ich Ihnen nicht sagen.«

»Warum nicht?«

»Weil ich einen Eid brechen würde.«

Carlo G. bedankt sich beim Richter für fast jede Frage, die er ihm stellt. Und er entschuldigt sich immer wieder, wenn er ein Wort nicht richtig ausspricht. Deutsch ist nicht seine Muttersprache, Schweizerdeutsch schon gar nicht.

»Wissen Sie, was Ihnen gemäß Anklageschrift vorgeworfen wird?«, fragt Richter Herren.

»Nein.«

»Aber Sie haben im Nebenraum mitverfolgt, was die Zeugen und Privatkläger ausgesagt haben?«

»Ja, das war grundsätzlich nichts Neues.«

»Bis heute haben Sie alles bestritten.«

»Ich kann die Vorwürfe absolut nicht verstehen. Es kann sich unmöglich um mich handeln, weil ich nie solche Therapien gemacht habe. Außer bei meiner Exfrau, die Rückenprobleme hatte. Ich habe ihr die Hand aufgelegt, und es wurde besser. Sie fragte mich, ob ich bereit wäre, bei ihr eine Akupunktur zu machen, doch ich sagte, ich mache das nicht. Ich bin kein Arzt oder Akupunkteur oder Heiler oder was auch immer Sie mir in die Schuhe schieben. Meine Frau hat mir dann aber Akupunkturnadeln vom Inselspital nach Hause gebracht und mir die Punkte an ihrem Körper gezeigt. Ich sollte die Nadeln an den aufgezeichneten Punkten in ihren Rücken stecken. Ich sagte: ›Ich kann das nicht machen, wenn es blutet, laufe ich dir davon.‹ Sie hat mir versichert, dass es nicht bluten würde, darum habe ich es ihr zuliebe getan. Nach zehn Minuten hat sie die Nadeln selber wieder entfernt. Es ist kein Blut geflossen.«

»Sie bestreiten, Ihre Schüler infiziert zu haben. Anerkennen Sie, dass sie HIV-positiv sind?«

»Ich anerkenne, dass die sechzehn Personen mit dem HI-Virus infiziert sind.«

»In der Untersuchung haben Sie verschiedene Begründungen geliefert, wie es dazu gekommen sein könnte.«

»Ich habe von meinen Schülerinnen und Schülern erfahren, dass sie gemeinsam nach dem Unterricht Drogen konsumiert haben.«

»Die Schüler haben sich aber über eine lange Frist zu verschiedenen Zeiten infiziert.«

»Sie kamen über längere Zeit zu den Sitzungen zusammen, daher ist es möglich, dass sie sich über einen längeren Zeitrahmen infiziert haben. Es ist nicht überraschend, dass sie alle die gleiche Geschichte erzählen. Ich habe von meiner Exfrau erfahren, dass sie von Doktor Zimmerli beeinflusst worden sind. Manche Personen mussten überredet werden, zur Polizei zu gehen. Es gab eine enge Zusammenarbeit zwischen Doktor Zimmerli und Staatsanwalt Fleischhackl. Die Beeinflussung der Personen gegen mich muss sehr groß gewesen sein.«

»In der Krankengeschichte der Personen wurden aber keine Hinweise auf einen intravenösen Drogenkonsum gefunden. Haben Sie selbst beobachtet, dass Schüler Drogen nahmen?«

»Namen möchte ich nicht nennen, aber ich habe bei bestimmten Schülern x-mal festgestellt, dass sie durch die Drogen beeinträchtigt waren. Sie konnten sich beim Instrumentalunterricht oder bei der Arrangement-Komposition nicht konzentrieren, sie sind einfach nicht nachgekommen und haben die Musiksprache nicht begriffen. Es kam vor, dass die Schüler fast eingeschlafen sind.«

»Wenn Sie ihnen eines Ihrer Getränke gegeben haben, erstaunt mich das nicht.«

»Ich habe sie nicht betäubt. Das waren Stärkungsgetränke.«

»Denken Sie, dass es unter Ihren Schülern zu sexuellen Kontakten gekommen ist?«

»Wie soll ich das wissen? Klar ist: Sie müssen sich gegenseitig angesteckt haben, das ist selbstverschuldet. Wie es ganz genau passiert ist, weiß ich aber nicht.«

Carlo G. streitet alles ab. Auch, dass er ein Buch über Aids hat schreiben wollen. Dass er sich von der Aidshilfe Patienten vermitteln ließ. Er leugnet ebenso, Affären mit seinen Schülerinnen gehabt zu haben: Das seien nur kollegiale Beziehungen gewesen, keine sexuellen. Meistens wirkt Carlo G. klar und rational in seinen Aussagen, auch wenn sie den Berichten der sechzehn Opfer diametral widersprechen. Nur selten sagt er Dinge, die ihn wirr erscheinen lassen.

»Haben Sie Ihren Schülerinnen und Schülern Spritzen gesetzt?«, fragt Richter Urs Herren.

»Nein, ich habe keine Spritzen, wie kommen Sie darauf? Ich bin kein Arzt, vergessen Sie das nicht, ich habe mit Medizinischem nichts zu tun.«

»Bei wem außer bei Ivo haben Sie sich Blut beschafft?«

»Das ist eine Unterstellung, ich habe mir niemals Blut beschafft. Ich kann es mir gar nicht beschafft haben, denn ich habe eine Blutphobie, das kann ich mit zwei Gutachten von Psychiatern belegen. Mit einer Blutphobie kann man niemandem Blut entnehmen. Ich habe niemanden gestochen, begreifen Sie das endlich.«

»Waren Sie bei der Geburt Ihrer Tochter dabei?«

»Ja. Ich weiß, worauf Sie hinauswollen. Aber ich bekam ein Notfallmedikament namens Leksoptamin, vier mal sechs Milligramm, das hat mir ermöglicht, bei meiner Frau zu sein.«

Leksoptamin. So notiere ich mir den Namen des Medikaments während der Einvernahme. In der Prozesspause schlage ich es im Internet nach – und finde: nichts. Ob ich mich verhört oder mich in der Schreibweise vertan habe? Ich suche weiter, mit den Stichworten »Medikament gegen Blutphobie«. Keine Ergebnisse. Also lese ich mich durch die Erklärungen, wie sich eine Blutphobie auswirkt und wie sie behandelt wird. Ich realisiere, dass es kein Medikament dagegen gibt und dass genau jetzt auch ich auf Carlo G. hereingefallen bin: Er hat derart überzeugend von einem Medikament gesprochen, das gar nicht existiert, dass ich ihm geglaubt habe.

»Ihre Schülerinnen und Schüler sagten aus, dass Sie ihnen das verseuchte Blut gespritzt haben«, sagt Richter Urs Herren.

»Warum sollte ich meine Schüler infizieren? Damit würde ich mir selber schaden, denn sie würden krank werden und nicht mehr zum Unterricht kommen. Das wäre ja gegen mich selbst gerichtet. Auch hatte ich mit niemandem Streit. Meine Schüler wissen alle, dass ich eine mystische, esoterische Person bin. Sie haben mit mir über ihre Infektion geredet, weil ich ein guter Zuhörer bin und sie mir vertraut haben. Sie wussten, dass ich ihnen wie ein Prediger helfen kann. Sie haben lange geschwiegen, weil sie Angst hatten, dass es an die Öffentlichkeit kommt. Sie wussten nicht genau, wie es passiert ist. Also haben sie sich verschiedene Möglichkeiten überlegt. Aber nur, weil Doktor Zimmerli immer auf mich gezeigt hat, kamen sie auf die Idee, mir die Schuld zu geben. Das hätte er nicht tun dürfen.«

»Welches Motiv haben all die Leute, die Sie angeblich falsch beschuldigen?«

»Diese Leute sind aktiv und progressiv auf mich gehetzt worden. Von Doktor Zimmerli. So muss sich das zugetragen haben.«

»Aber warum Sie? Was ist das Motiv, ausgerechnet Sie zu beschuldigen?«

»Das Motiv ist, dass all diese Leute Sozialfälle sind. Sie können nicht voll arbeiten, sie haben meines Erachtens Existenzängste. Sie wissen, ich besitze ein Mehrfamilienhaus, damit könnten sich einige ein gutes Leben einrichten. Und bei manchen geht es auch um Rache. Das ist ganz klar. Zum Beispiel bei meiner Exfrau. Sie sind so stark beeinflusst worden, dass es einer Gehirnwäsche gleichkommt. Darum sind sie ambivalent. Das heißt, dass sie verschiedene Persönlichkeiten in sich tragen.«

*

Als nach der Einvernahme von Carlo G. am nächsten Tag die Verhandlung wieder aufgenommen wird, bleibt sein Platz leer. Es ist Mittwoch, es sollen weitere Zeugen befragt und die ersten Plädoyers der Opferanwälte gehalten werden. Gerichtspräsident Urs Herren beschließt, die Verhandlung in Abwesenheit des Beschuldigten fortzusetzen. Er habe am nächsten Tag wieder zu erscheinen.

Doch auch am Donnerstag lässt sich Carlo G., der sich seit seiner letzten Entlassung aus der Untersuchungshaft vor drei Jahren auf freiem Fuß befindet, nicht blicken. Sein Verteidiger legt dem Gericht eine Mail seines Mandanten vor: Carlo G. leide an einer »akuten psychischen und physischen Erschöpfung«, steht darin. Bis Ende der Woche könne er dem Prozess nicht mehr beiwohnen.

Das Gericht gibt sich mit dieser Entschuldigung nicht zufrieden: Es stellt einen Vorführungsbefehl aus.

Was folgt, erinnert eher an eine Wildwestgeschichte als an ein ordentliches juristisches Verfahren, in dem einem Beschuldigten eine Gefängnisstrafe von bis zu fünfzehn Jahren droht: Als die Polizei Carlo G. in seinem Haus abholen will, kommt es zum Eklat. Oder, wie sich ein Polizeisprecher ausdrückt: »Carlo G. verhält sich nicht kooperativ.«

Tatsächlich verschanzt sich Carlo G. in seiner Liegenschaft.

Zunächst betreten vier Polizisten das Haus, um ihn abzuholen. Durch die verschlossene Tür stößt Carlo G. massive Drohungen aus. Er spricht von Krieg. Die Polizisten ziehen sich zurück; seit der ersten Hausdurchsuchung wissen sie, dass Carlo G. über Waffen verfügt, deshalb wird eine Sondereinheit aufgeboten. Alle Mieter müssen das Haus fluchtartig verlassen, das ganze Quartier wird abgeriegelt. Rund um die Liegenschaft nehmen bewaffnete Polizisten Stellung. Die Einsatzleitung bleibt mit Carlo G. telefonisch in Verbindung. Auch sein Verteidiger versucht zu vermitteln und ihn zur Aufgabe zu bewegen. Vergebens.

»Die Beweggründe für das Handeln meines Mandanten sind für mich nicht schlüssig«, sagt sein Verteidiger nach dem gescheiterten Versuch. »Wie mir scheint, ist er in eine Welt abgetaucht, zu der ich keinen Zugang habe.«

Die beiden Male, an denen sich Carlo G. draußen blicken lässt, ist er mit einem Messer und mit einem Samurai-Schwert bewaffnet. Er fuchtelt damit herum und bedroht die Polizisten. Obwohl sie Pfefferspray einsetzen, gelingt es ihm stets, wieder ins Haus zu flüchten. Ein Zugriff erfolgt nicht, weil die Gefahr, dass jemand verletzt wird, zu groß ist.

Denn Carlo G. ist nicht allein. Eine Frau ist bei ihm, von der niemand weiß, wer sie ist, ob sie freiwillig dort ist oder ob sie festgehalten wird. Und Carlo G. hat sich vorbereitet: Er hat nicht nur seinen Garten mit Überwachungskameras ausgestattet, sondern auch seine Wohnung mit speziellen Türen und zusätzlichen Schlössern gesichert. Die Polizisten versuchen darum, eine günstige Gelegenheit abzuwarten, um Carlo G. zu überwältigen. Sie brauchen und beweisen Geduld.

Vierundzwanzig Stunden lang verschanzt sich Carlo G. in seinem Haus und hält das ganze Quartier in Atem. Dann erst gelingt es den Polizisten, den Mann mit einem Taser zu überwältigen. Er wird nach dem Schuss aus der Elektropistole mit einem Ambulanzfahrzeug ins Spital gebracht. Seine Bekannte wird vorübergehend festgenommen, kommt aber kurz darauf wieder frei. Sie war keine Geisel, sie hielt sich freiwillig mit Carlo G. versteckt.

*

Carlo G. verpasst den Abschluss des Beweisverfahrens vor Gericht. Er hört nicht, dass die Opferanwälte einen Schuldspruch und Schmerzensgeld in Höhe von 100 000 Franken pro Opfer verlangen, er verpasst auch die Ausführungen seines Anwalts, der auf Freispruch plädiert, während Staatsanwalt Hermann Fleischhackl eine Freiheitsstrafe von fünfzehn Jahren fordert.

Erst als eine Woche später Gerichtspräsident Urs Herren das Urteil verkündet, betritt Carlo G. wieder den Saal. Dieses Mal ist er nicht mit dem Taxi, sondern mit dem Gefangenentransporter vorgefahren; er wurde unmittelbar nach seiner Verschanzung festgenommen.

Es ist mucksmäuschenstill, als Carlo G. an seinen Platz geführt wird. Fast so, als hielten alle im Raum den Atem an. Auch einige der Opfer befinden sich im Saal. Sie wollen dabei sein, wenn Carlo G. das Urteil entgegennimmt.

Wieder erscheint er ganz in Schwarz. Doch sein Gang ist unsicher, er wirkt blass, dünner als vor fast drei Wochen, als der Prozess begann. In seinen Händen, die leicht zittern, hält er ein Buch.

Als Gerichtspräsident Urs Herren das Urteil verkündet, hört Carlo G. reglos zu: Schuldig der vorsätzlichen schweren Körperverletzung in sechzehn Fällen und der Verbreitung menschlicher Krankheiten, verurteilt zu einer Freiheitsstrafe von zwölf Jahren und neun Monaten. Carlo G. muss die Verfahrenskosten von 478 000 Franken tragen und jedem Opfer eine Entschädigung von 100 000 Franken zahlen.

»Es steht fest, dass der Beschuldigte sechzehn Personen absichtlich mit dem HI-Virus angesteckt hat«, sagt Gerichtspräsident Herren.

Daran besteht für ihn kein Zweifel, obwohl es nicht einen Sachbeweis gibt, obwohl Aussage gegen Aussage steht – allerdings sechzehn gegen eine.

»Nur selten führt ein Indizienprozess zu einem so klaren Beweisergebnis wie in diesem Fall.«

Als zentrales Indiz nennt Herren das phylogenetische Gutachten, das zeigt, dass die Ansteckungen nicht auf natürlichem Weg erfolgt sein können und dass das Virus immer aus derselben Quelle stammte. Hinzu kommt die Tatsache, dass das Einzige, das alle Opfer verbindet, der Kontakt mit Carlo G. ist.

Dieser schüttelt während der eineinhalbstündigen Urteilsbegründung hin und wieder den Kopf, runzelt die Stirn. Meist aber hört er mit gesenktem Kopf zu. Auch dann, als Herren G.s Verschwörungstheorien als haltlos und die Aussagen der Opfer als glaubwürdig bezeichnet.

»Es gibt keinerlei Hinweise auf Lügen oder Absprachen«, sagt Urs Herren. Die Opfer hätten Carlo G. vertraut. »Was er tat, war skrupellos, hinterhältig und menschenverachtend.«

Sowohl Staatsanwaltschaft wie auch Verteidigung legen Revision gegen das Urteil ein, doch der Schuldspruch wird von der nächsthöheren Instanz und vom höchsten Gericht bestätigt. Das Strafmaß wird sogar erhöht: Carlo G. muss für fünfzehn Jahre ins Gefängnis.

Für die Opfer ist das Urteil eine späte Genugtuung. Eine Antwort auf eine drängende Frage kann ihnen aber keiner der Richter liefern: die Frage nach dem Motiv.

*

Warum hat Carlo G. das getan? Es bleiben nur Erklärungsversuche.

»Ich kann mir nicht vorstellen, warum er das getan hat«, sagt Daniel, dem Carlo G. einst der beste Freund war. »Ich habe versucht, eine Hypothese aufzustellen. Es muss irgendwie eine Perversion von ihm sein, die durch seine Lebenssituation entstanden ist. Vielleicht ging es um Macht. Aber nein, was genau sein Motiv war, kann ich nicht sagen.«

»Ich habe mir überlegt, ob meine langanhaltende Weigerung, ihn zu treffen, für ihn ein Motiv gewesen sein könnte«, mutmaßt Fabian. »Ich habe nichts getan, das seinen Ärger auf mich gezogen haben könnte. Vielleicht war er gekränkt, dass er in meinem Leben keine Rolle spielte. Ich habe keine Erklärung. Ich versuche nun, das Ganze auszublenden. Ich muss mit den gesundheitlichen Problemen leben, das kann ich nicht ändern, da gibt es kein Zurück. Der Schaden ist entstanden. Ich hoffe sehr, dass er nicht weitere Auswirkungen auf meine Kinder hat.

Dieses Verfahren kommt mir vor, als wäre ich im Krieg. Es ist ein steter Kampf, dass ich mich persönlich nicht verändere, dass ich nicht gewalttätig werde, dass ich die Geschichte und meine Wut nicht auf die Gesellschaft oder meine Angehörigen übertrage. Ich bin so erzogen worden, dass es nie wieder Krieg geben soll. Darum darf ich nicht in ein Muster verfallen, wonach Gewalt mit Gewalt vergolten wird. Aber ich muss offen zugeben, dass das eine Gratwanderung ist.«

»Als ich meinte, dass ich sein einziges Opfer sei, dachte ich, es sind persönliche Gründe, warum er mir das angetan hat«, erzählt Beatrice. »Jahrelang war ich alleine mit dem Verdacht, der eigentlich nicht wahr sein kann. Und dann, plötzlich, war eine Antwort da und ich war nicht mehr allein – aber fassen kann man sie trotzdem nicht. Heute habe ich nicht mehr das Gefühl, dass er mein Leben beherrscht, aber die Folgen sind spürbar, die Folgen beherrschen mich immer noch. Das geht niemals weg.«

*

Ein oder zwei Jahre nach dem Gerichtsprozess um den Musiklehrer, der sich selbst zum Heiler ernannte, um seinen Schülern Unheil zu bringen, bin ich zu einer Geburtstagsfeier eingeladen. Der Fünfzigste eines Freundes. Es ist diese Art von Feier, auf der man die meisten nicht kennt und die Gespräche nicht tiefer gehen, sondern an der Oberfläche hängen bleiben. Etwas Small Talk hier, etwas Small Talk da. Mit meinem Tischnachbarn unterhalte ich mich über unsere Berufe, ich sage ihm, ich sei Journalistin. Er fragt nach meinem Nachnamen.

»Dann warst du das«, meint er. »Ich habe schon etwas von dir gelesen. Du hast doch über den Gerichtsprozess berichtet?«

»Welchen meinst du?«, frage ich zurück.

»Der Fall des Heilers. Der Musiklehrer, der seine Schüler mit HIV infizierte.«

Ich nicke. »Der wohl unglaublichste Fall der Schweizer Kriminalgeschichte.«

»Ich kenne ihn«, sagt mein Tischnachbar.

»Wen? Carlo G.?«

»Ich habe bei ihm Akkordeon-Unterricht genommen.«

»Hat er bei dir … Hast du …«

»Nein.« Er schüttelt den Kopf. »Bei mir hat er es nicht versucht.«

Wir schauen einander an und denken in diesem Augenblick das Gleiche: Glück und Unglück liegen manchmal sehr nahe beieinander.

Ende